Zwischenwelten.

Zwischenwelten.

Mord in Sankt Gallen und andere Geschichten (3).

«*Zwei Dinge sind unendlich, das Universum und die menschliche Dummheit, aber beim Universum bin ich mir noch nicht ganz sicher.*»

Albert Einstein.

Théo Buff.

Cover: Maskenball in Paris, 1925, Bild des Sankt Galler Künstlers Fritz Gilsi, Gouache, Zeichnung auf Papier. Privatbesitz.

Fritz Gilsi (1878 – 1961)*, in Zürich geboren, wuchs in Paris auf und besuchte dort eine Zeichnungsschule. 1895 kehrte er in die Schweiz zurück, besuchte Kurse an der Kunstgewerbeschule Zürich, zusammen mit Augusto Giacometti, und begann später eine Ausbildung an der Zeichnungsschule für Industrie und Gewerbe in Sankt Gallen. Diese brach er jedoch vorzeitig ab, um in Paris als Industriezeichner für Stoffe und Tapeten zu arbeiten. Wieder zurück in Sankt Gallen war Fritz Gilsi bis zu seiner Pensionierung 1944 als Hauptlehrer an der kunstgewerblichen Abteilung der Gewebeschule Sankt Gallen tätig. Bedeutender Maler, Grafiker und Zeichner politscher Karikaturen für den Nebelspalter. 1961 in Sankt Gallen gestorben.*

Covergestaltung: Die Gestalter AG, Sankt Gallen.

Unterstützt durch: Ortsbürgergemeinde Sankt Gallen.

2. Auflage März 2022, e+k.

Herstellung und Verlag: BoD – Books on Demand, Norderstedt. Deutschland.

ISBN 9783754334737

Inhalt

Kriminalistisches Auge?

Der kleine Wettbewerb darf auch in diesem 3. Band nicht fehlen. Kommissar Häfeli hat schon seit geraumer Zeit äs Gnusch[1] *mit seinen Passwörtern, die er zwar fein säuberlich aufgeschrieben in seinem Pult eingeschlossen hat. Nicht so aber den Code seiner Postcard. Das rächte sich bei seinem letzten Geldbezug: Dreimal falsch getippt und schwupp zog der Automat die Karte ein. Fluchen nützt nichts. Kennen Sie den neuen Code? Zählen Sie die Buchseiten dieser Trilogie zusammen und stellen 729 voran – eh voilà. Sie haben den Code gekackt!*

Senden Sie den sechs-stelligen Code bis zum 31. Dezember 2021 per Mail an theo.buff@bluewin.ch. Die fünf GewinnerInnen werden am 1. Januar 2022 ausgelost und erhalten die «Zwischenwelten» oder einen Büchergutschein à CHF 20 geschenkt. Der Rechtsweg ist ausgeschlossen.

Wettbewerbsauflösung «Galgenvögel», 2. Band: Rechtsmedizinerin Céline Fröhlich ist alleinerziehende Mutter und macht sich Sorgen um ihren Sohn Jerry, der gerade wacker pubertiert. Wer ist der Vater von Jerry? Tom Wichtelmann, Chef Kriminaltechnik heisst die Lösung – Tom und Jerry, wer kennt sie nicht? Pssst: Wichtelmanns Frau Waldi weiss nichts von diesem «Unfall».

---

[1] *Dialekt: Durcheinander.*

Prolog: Verliebt.

Verliebt in eine schöne Frau? Immer wieder aufregend. In Sankt Gallen? Immer wieder gerne. In seine Altstadt, den Klosterbezirk, die lauschigen Gässchen und Dachterrassen, die prächtigen Erker. Verliebt in seine grünen Räume und Kraftorte: Dreiweihere. Die Mühlenschlucht. Das Galgentobel. Das Sittertobel. Sankt Gallen und seine Hügel: Kapf, Höggersberg, Freudenberg, Menzlen, Watt/Liebegg. Alles gut erreichbar.

Zeitnah. Stadtnah. Wundernah.

Verliebt in Sankt Gallens Wetter, die vielen Regenschirme, den Schnee. Sogar das geht. Früher gab's hier noch viel Schnee. Richtigen Schnee, nicht das weisse Pulver, das süchtig macht und die Einbildung verleiht, man sei nun endlich der Grösste, die Schönste, bevor Abhängigkeit und Trugschlüsse krank machen.

Kokain und seine Rückstände im Abwasser. Hier sind wir stark, haben fast den höchsten Pro-Kopf-Schneeverbrauch Europas, oder sind wir schon Weltmeister? Endlich Weltmeister sein …

Sankt Gallen: Die Schöne, Einsame, Unverstandene. Stadt oder Kaff in tiefer, vor allem auch geistiger Provinz? Zwischen Bodensee und Säntis.

Verliebt in Sankt Gallens Imaginationen, in seine Bilder und Künstlerinnen. Als Schwerenöter, Zauderin, in die Leichtigkeit des Seins, des Geschichtenhörens und Erzählens. In ungehindertes Spintisieren. Skurrile Menschen und ihre Geschichten. Skurrile Namen. Skurrile Bräuche. Verliebt in Sehnsüchte und Lachen: *Humor ist die Maske der Wahrheit.*

A propos Künstler (leider ist keine Künstlerin dabei): Für die Cover dieser Sankt Galler Trilogie habe ich mit Freude und Lust je ein Bild von Sankt Galler Malern ausgesucht – Liebe auf den ersten Blick:

Endzeitzauber. Im Eiszeitland (2019): «Pic-o-Pello-Platz» von *Max Oertli* (1921- 2007), einem der urigsten und originellsten Sankt Galler Maler und Bildhauer.

Galgenvögel. Im Galgentobel (2020): «Maskerade» im Foyer des ehrwürdigen Stadttheaters am Bohl (1971 abgebrochen), an sich namenlos, von *Willi Koch* (1909-1988), eine der treibenden Kräfte der Sankt Galler Fasnacht in den 1950er Jahren.

Zwischenwelten. Unheil im Westen (2021): «Maskenball», von *Fritz Gilsi* (1878-1961). Beim Thorenball. Wo die Masken fallen. Definitiv. Lustvoll. Wie halten das Gespenster und Geister aus? Mord und Totschlag. Oder Selbstmord. Leben und Überleben zwischen den Welten. Zwischenwelten. Oder Traumlandschaften?

Fritz Gilsis Bild heisst eigentlich Maskenball in Paris. Aus Paris ist mit einem Augenzwinkern und ganz ohne Überheblichkeit Sankt Gallen geworden. Dort, wo es wenig zu feiern und zu lachen, wo es längst keinen richtigen Maskenball mehr gibt, die Fasnacht generell Mühe hat, Fuss zu fassen. Zu brötig, zu verklemmt, zu fantasielos, zu ehrlich, zu zwinglianisch-calvinistisch sind oder waren die Sankt Gallerinnen und Sankt Galler. Heute vielleicht nicht mehr ganz so langweilig und verklemmt wie früher. Gut so.

Oder ist es einfach nur Desinteresse, der Wandel der Kultur, Überbordwerfen von unnützem Ballast? Sind Traditionen, Geschichte und Geschichten, kulturelles Bewusstsein unnützer Ballast? Manchmal scheint es so. Der Wandel von der Bratwurst-Gesellschaft zur Spass- und Witzbold-Gesellschaft? Wenn das nur gut kommt.

Der dritte Band dieser Krimi-Trilogie spielt im Westen der Stadt: Beim Burgweiher mit seinem Textilwahrzeichen, dem Tröckneturm, und der nahen Kapelle, im Wasserturm bei der Lok-Remise. In Bruggen und Winkeln, zur Fasnachtszeit. Im Sittertobel. An der Urnäsch. Auf den Hügeln im Schatten … Wieder ein Lästerzungen-Roman – Geschichten aus Sankt Gallen.

Personen und Handlungen sind wie immer frei erfunden. Ähnlichkeiten mit lebenden oder verstorbenen Personen wären zufällig und nicht beabsichtigt. Suchen Sie also nicht krampfhaft nach einem passenden Vorbild für den Kommissar, oder den Polizeivorstand. Es gibt sie nicht, es sind Mischbilder. Zerrbilder. Absudes Theater?

Die drei Bände der Trilogie sind in sich abgeschlossen und unabhängig voneinander geniessbar und mit denselben Hauptdarstellerinnen.

A propos Corona – ein magisches Wort: Dieser unselige Name und die Pandemie kommen in diesem Buch kaum bzw. nicht vor, wenn man von einer zwielichtigen Bank mit diesem Namen absieht. Corona spielt dennoch irgendwie mit, versteckt, unterschwellig, schimmert da und dort durch, auch unbewusst, nicht nur bei den Leichenbergen, von denen niemand so recht weiss, wie sie zustande gekommen sind. Das Leid der Verstorbenen und ihrer Angehörigen, des medizinischen Personals bleibt bewusst im Hintergrund. Verborgen. Vordergründig wichtiger sind die Masken, die wir alle tragen, nicht nur zu Fasnachts- und Pandemiezeiten. Maskerade, mehr denn je.

Apropos Geschichte und Geschichten, Mord in Sankt Gallen und andere Geschichten: Die *anderen Geschichten* sind mir mindestens so wichtig wie die Morde, was hartgesottene Krimifans zumindest zu Beginn etwas irritieren oder enttäuschen mag. Ich liebe diese Alltags-Geschichten, Schwänke und Anekdoten. Persiflagen, Satiren. Die Märchen, Sagen und Mythen. Und als Historiker kenne ich den Wert und Sinn der Geschichtsschreibung, habe mich immer auch für die Geschichte meiner Stadt interessiert, die sich wie in meinen anderen Büchern auch hier niederschlägt. Im Bewusstsein um die Bedeutung der Geschichte behaupte ich: *Eine geschichtslose Gesellschaft wird über kurz oder lang zu einer gesichtslosen Gesellschaft.*

Wir sind auf dem besten Weg dorthin. Geschichte, Geschichten, Fakes, Lügen und Unsinn aller Art sind oft kaum mehr auseinanderzuhalten, vermischen sich stetig und unbemerkt, zimmern eine neue Realität. Realität?

Mord in Sankt Gallen ist der Versuch einer Annäherung an die gesellschaftlichen Realitäten des noch jungen 21. Jahrhunderts. Dabei verzichte ich gerne, mich in den aktuell grassierenden und krampfhaften Gender- und Namenumbenennungswahn einzumischen, auch der besseren Lesbarkeit zuliebe. Dann und wann können durchaus «nur» weibliche Termini zur Anwendung gelangen. Männerverachtend, nicht? Zur Verwirrung der holden Männerwelt. Wichtiger ist, danke zu sagen.

Apropos Danke: Herzlichen Dank allen, die mitgeholfen haben, diese Trilogie zu veröffentlichen, allen Fabulierererinnen und Ideenlieferanten unfreiwilliger Realsatire, die täglich stattfindet. Dazu braucht's weder Zauberer noch Hexen. Aber Hofnarren und Lästerzungen. Zu guter Letzt erhalten die guten Geister einen Namen. Eine hoffentlich vollständige Liste findet sich am Schluss dieses Buches.

Gespenster in Sankt Gallen? Goht's no. Träume und Traumgeschichten, Realität oder Fiktion?

Wahrheit oder Endzeit. Wo ist das Ende (zu Ende), und wann? Von allen guten Geistern verlassen? Hoffentlich nicht. Geister oder Gespenster – wo ist der Unterschied? Gibt es die überhaupt? In jedem Fall werden sie uns in diesem Buch immer wieder überraschen, erschüttern, frieren lassen, zum Nachdenken bringen. Zwingen. Überirdische Wesen, die da sind, um uns herum oder auf uns warten? Oder auch nicht. Die Masken fallen trotz oder dank guter Geister, irgendwann, und auch ohne Maskenball. Nicht nur in Sankt Gallen. Viel Spass beim Demaskieren. Demaskieren tut gut, nicht nur an der Fasnacht. Manchmal tut es allerdings weh …

Willkomm in Zwischenwelten. Oder zwischen den Welten.

Rauhnächte und raue Träume.

Bert Häfeli, Kommissar und Chef des Kommissariats 2 der Sankt Galler Stadtpolizei, sass zusammen mit Max Kraienbühl, seinem Stellvertreter und engsten Mitarbeiter im Restaurant Alt Sankt Gallen. Mit Blick auf Theke und Eingang, aber auch auf die berühmte Guillotine, welche dort seit Jahren steht oder hängt, und immer wieder neue Gäste anlockt. Sie genehmigten sich ein Feierabendbier. Oder zwei.

Der ganze Tag war wieder schwierig gewesen, bemühend. Der erste reguläre Arbeitstag im Neuen Jahr. Speziell, in jeder Hinsicht. Und diese ohnmächtigen Glückwünsche am frühen Morgen, oft oberflächlich oder gar unehrlich, viele flüchtige Küsse, oft Judas-Küsse. «Habt ihr gut gefeiert, war's wieder recht feucht, und die verehrte Gemahlin? Süsse Nächte, ha, ha.» Ein Schmarren. Häfeli hasste die ersten Tage im Jahr, bevorzugte die letzten des abgelaufenen, wenn er nicht gerade eine unsinnige Silvesterparty organisieren musste. Zur Ruhe kommen, Resetten, Aufräumen, Ballast abwerfen. Dem Universum etwas näher sein, oder Gott?

Und nun, quasi unter der Guillotine des Restaurants, fühlten sich die beiden auch nicht eigentlich wohl, aber es war der einzige freie Platz. Hoffentlich bleibt sie dort wo sie hingehört, dachte Häfeli, und schaute prüfend nach oben.

Alpträume.
Knarrend öffnete sich die Türe und ein Mann polterte in die Gaststube, ruckartig. Ein Mann? Schwarz gekleidet wie üblicherweise Architekten oder andere Künstler, auch Lebenskünstler, mit roten Schuhen, einem knallroten Hut und der roten Krawatte etwas auffällig. Dann hörten die beiden Polizisten einen gellenden Schrei, schauten genauer hin.

Der oder die Rote mit Krawatte und Hut war wortlos zur Theke gerannt und packte den Wirt am Kragen, würgte ihn bis dieser nur noch röchelnde Laute von sich gab. Zuvor hatte er in der Musik-Box *Merry Xmas* von Slade gedrückt. Frohe Weihnachten, etwas verspätet, aber immerhin. Ein Klassiker.

Die laute Musik übertönte, was die beiden miteinander sprachen, falls sie etwas miteinander sprachen. Wie es dem Kommissar schien, hatte der Wirt jedoch keine Wahl, etwas zu sagen, wie auch, mit zugedrückter Kehle. Krächzen vielleicht.

Häfeli musste eingreifen, liess seine Hand schwer auf den Tisch fallen und … Kraienbühl sprang auf den Kerl zu – im selben Moment krachte die Guillotine herunter. Blut spritzte an die Wände und in die Gesichter der ganz in ihrer Nähe sitzenden Frauen, die schrien und kreischten. Gläser fielen klirrend zu Boden. Doch woher kam das Blut?

Die schwarz gekleidete Gestalt liess den Wirt los, drückte nochmals rasch eine Taste der Musik-Box und versuchte die Türe vor Kraienbühls Nase zuzuschlagen, rannte dann Richtung Metzgertor und Grabenhalle[2] davon. Plötzlich war er nicht mehr zu sehen. Häfeli versuchte den beiden zu folgen und fand seinen Assistenten vor dem Eingang zum alten Stadttunnel, dem Grabenkeller. Ein schwarzes Loch. Flüchtig konnte er sich daran erinnern.

Die beiden kehrten ins Alt Sankt Gallen zurück und wollten sich um den Gastwirt kümmern. Doch dieser war verschwunden. «Welches Lied hat der Gauner am Schluss gewählt? Schau bitte mal nach, und drück es nochmals.» Kraienbühl stand auf. Dann hörten sie der Musik zu, Häfeli kannte das Stück: *Salz und Stahl,* von Patent Ochsner:

I loh keis Gheimnis gheim. Aber vo mir verzellini nüt, hiess es da. Und später: *Smartkingkong wird zum Papa Moll*. Und nicht umgekehrt.

«Gspässig![3] Mehrdeutig.» Häfeli schüttelte den Kopf. «Was hat das alles zu bedeuten, will der uns etwas sagen, durch die Blume, äh, durch diese Musik? Polizeivorstand Edmund Freiluft-Dieterle, kurz auch nur EFD genannt, spielt die Rolle von Papa Moll

---

[2]*Der Name geht auf das Grabenschulhaus zurück, 1971 abgebrochen; die Turnhalle, eben die Grabenhalle ist stehen geblieben – 1981 fand hier das erste Konzert statt. Ganz in der Nähe ist der Blumenbergplatz – ein Verkehrsplatz.*

[3]*Dialekt: seltsam.*

in der Kellerbühne? Eine herrliche Vorstellung. Kennst du Papa Moll?[4]»

«Nicht persönlich. Flüchtig. Der kam doch in diesen Heftchen für Kinder vor, die beim Coiffeur herumlagen. Auch so ein Witzbold. Oder so. Wenig Haare. Oder bist du nun Papa Moll?»

«Freche Siech. Aber, na ja, manchmal komme ich mir so vor, nur bin ich nicht immer so lieb.»

Sie hörten das Stück zum dritten Mal, konnten sich aber keinen Reim daraus machen – und bestellten noch ein Bier. Das dritte.

Gespenst mit Hut.

Da war dieser merkwürdige Traum gewesen, vor einigen Wochen. Ein Alptraum. In jener Nacht war er in Todesangst aufgeschreckt, erwacht. Häfeli versuchte sich zu erinnern, aus dem Gedächtnis heraus. Aber es gelang ihm nicht. So kramte er sein Notizbuch hervor. In diesem kleinen schwarzen Büchlein notierte er alles Wichtige, Lustige oder Traurige. Träume in wilden Nächten, wilde Träume in langweiligen Nächten. Und so las er seine Bemerkungen zum Traum in jener Nacht, er hatte wieder einmal schlecht geschlafen. Sabrina schnarchte tüchtig, und wenn nicht, hatte sie ihn geweckt. «Bertold, du schnarchst wieder, so stark und laut – es ist nicht zum Aushalten!» Plötzlich sass Sabrina kerzengerade im Bett: «Was ist denn jetzt wieder los?»

«Nichts», brummte er. Und schlief wieder ein.

«Bertold, was machst du im Bad, um diese Zeit? Mach das Fenster zu. Hallo, bist du wach?» Seine Frau schüttelte ihn kräftig. Häfeli erwachte.

«Chabis. Ein hässlicher Traum, geh wieder ins Bett. Passt schon. Danke fürs Wecken!»

Häfeli hatte von einer finsteren, seltsam gekleideten Person geträumt, der den Wirt im Alt Sankt Gallen bedrohte, und von einer Verfolgungsjagd zum ehemaligen Bahntunnel unter dem Blu-

---

[4]*Schweizer Comic-Serie ab 1952. Familienvater auf Abenteuer, mit fünf Haaren, Krawatte und drei Kindern, Ehefrau und Dackel.*

menbergpatz. Der Eingang, eine rostig rote Metalltüre, war nicht abgeschlossen.

Die schwarz gewandete Gestalt mit der roten Krawatte würde ihm wieder begegnen, davon war er überzeugt; er hatte es so vorhergesehen, damals. Irgendwann und irgendwo. Todsicher.

Ein Gespenst schaurig unheimlicher Träume? Gespenster gibt es nicht, und wenn doch, tragen sie keine roten Hüte, oder?

«Was suchst du in deinem Büchlein?» Kraienbühl wunderte sich.

«Ich hatte kürzlich einen Traum, der war ganz ähnlich ... Träume sind Schäume, oder?»

Diese schwarz gwandete[5] Gestalt aus dem Restaurant Alt Sankt Gallen mit dem roten Hut und der roten Krawatte in der düsteren Gaststube unter der Guillotine – war es eine Frau oder ein Mann? Im Traum war sie ihm durch den Stollen unter der Grabenhalle entwischt, ein modriges Loch, gar Einsturz gefährdet? Geflüchtet vor was, nach Osten oder nach Westen?

Hoppla. Diese Geschichte hatte er soeben live erlebt. Exakt. Nach Feierabend. Dem Kommissar lief es eiskalt den Rücken hinunter. Kein Gespenst irgendwelcher verkorkster Träume, live. Gespenster gibt es nicht, sagte sich Häfeli fast beschwörend, und wenn schon tragen sie keine roten Hüte. Punkt.

Kraienbühl würde ihn auslachen.

«Wo ist eigentlich der Wirt?» fragte der Kommissar. Der habe sich hingelegt und sei jetzt nicht zu sprechen, erklärte Kraienbühl. «Eine komische Sache, nicht? Morgen könnten wir diesen Stollen unter die Lupe nehmen, und dem Wirt des Alt Sankt Gallens auf den Zahn fühlen.»

«Wenn nichts dazwischenkommt. Eigentlich geht uns das alles gar nichts an. Wir haben genug Arbeit. Aber wieso ist die Türe zu diesem Geheimgang nicht abgeschlossen? Klär das bitte beim Hochbauamt ab; die sind zuständig. Komm, wir gehen nach Hause. Heute ist Dreikönigstag. Chabis!»

---

[5] *Veraltet für gekleidet.*

Zu Hause gab es diesen Kuchen mit den Plastik-Königen, versteckt im Teig – und der Krone Nicht ganz gendergerecht. Die Königinnen waren vergriffen. Vielleicht liesse sich so eine Demo inszenieren, Königinnen für alle, oder so.

Der Kommissar wurde ebenfalls König, aber nur, weil er zwei überzählige Könige des letzten Jahres vorsorglich im Kuchen versteckt hatte. So hatten sie diesmal zwei Könige und eine Königin; Patrizia und Roberto, seine Sprösslinge, freuten sich über den Gag. Nur Sabrina ging leer aus und enervierte sich fürchterlich.

«Reg dich doch nicht dauernd auf, wegen jedem Chabis», sagte er zu seiner Frau, im Wissen: Humor ist nicht jedermannsfraus Sache. Tatsächlich liess sie sich auch diesmal nicht besänftigen.

Dieser Tango-Tanzkurs in Amsterdam, mit dem sie bei jeder Gelegenheit drohte, oder kokettierte, da gab es wohl kein Pardon mehr für ihn. Ein «Selbstfindungskurs», hatte sie gesagt. «Danach reden wir weiter, auch über unsere Zukunft!»

Damit musste er sich abfinden, ob er wollte oder nicht. Häfeli schwante Übles. Selbstfindung. Nachdem die dritte Pubertätswelle mit knapp 50 endlich vorbei war.

Vorbei? Eventuell im Altersheim, oder wann?

Oder war das eine Riesenchance für die ganze Familie? Nicht das Altersheim, diese Reise nach Amsterdam?

Eine Erlösung, die es zu packen und zu nutzen galt.

Mit der Halbtagesstelle in der Kita *globiundmaus*[6] hatte es nicht geklappt. Leider. Sabrina schied in der zweiten Bewerbungsrunde aus.

Zu erfahren. Zu scheu. Zu alt?

Zu altklug?

---

[6] *Vgl. Endzeitzauber. Mord in Sankt Gallen und andere Geschichten. Band 1 dieser Trilogie.*

Sabrina war deprimiert, freute sich aber umso mehr auf diesen Tanzworkshop, hot and spicy. Ferien von der Familie. Häfeli und die Kinder hatten gehofft, dass sie diese Stelle bekommen würde. So hätten sie etwas mehr Ruhe, meinten sie. Und weniger Ärger.

Roberto und Patrizia freuten sich bereits auf den Frühling, trotzdem oder umso mehr. Dem sollte er sich anschliessen. Unbedingt! Oder sollte er seine Frau in Amsterdam besuchen? Überraschen. Zusammen mit Kraienbühl? – das wäre eine spannende Option. Oder mit seinen Kindern. Aufregend in jedem Fall.

Frühling in Amsterdam. Oder in Sankt Gallen?

Am späten Abend rief unerwartet Kraienbühl an: «Du entschuldige, ich sitze hier gerade beim Bier – und entspanne mich. Und du? Also, mir ist Folgendes in den Sinn gekommen: Die drei Frauen und die Guillotine, das Blut an den Wänden, die Frauen schienen gar nicht verletzt … Woher kam das Blut? Kunstblut – eine inszenierte Geschichte? Da stimmt was nicht!»

«Vielen Dank, gut beobachtet! Chapeau. Aber mir reichts für heute. Gute Nacht und schlaf gut.» Häfeli unterbrach das Gespräch.

Rauhnacht-Zauber?
Kunstblut? Das wird ja immer toller.

Ein Theatercoup?

Dieses Jahr hatte er einiges an Theater auf dem Programm, er mochte gar nicht daran denken. Und einige dieser Projekte waren noch nicht einmal im Brouillon[7] fertig gestrickt.

Und diese verdammten Rauhnächte, die 12 angeblich heiligsten Nächte zwischen Weihnachten und Dreikönigstag? Unheimlich. Patrizia hatte danach gefragt, und ob er daran glaube, sich davor gar fürchte?

«Chabis» hatte er vorsorglich gesagt. Und: «Das ist kein Thema für die Nacht, danach kannst du wieder nicht schlafen. Wir reden morgen darüber.» Häfeli wollte sich zuerst schlaumachen, na ja.

---

[7]*Erster unverbindlicher Entwurf.*

Bloss ein mythologischer Furz, Geisterglaube oder gar Scharlatanerie? Im Internet las er bei zunehmend flauerem Gefühl in der Magengegend unter anderem: Verbreitet würden in diesen toten Tagen – Tage ausserhalb der Zeit – die Gesetze der Natur ausser Kraft gesetzt; die Nächte eigneten sich insbesondere auch für Hexen- und Gespensteraustreibungen und Geisterbeschwörungen sowie wahrsagerische Experimente. Hoppala.

Man dürfe sich in dieser Zeit weder die Nägel noch die Haare schneiden, nicht spinnen, das war schon schwieriger, obwohl gemeint war das Spinnen von Garn, das täten dann nur Hexen; und keine Wäsche waschen. Sollte er das seiner Frau empfehlen, wohl die Grundlage für einen neuerlichen veritablen Krach. Dann halt nicht!

Weiter dürfe man am Morgen nicht pfeifen, weder dem Hund beim Spazieren, noch einer hübschen Frau beim Vorbeigehen hinterher, das tut Mann heute ohnehin nicht mehr, ungestraft schon gar nicht. So beschwöre man Unglück herauf. Schon wieder. Das tönte hingegen besser: Man dürfe an diesen Tagen nicht arbeiten, sonst käme Unglück über Haus und Hof. Verboten war auch das Zuschlagen von Türen, das wollte er gerne im Amtshaus ausrichten, speziell dem Polizeivorstand und seiner Entourage[8].

Und dann das, Häfeli erschrak abermals: Die Träume in diesen 12 Nächten würden sich in den kommenden Monaten erfüllen! Oh, wann hatte er das letzte Mal von Lena[9] geträumt?

Häfeli runzelte die Stirn. Nein, das kann nicht sein: Dieser komische Traum mit der dubiosen Gestalt mit dem roten Hut, der Krawatte und der Guillotine im Restaurant Alt Sankt Gallen war ihm in der Nacht vom 30. Dezember erschienen. Also in einer Rauh-

---

[8]*Das Hauptquartier der Stadtpolizei ist in diesem Buch bewusst immer noch im pittoresken Amtshaus angesiedelt, mitten in der Altstadt, weil es so praktisch ist. Und schön. Passend. Die verschiedenen Akteure, das Büro des Kommissars usw. werden in Endzeitzauber, Mord in Sankt Gallen und andere Geschichten, Band 1 dieser Trilogie hinreichend beschrieben.*

[9]*Ehemalige Assistentin des Polizeivorstands, vgl. dazu Endzeitzauber und Galgenvögel. Mord in Sankt Gallen und andere Geschichten. Band 1 und 2.*

nacht. Der Nacht nach dem Todestag seiner Mutter. Eisig kalt lief es ihm den Rücken herunter.

Sollte er nun an die Existenz dieser 12 Rauhnächte glauben? Fauler Zauber? Aberglaube und Spinnerei, wie vieles andere auch!

Häfeli liess sein Handy Musik hervorzaubern. Und was kam daher? Die *Piano Sonata No. 2, Funeral March*, von Frédérique Chopin. Und *Peer Gynt, Death of Aase*. Wunderbar traurig. Und schön. Balsam für die Seele. Auch Musik kann süchtig machen, und vor allem beglücken. Ein Psychopharmaka, wie sich neu verlieben. Nebenbei nicht kassenpflichtig. Und vorerst ohne negative Nebenwirkungen.

Rezeptfrei.

Absolut empfehlenswert.

Wir werden sehen.

Dann.

Grab im Grabenkeller.

«Du, die Franziska Knill kommt rasch vorbei», sagte Kraienbühl zu seinem Chef. «Was, du kennst die nicht, die Neue vom Liegenschaftenamt, Bauverwaltung? 8.30 Uhr würde ihr passen, meint sie. Ok?»

«8.30 Uhr würde mir *nicht* passen, eigentlich ist mir das definitiv zu früh; zu früh, um mir irgendwelchen Chabis anzuhören, im Aufwachraum. Zu dieser Unzeit. Und das weisst du ganz genau.» Bert Häfeli knurrte. Hässig. Ein hässlicher Morgen. Nieselregen, Beinahe-Schnee, Pflotsch, das würde am Mittag wieder nasse Füsse geben. Kalt. Grusig. Nebelschwaden über den Hügeln, die Turmspitzen von St.Laurenzen und der Kathedrale züchtig verhüllt. Gut hatte er seine Schaffellfinken, warm und weich gefüttert, aus der Toscana ins Büro mitgenommen. Bei dieser Saukälte. «Von mir aus.» Es klopfte bereits an der Türe.

Humbug Hamburg?
«Moin, moin», sagte die morgendliche Erscheinung, eine Spur zu laut, und zu überschwänglich, mit unüberhörbarem hanseatischem Akzent. «Also, ich bin die Franziska, wenn's recht ist.»

«Häfeli, Kommissar, wenn's recht ist.» Er schaute der Frau ins Gesicht. Ungeschminkt. Unauffällig. Unspektakulär. Etwa 45 Jahre. Selbstbewusst. Es regnete immer noch.

Braune, kurz geschnittene Haare, dünn wie Schnittlauch, wenig Farbe, blass blaue Augen. Mittelgross. Sorgfältig gerupft, oder gezupft, die Augenbrauen. Und schwarz nachgezogen. Deux-piece, écru, osterhasenfarbige Bluse. Fingernägel unbemalt, dafür angeknabbert. Grüne Wollsocken. Mit roter Bordüre.

Stil-Kategorie Müllsack? Na ja, warum nicht, wenn es einem gefällt. Und niemand reklamiert, auch nicht der/die/das Allerliebste.

«Darf ich mich setzen?» Ohne eine Antwort abzuwarten, setzte sich die Frau auf einen der Stühle vor Häfelis Pult. «Also, ich bin die neue Chefin des Liegenschaftenamtes, der Job war ja einige

Zeit vakant, mehrfach ausgeschrieben und schwierig wieder adäquat zu besetzen; haben Sie bereits von mir gehört?»
Häfeli schüttelte den Kopf.

«Aber ich von Ihnen, *Herr Häfeli*, so allerhand. Na ja.» Frau Knill verzog den Mund – vielsagend. Häfeli angelte sich ein Kägifret aus der halbleeren Schokoladeschale ohne jedoch seinem frühen Gast eines anzubieten. Selber schuld, wer zu Unzeiten zu mir ins Büro kommt.

«Nun, ich versuch's mal in diesem, wie sagen Sie in der Schweiz, *Äemtlii*, war ja allerhand los hier, personelle Wechsel und so, wie ich gehört habe, wir sagen bei uns *Mutationen*. Oder Mutanten. Nicht alle ganz freiwillig.

Nun wird aber alllles gut. Und ganz schön sauuuber, nicht?»
Die Frau aus Hamburg baute eine Kunstpause ein.

«Und Sie, sind Sie schon lange hier, scheint mir fast so. So an die 40 Jahre, etwa, oder nicht? Waren Sie im Militär General – oder sind Sie das nur zu Hause? Ein Stuben-General.» Frau Knill zeigte auf das Bild, das hinter ihm an der Wand hing. Prominent. Ein Geschenk von seinem Assistenten zum 50. Geburtstag. Der Kommissar in der Uniform von General Guisan. Oder so ähnlich.

«100 Jahre. Oder ewig. Und General-Gfreiter im Hilfsdienst, das gibt's bei euch nicht. Oder in der Küche. Im Krankenzimmer passt auch noch.

Alles Chabis».

«Aha. Sehr interessant.

Haben Sie mir vorhin gerade etwas zu lange auf den Busen gestarrt, oder täusche ich mich?» Die Frau schaute eher belustigt aus als erbost.

«Gute Frau Knall, äh ..., Entschuldigung, Knill. Sie täuschen sich,» sagte Häfeli, «nicht, dass ich wüsste. Vielleicht ist das in Hamburg so üblich, ich meine diese Gesprächsführung? Ich mag Hamburg. Das Miniatur Wunderland, den Hafen, die alten Kornspeicher, Lagerhäuser und Kanäle. Die Oper. Spannend. Rudern auf der Alster, das fährt in die Arme. Mögen Sie Rudern? Aber was heisst denn hier zu lange ins Décolleté schauen, sind Sie mit der Stoppuhr unterwegs? Und wo wäre der Unterschied zu zu kurz? Das ist alles Interpretationssache. Also, machen Sie sich keine Sorgen.»

Pause.

Toter Sonntag.
«Grundsätzlich ist es allerdings schon so: In meinem Büro schaue ich wohin *ich* möchte, und sei es das Toupet unseres verehrten Polizeivorstands[10] im Blickfeld. Auch in die Ferne oder so, und da kann es natürlich interessante …, äh …System-Aufheller geben, systemrelevant. Quasi. Aber lassen wir das. Aktiv Schauen, Sehen, Staunen, quicklebendig. Kinder machen es so, Narren übrigens auch. Nicht abwesend und mit leeren Augen, wie Depressive das tun. Sind Sie depressiv?»

Franziska Knill knabberte an ihren Fingernägeln herum: «Was fällt Ihnen ein? Sie sind ja wohl kein Kind mehr, blieben die … Ah. Ok.» Endlich wehrte sich die Hamburgerin. Häfeli freute sich darüber, insgeheim. Eigentlich mochte er starke Frauen. Wenn sie dabei ihre Weiblichkeit nicht völlig vergassen. Vollweiber. Obwohl diese manchmal unglaublich, ungeheuerlich anstrengend sind.

«Nebenbei, was wollten Sie eigentlich bei mir? Sie vergassen es zu erzählen, bisher; ich habe zu tun. Oder sind Sie von der Frauenüberbewachungsundbefreiungsrecreationsstelle, die kürzlich gegründet wurde und nun in der Stadtverwaltung aufgepäppelt werden soll, koste es was es wolle? Beim Personalamt.»

«Was …? Nein, überhaupt nicht, mich stört es nicht, als Frau wahrgenommen zu werden, ich weiss wie meine Formen auf die holde Männerwelt wirken, nicht wahr, nicht wahr. Und wie gesagt, vom Liegenschaftenamt. Bauverwaltung. Daher kleide ich mich eher dezent. Und auch nicht in Müllsäcke, nicht wahr, nicht

---

[10] *Vgl. Galgenvögel. Mord in Sankt Gallen und andere Geschichten. Band 2.*

wahr. Ich wollte Sie eigentlich nur fragen, ob Sie … Aber lassen wir das; der Zeitpunkt scheint mir jetzt ohnehin nicht mehr günstig zu sein. Ich komme darauf zurück.»

«Soso. Als Stuben-General möchte ich Sie auf die Frauenförderung in unserer Armee hinweisen – sinnbildlich für unsere ganze Gesellschaft. Das müssen Sie sich aufschreiben, lachen Sie nicht! Kennen Sie Brigadier Broccoli, weiblich, hochdekoriert, graumeliert, manchmal kratzbürstig, wie eine Frau halt. Allerdings mit Schnurrbart. Brigadier auf dem Waffenplatz Lyss, mit Sold und allen Ehren. Dienstbüchlein. Sehr beliebt, Brigadier Broccoli. Sorgt stets für gute Stimmung bei den Soldaten und Soldatinnen, aber nicht nur das, auch für ein perfektes Image unserer Armee. Leider wird die Katzendame bald pensioniert[11]. Das hätten Sie nicht erwartet, gell? Frauenförderung vom Feinsten. Und wir bleiben dran, das verspreche ich Ihnen.»

Pause.

«Ich möchte zum Thema unserer Besprechung zurückfinden, obwohl mir die Lust dazu nun eigentlich vergangen ist.» Frau Knill wirkte abgekämpft. Konsterniert. «Also nur das Allernotwendigste: Heute morgen früh um Viertel nach sieben hat mich eine Frau Rammbold angerufen, Rammbold Moni sagte sie, ein lustiger Name, finden Sie nicht auch, und so lokal. Sie sei die Verwalterin des Tröckneturms in Schönenwegen, ich wusste zunächst gar nicht, von was die erzählt und wo das ist. Tröckneturm, aha. Kennen Sie diese Rammbold, und diesen äh …, Turm?

Dort sei es in den letzten Monaten immer wieder zu sehr seltsamen Vorkommnissen gekommen, und ob ich mir das Gebäude mal anschauen möchte … Unverbindlich.»

Häfeli schaute ihr fragend in die Augen und machte mit der rechten Hand eine beschleunigende Bewegung. Wie ein Dirigent.

«Na ja, begonnen habe die Geschichte am Totensonntag, Allerheiligen, im November letzten Jahres, erzählte die Rammbold Moni. Am Morgen habe sie in diesem alten Turm und in der

---

[11]Seit 2005 in der Kaserne Lyss tätig. 2012 wurde die Durchdienerin zum Brigadier befördert, gehörte offiziell zum Inventar der Schweizer Armee; + 2021.

nahen Kapelle unzählige abgebrannte Kerzen entdeckt, leere Weinflaschen und Gläser, Hühnerknochen. An der riesigen Eiche ganz in der Nähe wurden merkwürdige Zeichen festgestellt, und das in die Rinde geritzte Wort *Druiden*[12]. Zudem die Namen *Roland und Josef,* mit einem grossen Herz versehen. Weiter wurde eine Metallspirale an einer Kette gefunden, wie wir sie in Hamburg brauchen, um Tauben zu verscheuchen. Ferner eine eigentümliche Halskette, vielleicht auch keltischen Ursprungs.»

«Toter Sonntag? Das kommt mir bekannt vor. Wunderbar. Und diese Druiden. Keltisch halt. Na ja. Direkt aus Irland? Aber was geht das uns an? Wir haben keine Kenntnisse davon, klar, leere Weinflaschen, das kennen wir schon, und Hühnerknochen sowieso.»

«Sagen Sie mal, verehrter Herr Häfeli, brauchen Sie ein Hörgerät, oder hören Sie mir einfach nicht zu?» unterbrach ihn die Frau aus Hamburg resolut. Und dachte dabei: Das ist ja wieder mal ein ganz schräger Vogel.

«Dieser angebliche Vorfall von jenem Totensonntag im Tröckneturm ist bei uns nicht aktenkundig, Hörgeräte hin oder her.» Häfeli wurde nervös. An Allerheiligen musste er mit seiner Frau auf den Friedhof. Dazu gabs Männerchorgesang, jedes Jahr waren es ein paar Sänger weniger, infolge Exitus, und dazu gebratene Marroni. Roberto und Patrizia wollten seit einigen Jahren nicht mehr mitkommen.

«Also gut, dann gehe ich wieder, wenn Sie meinen, das sei alles nicht so wichtig», antwortete Franziska Knill schnippisch – und schnippte mit ihren Fingern. «Eigentlich wollte ich mich Ihnen nur vorstellen, damit Sie wissen, wer ich bin, und dass es mich, äh …, uns immer noch gibt. Sie werden sehen, wir begegnen uns wieder. Oder ich sende Ihnen eine E-Mail.»

---

[12]*Geistige und mythische Elite der keltischen Gesellschaft und Religion.*

«Ja sicher, auf dem Gang. Oder in der Cafeteria. Bei uns heisst es übrigens: *ein* E-Mail, und hier gehen Sie in *das* Puff, nicht den Puff, oder *das* Spital.»

Frau Knill blickte den Kommissar entgeistert an. «Ich gehe überhaupt nicht in den …, von mir aus, ins Freudenhaus. Gibt es das überhaupt, den Puff für Frauen – und hier in Sankt Gallen? Soso, sollte ich mich da mal schlau machen?

Aber passen Sie auf, ich komme wieder, und dann erzähle ich Ihnen etwas Spannendes, Sie werden überrascht sein – und ins Schwitzen kommen. Buchstäblich!»

Häfeli wollte dazu keine Antwort geben. Obwohl, irgendwelche Möglichkeiten gab es sicher auch für das vermeintlich schwache Geschlecht, also die Frauen, in Kenia zum Beispiel, oder wie hiessen die heissen Gesellen schon wieder, neudeutsch ...? Bei einer Agentur bestellbar oder in jeder Diskothek treffbar. An der Treffbar.

«Sie müssen noch einiges lernen; klar wir reden hier faktisch deutsch, aber unsere Dialekte, die vielen Helvetismen, sind sehr vielseitig, komplex und haben es in sich, sind sehr unterschiedlich, und tönen auch so. Lustig. Manchmal. Hasler ist nicht gleich Hasler, zum Beispiel. In Zürich sagen die *Hosler*. Diesen Dialekt mögen auch wir nicht. Item.

Wie lange bleiben Sie?

Also gut: Viel Erfolg und tschüss!»

Kommissar Häfeli lehnte sich entspannt in seinem Sessel zurück, sobald sich die Türe geschlossen hatte.

Flüssigseife.
«Du, sollen wir jetzt Kaffee trinken, oder später? Im Restaurant Alt Sankt Gallen», fragte Kraienbühl fröhlich. Hatte die Dame von vorhin eigentlich einen währschaften Knall oder was, und wie hiess die schon wieder?»

«Knill! Nicht Knall. Knill aus Hamburg, direkt nach Sankt Gallen. Ob das gut geht?»

«Na ja, von mir aus; aber vergiss nicht, wir hatten in letzter Zeit in der Verwaltung tüchtig Personalwechsel, im Hochbauamt die Hälfte wegrasiert, in der Schulverwaltung[13] und bei den Strassenbauern. Aber auch bei uns wurden die Karten neu gemischt, denk nur an die Auswechslung von Lena Rabenschwarz durch Larissa Schneider beim Polizeivorstand; und die Neue aus Österreich. Wann kommt die eigentlich, anfangs Februar? Immerhin, endlich bewegt sich wieder mal was, das gefällt mir.»

Der Kommissar schwieg. Lenas Abschied war kurz und bündig gewesen. Freudlos. Lieblos? Wer hatte nun wen verlassen? Alle alle? Allein im Leben. Wie lange hatte sie hier gearbeitet? 20 Jahre und ein paar Tränen mehr. Ihr Gesicht gefiel ihm immer noch, trotz ihren vielen Gesichtern. Und den Falten, die sich da und dort über die Lachfalten legten.

Ein kleiner Steh-Apéro und eine kurze, flaue Rede des Polizeivorstandes, der insbesondere die nun durchgesetzte Nachfolgelösung würdigte. Ein knappes Dankeschön an alle Beteiligten. Das war's schon. Ein feuchter Händedruck und ein «adäquates kleines Abschiedsgeschenk»: Eine Gallone[14] *Bellena*, eine Flüssigseife, gründlich und dennoch schonend zur Haut, PH-neutral, sanft für die gesamte Familie, hiess es. «Ein passendes Abschiedsgeschenk, originell, bei den vielen Kinderchen», meinte der Polizeivorstand. «Und erst noch Qualität zum Sparpreis».

Keine oder nur flüchtige Küsse. Aber Desinfektionsmittel à Discrétion, für die Füsse? Das war's. Heute war zwar Masken frei. Adieu.

Noch prosaischer verlief der geplante Empfang von Lenas Nachfolgerin, Larissa Schneider, durch Freiluft-Dieterle, welcher allerdings diesen Termin verschlampt hatte. Peinlich. So musste oder durfte Adjunkt und Polizeisekretär Fridolin Büttikofer die als neue Wunderkraft der städtischen Polizeiverwaltung ange-

---

[13]*Angesichts der hektischen Umbenennungseuphorie von Verwaltungsabteilungen und Chargen, deren Sinn hier nicht diskutiert werden kann, verwende ich bewusst altgediente Begriffe und Titel, so zum Beispiel Polizeivorstand oder Schulverwaltung.*

[14]*Exakt 3,785 Liter.*

kündigte persönliche Mitarbeiterin, die bis vor kurzem noch bei der in Konkurs gegangenen *Admiral Hoch- und Tiefbau AG*[15] gearbeitet hatte, in die Geheimnisse der Verwaltung einführen und durch die verschiedenen Abteilungen schleusen.

«Du warst an diesen Steh-Apéros doch auch dabei, hat dir nicht gefallen, das Ganze, wenn ich mich richtig erinnere», sagte Häfeli schließlich. «Na ja, und du hast dich auf diese Frau Schneider gefreut. Ich freue mich auf Annegret Wetterstein, eine waschechte Tirolerin.

Hast du dich eigentlich bei unserem Stadtbaumeisterchen über den Keller unter der Grabenhalle erkundigt? Einiges wissen wir ja bereits, immerhin.»

Kraienbühl nickte. «Zuerst meinte der, ich wolle mit ihm in diesem ehemaligen Weinkeller eine schöne Flasche trinken, fühlte sich eingeladen, so quasi. Ich könnte dir beim Kaffee weitererzählen, benötigt etwas Zeit, gell. Dafür habe ich alles aufgeschrieben, na ja, fast alles.»

Geister und Geisterbahn?

«Also, pass mal auf», begann Kraienbühl, als sie sich im Restaurant Alt Sankt Gallen an einen Tisch gesetzt hatten. «Den *Grabenkeller* zwischen dem Blumenbergplatz und der Parkgarage UG 40 gibt es heute noch, ursprünglich mit Eingängen von der Grabenturnhalle und dem Unteren Graben her, erzählte Ueli Meisterhans-Abendrot gewohnt farbig und wortreich. 1841 sei das Grabenschulhaus eingeweiht und genau 130 Jahre später, 1971, wieder abgebrochen worden. Grund: Hier sollte eine grössenwahnsinnige Schnellstrasse – Nordtangente[16] genannt – am Rand der Nördlichen Altstadt dahinbrettern, vom Stadtbaumeister als städtebaulicher Schildbürgerstreich sondergleichen bezeichnet. Erinnerst du dich daran?»

---

[15] *Vgl. Galgenvögel. Mord in Sankt Gallen und andere Geschichten. Band 2.*

[16] *Vgl. «Sankt Gallen – eine Stadt, wie sie nie gebaut wurde», 2016. Auch zur Südtangente.*

Der Kommissar nickte wieder, nicht uninteressiert, eher lustlos. Und bestellte nochmals Kaffee und Gipfeli.

«Glücklicherweise sei diese Nordtangente, wie später ebenfalls die noch katastrophalere Südtangente beim Klosterbezirk gescheitert, allerdings weniger am gesunden Menschenverstand der Sankt Galler Regierung als an der fehlenden finanziellen Unterstützung des Bundes, und einer kantonalen Volksabstimmung. Gott sei Dank!»

Kraienbühl knabberte an seinem Gipfeli herum.

«Spannend: Damals fuhren die Züge nach Rorschach noch offen – nicht im Tunnel – und einspurig vom Sankt Galler Hauptbahnhof via Unterer Graben am Grabenschulhaus vorbei, wohl zur Freude der Kinder. Und via Sonnenstrasse zum Nebenbahnhof St.Fiden. Der Graben vor dem gleichnamigen Schulhaus war etwa 200 Meter lang und sechs Meter tief; vom Schulhauseingang führte eine schmale eiserne Treppe zum Unteren Graben. 1912 wurde der Rosenbergbahntunnel fertig, die alten Gleise konnten abgebrochen werden. 1914 verlängerte die Stadt die Rosenbergstrasse und überdeckte den Graben: So entstand unter der Strasse ein schönes Gewölbe, der Grabenkeller, den die bekannte Weinhandlung *Martel und Franck & Co* für die Lagerung ihrer Weine übernahm; in den Kellerräumen schlummerten bis 1951 300'000 Flaschen und Fässer mit weit über 100'000 Litern Wein. Lagergestelle und Schienen für den Transport der Fässer wurden eingebaut, Elektrizitäts-, Gas- und Wasserleitungen eingezogen, inkl. Trinkstube und Büro. In den Keller hinunter führte eine Art Seilbahn mit unterirdischer Wende; Wein wurde aber auch aus Fässern von Fuhrwerken mitten auf der Rosenbergstrasse in die Gruft hinunter geschlaucht. Kaum zu glauben, gell.»

Pause.

«Schliesslich konnte ich mit dem Stadtbaumeister in den Untergrund hinabgestiegen: Massive aber rostige Türen, alle abgeschlossen … Gestelle stehen entlang der sorgfältig gepflasterten Mauern des ehemaligen Eisenbahngrabens; da und dort rostige

Loren[17]. Kühl. Etwas modrig. Spärliches Licht. Geheimnisvolle Räume, unterteilt und unübersichtlich. Schmale Türen und Treppen nach oben, teilweise zugemauert. Beklemmende Sackgassen. Da kommen dir Fantasien aller Art. Es ist still hier unten, wie in einer Gruft, fast nichts zu hören vom Verkehr, der über die Decke des Tunnels donnert. Silbrige Rohre der Fernwärme verunstalten das schöne Gewölbe», erzählte Kraienbühl.

«Noch anfangs der 1980er Jahre habe die städtische Feuerwehr den Ort für Übungen genutzt, so der Stadtbaumeister. Ausräuchern. Rauch für die Feuerwehrleute, und Ratten – letztere flüchteten nach oben oder in die Kellergeschosse der Nachbarschaft, zu deren Ärger. Das war das Ende, auch der an sich lustigen Idee, hier die längste Bar der Stadt – oder des ganzen Landes einzubauen. Schade.

Wer weiss mehr?
Am Schluss machte der Stadtbaumeister noch eine interessante Bemerkung, so ganz nebenbei: Es täte ihn wundern, was da alles zum Vorschein käme, wenn man diesen Stollen aufgraben würde. Gräber, Skelette, Giftfässer. Chemietonnen tonnenweise? Und Altmetall. Du, der erwähnte das so ganz nebenbei, und lachte. Ein Witzbold. Was meinst du dazu? Sollen wir unseren Wichtelmann von der Kriminaltechnik mal losschicken? Das wäre natürlich Stören der Totenruhe, im Erfolgsfall.»

Kraienbühl nahm einen Schluck Wasser, das viele Reden und Rezitieren hatte ihm einen trockenen Mund beschert – und ihn müde gemacht. Zeit für ein Nickerchen?

«Gut gut, allerhand», sagte Häfeli. «Schatz- und Totengräberei im Grabentunnel? Lieber nicht, wir haben zurzeit schon genug Scherereien. Und Leichen ausgraben, zusammensuchen, die niemand vermisst? Nein danke. Wir sollten mit dem Wirt dort hinter der Theke beginnen, ihn befragen, wenn wir hier schon herumsitzen … Zu dieser Witzfigur mit dem roten Hut, gestern.» Er schaute auf die Uhr. «Die Zeit läuft, gell. Nur damit das nicht

---

[17]Offene Wägelchen, wie sie auch im Bergbau verwendet werden.

ganz vergessen geht. Geh mal bitte hin und erkläre ihm, weshalb wir hier sind.»

Wenig später setzte sich der Gastwirt zu ihnen an den Tisch. «Othmar Muff, mein Name. Ich kann mir diesen Auftritt gestern Abend auch nicht erklären, kenne diese Person nicht; ihre Stimme kommt mir zwar irgendwie bekannt vor, aber ich weiss nicht woher. Keine Ahnung. Beim besten Willen. Sie packte mich so fest am Hals, dass ich dachte, das ist das Ende. Und sie schien mir noch recht jung zu sein, wenn ich so überlege. Einigermassen kräftig.»

«Also, irgendeinen Grund wird es schon geben. Haben Sie Feinde, Streit mit dem Personal, Schulden. Ärger mit Ihrer Frau oder deren Geliebten? Was weiss ich. Erzählen Sie. Machen sie keine Anzeige, gegen Unbekannt?»

«Im Moment nicht, aber wenn sich das wiederholt … Meine Frau hat keinen Geliebten. Ich bin schwul. Aber erst seit Weihnachten. Es war ein Weihnachtsgeschenk, ich wusste nichts davon. Und vielleicht überlege ich mir das nochmal. Wer weiss.»

Die beiden Polizisten schauten sich erstaunt an.

«Herr Muff, wir sind hier nicht in der Märchenstunde, mit Trudi Gerster, der Märchenerzählerin mit dem penetranten Sankt Galler Dialekt. Oder wie sehen Sie das? Zum Beispiel mit dem Kunstblut, der Guillotine, die mir nichts dir nichts so heruntergefallen ist. Das kann Sie Ihre Lizenz kosten», knurrte Häfeli. «Wer waren die drei Frauen unter der Guillotine? Hinzu kommt noch das Kunstblut; zuerst schien es, als sei eine der Frauen verletzt worden. Sehr seltsam ist das alles, eine Inszenierung von Ihnen?»

«Kunstblut? Ich weiss nicht wovon Sie sprechen … Und ich kenne nicht alle Gäste persönlich, die mein Lokal besuchen. Viele kommen wegen der Guillotine. Aber ich weiss nicht, wie sich die lösen konnte; das ist mir unerklärlich – und hätte tatsächlich ins Auge gehen können[18]. Ich lasse das abklären, haben Sie noch …»

---

[18]*Hinweis für Ängstliche: Die Guillotine ist für Gäste ungefährlich.*

«*Wir* lassen das abklären», unterbrach Kraienbühl den Wirt, der zusehends nervöser wurde, «nämlich durch die Spurensicherung. Adjutant Wichtelmann und seine Truppe wird gleich bei Ihnen vorbeischauen.» Kraienbühl griff zum Telefon.

«Und wir drei treffen uns wohl am besten möglichst bald im Kommissariat 2. Sie hören von uns. Wir zahlen.» Die beiden Polizisten spazierten ohne grosse Eile die paar Meter zurück ins Amtshaus, obwohl es inzwischen ganz schön windig geworden war. Und kalt.

«Weisst du was ich glaube, diese Sache ist noch nicht gegessen», knurrte Häfeli. «Da kommt noch einiges zum Vorschein – und auf uns zu. Und wieso hat der Typ mit der roten Krawatte einen Schlüssel zum Grabentunnel?»

Im Büro erfuhren die beiden, der Polizeivorstand habe sie dringend gesucht, sei nun aber leider «entschwunden». Ortsabwesend. Vorübergehend.

Der meldet sich schon wieder, dachte Häfeli und setzte sich auf das Sofa, das er seit kurzer Zeit in seinem Büro aufgebaut hatte. Nigelnagelneu, und mausgrau.

«Eigentlich können wir mit EFD zufrieden sein. Er lässt uns in Ruhe, meistens, und in Ruhe arbeiten. Das ist überhaupt nicht selbstverständlich. Du, ich will jetzt nicht gestört werden; ich denke nach.» Kraienbühl sagte nichts dazu und blätterte in der Zeitung, nicht der von gestern. Einer Ausgabe von Ende Oktober des Vorjahres, wenn wir genau sein wollen, die er irgendwo aufgegabelt hatte.

Zum Schreien!
Stand in dieser Ausgabe prominent, bezugnehmend auf die Ergebnisse der Stadtratswahlen! Na ja. Immerhin etwas, und Gott sei Dank waren diese Wahlen endlich vorbei, der Polizeivorstand war ja kaum mehr auszuhalten gewesen. Unausstehlich! Aufgeblasen wie ein vollgefressener Pfau stolzierte er die Marktgasse hinauf bis zur Kathedrale und hinunter, manchmal auch durch die Spitalgasse, Spisergasse zur Multergasse und via Neugasse zurück ins *«Headquarter»*, wie er sein Büro im Amtshaus neuer-

dings bezeichnete. Headquarter, so ein Chabis. Trübe Zeiten waren das, im letzten Herbst.

Eigentlich wäre Freiluft-Dieterle im Pensionsalter, oder zumindest nahe dran, je nachdem, wie offen die Altersskala nach oben sein durfte, bis 90 wie bei den amerikanischen Präsidenten oder in Russland, im Greisenkabinett des Politbüros? Dass auch ältere Katzen das Mausen und Jagen ganz generell nicht lassen konnten, war allgemein bekannt und irgendwie noch nachvollziehbar. Aber überall diese alten Männer, die auf Macht und Regieren partout nicht verzichten wollten, bis sie vom Stängeli fielen. Irgendwann. Gott sei Dank. Immerhin wussten die meisten noch ihren Namen, auch ohne Notizzettel.

Und wie wär's mit mehr Frauen an den Schaltstellen, hä? Möglicherweise haben Frauen nicht ein so überbordendes Sitzlederverhalten und Profilierungsgehabe. Na ja: Ausprobieren!

In der ganz heissen Wahlphase verteilte der Polizeivorstand am Bahnhof Gipfeli an die vielen Pendler aus der Agglomeration, von nah und fern, und noch ferner; beim Marktplatz Sugus[19], und an die Mitarbeiterinnen und Mitarbeiter Smarties. Nein, dafür sei er sich nicht zu schade.

Je näher der Wahltermin rückte, desto nervöser, desto grosszügiger, mit den Sugus. Und den Komplimenten an die Mitarbeiterinnen. Allgemeines Schulterklopfen, hüben und drüben. Häfeli mochte diese Smarties nicht. Irgendwie unecht, das Zeugs. Dann lieber einen Mohrenkopf. Ein klebriger. Süss.

«Keine Frage, das schaffen wir», sagte Polizeisekretär und Adjunkt Fridolin Büttikofer immer wieder. «Kein Problem!»

«Wir? *Ich* schaffe das, ganz alleine, Sie sind doch in der Stadt nicht einmal wahlberechtigt. Na ja, so ganz ohne meine Wähler geht das natürlich nicht. Aber Sie, *Sie* sind mir auch keine grosse Hilfe in letzter Zeit.» Beleidigt verliess der Polizeisekretär das Headquarter.

---

[19]Schweizer Kaubonbon, ursprünglich von Suchard in Neuenburg produziert, heute irgendwo im Ausland.

Die Tage schleppten sich dahin, nicht nur für trübe und mutlose Tassen. Regnerisch und windig war's im Oktober gewesen, vor den Wahlen. Wie die Schlussabrechnung wohl aussehen würde? Freiluft-Dieterle gab sich höchst optimistisch.

Weniger optimistisch hatte sich damals Häfelis Nachbar Gottfried P. Hugelshofer, seines Zeichens Chef-Bankier, bei einem seiner grosszügigen Apéros gezeigt: «Abwählen, die ganze Bande. Unfähig, unbrauchbar. Umstandskrämer, entscheidungsunfähig. Linke Deppenversammlung», trompetete der Chef-Bankier lautstark, ungehalten und ungeniert. Und nahm einen kräftigen Schluck seines exquisiten Rotweins. «Wenn ich Zeit hätte für solchen Unsinn, hätte ich als Stadtpräsident kandidiert. Und würde gewinnen, da bin ich sicher! Ich rate euch, macht es so wie ich! Nur Mut und etwas Selbstbewusstsein!»

«Nicht so laut oder noch besser: Sei mal ruhig», hatte Häfeli seinen «Lieblingsnachbarn» angezischt und am smarten Kittel gezerrt. «Das ist keine Wahlveranstaltung, du kommst definitiv zu spät, obwohl, dort drüben steht wieder mal dein Schulvorstand-Spezi, und hofft, dass du ihm das Wort erteilst. Wieso lädst du solche Leute überhaupt ein? Dabei sein? High Society, VIPs. Ich muss gleich kotzen.»

«Du drohst mir? Das ist ja unerhört!»

«Ich drohe nicht, aber wenn du nicht augenblicklich aufhörst, gehe ich nach Hause. Du bist einfach nur peinlich, ob du nun recht hast oder nicht, mit deiner Wahlanalyse. Basta!» Häfeli wandte sich ab und bemerkte, wie «Freunde» ihrem Gönner auf die Schultern klopften.

Grusig.

Endlich hatte ein erneut trüber Wahlsonntag den Polizeivorstand mit seiner Wiederwahl erlöst, kein Glanzresultat, aber hinreichend genügend; die Wählerschaft zeigte sich wieder einmal von ihrer gnädigen Seite. Bei rekordtiefer Stimmbeteiligung unkritisch wie so oft.

«Ich habe gesiegt, wie zu erwarten war», prahlte Freiluft-Dieterle in der Gegend herum und freute sich. «Na ja, erstaunlich ist das nicht, bei meinem Leistungsausweis. Und ich habe gekämpft wie ein Löwe. Und investiert, in Gipfeli und Sugus.» Gnädig nahm er die diversen Gratulationen entgegen. Hinz und Kunz überboten sich wieder mal. Erneut allgemeines Schulterklopfen und Judasküsse à Discrétion.

Am nächsten Morgen kam der Polizeivorstand mit einem neuen Auto zur Arbeit, das er vorsichtshalber im Innenhof des Amtshauses parkierte. Ausnahmsweise, aber gut sichtbar. Ein schwarzer Rolls Royce Phantom 1936. Ein neues Spielzeug? «Wunderschön! Man gönnt sich ja sonst nichts, oder? Äh … oder nur wenig. Männer brauchen so was, hin und wieder. Gell, äh …, *Sie* verstehen mich, Häfeli, oder?»

Wunderschön, der bucklige schwarze Oldtimer mit den grossen runden Lampen, eigentliche Vollmondgesichter, diese verchromten Status- oder Positionslampen, das musste er zugeben. Oder war das so ein veritables Phantom, wie sie bei vielen Wahlen und Abstimmungen immer wieder auftauchen? Ein Traum. Eine Woche später informierte der Polizeivorstand seine engsten Mitarbeiter, das Phantom sei wieder verschwunden, ein Mietwagen, quasi für Testfahrten. Eine günstige Gelegenheit – im Siegestaumel. Aber irgendwie übertrieben, und unökologisch. Nun fahre er wieder mit dem E-Bike zur Arbeit. Oder mit dem Bus.

Schelte.
Weniger optimal lief es für den Schulvorstand, der überwältigend abgewählt und wen erstaunt's durch eine Frau ersetzt wurde. Marionette von und zu Halbgarn, verarmter Landadel, aber in der richtigen Partei, vermutlich ursprünglich aus dem Rheintal oder dem Fürstenland, nun in Teufen zu Hause. Eine graumelierte, extrem hagere Fast-Seniorin mit strengem, fast herrischem Blick, stechenden Augen und schmalen Lippen. Und ausgerupften Augenbrauen. Das Gesicht leicht fettig glänzend, etwas schmalzig, schien es dem Kommissar, als er sie das letzte Mal gesehen hatte. Die sollte sich eine neue Tagescreme anschaffen, hatte er dabei gedacht. Oder so etwas. Oder gleich alles abwaschen. Frohgemut. Abschminken.

Und: Oh je, die duldet keinerlei Widerspruch, wenn das nur gut kommt, für die städtischen Schulen. Aber uns kann es ja egal sein. So sind wir doch noch richtig glücklich mit unserem EFD. Wer hätte das gedacht.

Der abgewählte Schulvorstand beschloss indessen unverdrossen, sich wieder selbständig zu machen, professionell, nachdem er damit bereits mehrmals gescheitert war, viel Schelte über sich ergehen lassen musste wie: unprofessionell, unzuverlässig und ungenau, unfreundlich aber abgehoben im Umgang mit Menschen usw. Unerfreulich, allerdings, wenn man genau hinschaute. So beschloss er, ein neues Bestattungsunternehmen in Sankt Gallen zu eröffnen, da Sterben derzeit enorm en vogue sei, meinte der ehemalige Schulvorstand, «in» und letztlich unerlässlich. Dabei erinnerte er sich wohl an Themen wie Überbevölkerung, überfüllte Altersheime und Spitäler. Sanierung der Sozialwerke. Geschmacklos? Na ja. Nicht unbedingt. Und geruchlos schon gar nicht.

Sein Institut betreue allerdings ausschliesslich Gutbetuchte, sogenannte VIPs mit Sinn für philosophisches Gedankengut. Kein Gebrabbel, keine Bettler und Vaganten. Vor dem Tode seien ohnehin alle gleich, aber hier eben doch nicht ganz. Punkt.

Daher wollte er als Bestatter-Chef auch nicht unbedingt selbst an der Front tätig werden, das hatte sich schon in der Vergangenheit nicht bewährt. Ein ehemaliger Schulvorstand, der als Sargträger in engen, muffigen, schummrigen Treppenhäusern herumstolpert, das ging nun wirklich nicht. Dann eher als Zeremonienmeister bei Abdankungen, bei denen Pfarrer und Priester unerwünscht seien, da könnte er aus dem Vollen schöpfen, mit seinem philosophischen Hintergrundhorizont. Ein weites Feld mit Potential, und im Aufwind begriffen, absolut krisensicher, die Gott-lose Abdankung.

Völlig normal in säkularen Gefilden.

Hereinspaziert. Ungeniert.

Nur keine Panik jetzt.

Und das (ehemals) christliche Abendland und seine Kultur, die Grundwerte der Aufklärung[20] und der Französischen Revolution wo waren die geblieben? dachte Häfeli.

Liberté. Egalité. Fraternité. Steckengeblieben zwischen 5G-Antennen, Schönheitsoperationen, Fitness-Studios, Shopping-Centern und Sportstadien. Und den leeren Kirchen natürlich, den vollen Klapsmühlen. Ein Ausflug zurück ins Mittelalter gefällig?

Passt schon.

Nein. Passt eben nicht.

Ohne mich.

Etwas schrill meldete sich das Telefon zurück in der realen Welt und riss den Kommissar aus seinen Gedanken. Wer störte denn da schon wieder? Sehr ärgerlich.

«Kommissariat 2, Häfeli am Apparat. Hallo?»

---

[20] *Ende des feudal-absolutistischen Ständestaates; Bildung, Bürgerrechte, Vernunft, Gemeinwohl.*

Leichen und Bratwürste.

«Du Chraie, was meinst du, wer gerade angerufen hat?» Kommissar Häfeli drehte sich auf seinem Bürostuhl im Kreis herum. Im Amtshaus. Spielerisch.

«Die Rammbold Moni, von der die Knill vom Liegenschaftenamt gerade erzählt hat! Sie habe soeben die Kapelle am Burgweiherweg[21] kontrolliert, da dort noch Licht brannte, was zu dieser Zeit unüblich sei. Sie sei etwas später dran gewesen als normal – am Vorabend sei es bei einer Party im nahen Tröckneturm sehr spät geworden. Als Verwalterin besitze sie auch die Schlüssel zur Kapelle.» Häfeli machte eine Pause.

Schnaps im Tröckneturm.

«Das glauben Sie nicht, erzählte mir die Rammbold weiter. Als sie die lottrige Türe öffnete und eintrat, sassen dort schon zwei Leutchen in der ersten Reihe. Mucksmäuschenstill. Hielten sich an den Händen, lehnten aneinander, ganz friedlich. So schien es. Irgendwie drollig. Etwas wächsern die Gesichter, na ja. Jung waren sie nicht, die beiden. Eine Frau und ein Mann. Sie habe die beiden seitlich etwas gestossen, eher gestupft. Angesprochen sowieso. Aber die hätten nicht geantwortet – nur so blöd geglotzt. Dann legten sie sich lautlos auf die Kirchenbank. Mit offenem Mund.

Unglaublich, sage ich Ihnen, Herr Polizist. Unverzüglich verliess ich diesen unheimlichen Ort und rannte davon, wie wenn mir Geister im Nacken sässen, hinüber zum Tröckneturm, an die Bar, genehmigte mir einen Obstler, also einen rechten Schluck. Oder zwei. Ich war wie erstarrt, wie gelähmt. Und nahm noch einen dritten. Diesmal Cognac. Als ich nochmals nachschaute, lagen die beiden immer noch dort. Regungslos. Und jetzt rufe ich *Sie* an, wie Sie sehen. Kommen Sie schnell. Ich muss nur noch die Flaschen zurückstellen und warte vor der Kapelle auf Sie.»

«Möchtest du alleine hinfahren?» fragte der Kommissar, doch Kraienbühl schüttelte den Kopf. «Ich fürchte mich vor Geistern.»

---

[21]*Kapelle Maria Einsiedeln, 1770 erbaut. Im Schönenwegen-Quartier.*

So machten sich die beiden mit einem Polizeiwagen auf den Weg; Kraienbühl hatte zuvor noch die Kriminaltechnik und den Bestatter aufgeboten.

Vor dem Tröckneturm trafen sie eine etwas veschupft[22] wirkende, schlotternde Frau mittleren Alters an, nervös gestikulierend. Mit erheblicher Fahne. Die Obstler taten ihre Wirkung.

«Ah, endlich sind Sie da, saukalt ist es heute, na ja, verschnupft bin ich bereits. Kommen Sie alleine, und wo ist der Leichenwagen? Ich bitte Sie, ich kann die alten Leutchen nicht noch länger hier sitzen lassen, bewirten, äh … aufbewahren. Die müssen weg, heute Abend haben wir einen Lunch mit der Geschäftsleitung der Corona-Bank, ganz wichtige Leute, und eine Theateraufführung nächste Woche. *Der Besuch der nackten Dame*, heisst das Stück, soviel ich weiss, geht mich auch nichts an. Von Pierot Vin Cent, ein Franzose. Oder so, glaube ich. Oder war's ein Schweizer? Na ja, tönt etwas schlüpfrig, nicht?»

Pause.

«Wie wollen Sie die alten Leutchen abtransportieren, geht's direkt ins Krematorium, sofern dort noch Platz ist; ist ja nicht weit von hier entfernt. Da könnte man fast hinlaufen, äh, zu Fuss gehen, nicht?»

Die beiden Polizisten sahen sich verblüfft an. Schwatzhafte Person. Unmöglich. Entdeckt zwei Tote in einem Kirchlein und labert unbeirrt drauflos. Aufbewahrt. Bewirten. Lunch mit der Geschäftsleitung. Krematorium. Drollig war da gar nichts. Alles Chabis. Vermutlich.

Dann schauten sie sich die Chose in der Kapelle an, die friedlichen Gesichter der alten Leutchen. Kraienbühl rümpfte die Nase. «Macht Sterben froh?»

«Sie haben's aber echt eilig. Wieso denn das?» fragte Häfeli.

«Guter Mann, ich bin hier die Gerantin, nicht die Bestatterin; von irgendwelchen Leichen kann ich nicht leben, und mit ihnen schon

---

[22] *Dialekt: an den Rand gedrängt, weggestossen.*

gar nicht. Sehr ärgerlich, wissen Sie eigentlich, wieviel Arbeit und Scherereien ich mit denen immer habe?» Wenn das so weiter geht, kann ich gleich zusperren.»

«Was heisst hier *immer*? Hören Sie doch auf zu jammern! Was uns mehr interessiert: Kennen Sie die alten Leutchen, allenfalls von Ihrer Bar im Tröckneturm, aus dem Quartier oder dem Altersheim? Erschienen die häufig in der Kapelle?» Frau Rammbold schüttelte den Kopf. Sie habe keine Ahnung. Überhaupt keine.

«Dort kommen unsere Leute», Kraienbühl zeigte auf den Wagenkonvoi, der sich langsam näherte.

«Was denn, nur *ein* Leichenwagen? Wir haben hier ein Doppelpack. Mindestens.»

Häfeli blickte Wellenberg an, den Bestatter. «Kein Problem, wir haben für alle Toten eine Lösung. Zuerst muss aber noch die Spusi ran, bitte, verehrter Tom Wichtelmann. Packen Sie zu.»

Der Chef Kriminaltechnik brummte etwas in seinen virtuellen Bart und begann mit der Spurenaufnahme, Besichtigung, Fotos, Details usw.

«Liebe Freunde, wir warten im Büro auf eure Kurzberichte, bitte schnell, wie gewohnt. Saukalt ist es heute. Und ab mit den alten Leutchen in die Rechtsmedizin. Adieu.»

Die beiden Kommissare setzten sich in ihren Wagen. «Heizung voll aufdrehen, gell.» Doch auch hier blieb es nicht lange ruhig. Kraienbühl hatte wieder mal eine Geschichte parat: «Du, das glaubst du nicht, am ersten Januar besuchte ich meinen Vater im Altersheim, er hat eine neue Freundin. Die sassen tatsächlich in ihrem grosszügigen Zimmer vor dem Fernseher und hörten sich das *Neujahrskonzert* der Wiener Philharmoniker an. Er im Frack, Krawatte und Melone. Sie im Abendkleid. Chic. Und Cüplis in der Hand. Wie echt. Unglaublich. Ist das das Alter, Alterchen?»

«Sehr originell! Das sollten wir uns …, äh, merken, fürs Altersheim. Aber du hast ja gar keinen Frack, gell.» Häfelis Handy schellte, Lady Madonna war da. «Hergottine, hat man denn nirgends mehr seine Ruhe, verdammt nochmal!» Seine Miene wurde noch ein Mü starrer, noch düsterer, während er das Telefon in der Manteltasche versorgte.

Blut im Wasserturm.

«Zum Wasserturm[23], bei der Lokremise[24], los Chraie. Schnell! Eine Streife hat dort einen Toten gefunden. Mit rotem Hut, das kennen wir doch.»

Im Fahrzeug herrschte trotz Heizung eine fröstelige und abweisende Stimmung, nicht eigentlich erstaunlich, angesichts der abrupten Zunahme von Todesfällen.

«Wenn das so weitergeht sollten wir zusätzliches Personal beantragen», bemerkte Kraienbühl in die Totenstille hinein. «Sonst wird uns das alles zu viel, gell. Sprich bitte mal mit EFD.»

Häfeli schwieg und verzichtete auf sein Lieblingswort.

Vor dem alten Wasserturm aus Dampfloks Zeiten beim Hauptbahnhof stand ein Streifenfahrzeug, und vor der Eingangstüre ein Polizist, der den beiden prominenten Ankömmlingen diskret zuwinkte.

«Nur zu, kommen Sie her, hier hinein.» Polizeiwachtmeister Meinrad Manz zeigte auf die schmale Türe, ohne zu zögern. «Ganz oben liegt er. Unverändert. Soweit ich das gesehen habe. Erstochen, in seinem Blut und Erbrochenem. Das Messer ist verschwunden.»

---

[23]Der 1906 erbaute Wasserturm versorgte die Dampflokomotiven mit Wasser und diente als Löschwasserreservoir. In den 1940er Jahren stillgelegt.

[24]Die 21-ständige Lokremise (1903-11) gilt mit ihrer Jugendstilfassade als Industriedenkmal von nationaler Bedeutung und grösstes Ringdepot der Schweiz. Zum Ensemble gehört das 1902 errichtete Badhaus mit Aufenthalts-, Wasch- und Wohnräumen für die Eisenbahner und der Wasserturm. Ende der 1980er Jahre benötigten die SBB die Lokremise nicht mehr – sie wurde zur Industriebrache, entging aber wiederkehrenden Abbruchgelüsten. Von 1999 bis 2004 wurde sie durch die renommierte Kunstgalerie Hauser & Wirth genutzt und entsprechend (sanft) umgebaut. 2005 zog sich diese leider vorzeitig zurück, da fehlende Heizung und Isolation nur eine Nutzung im Sommerhalbjahr zuließen. Dank Kanton und Genossenschaft Konzert und Theater Sankt Gallen entstand hier in der Folge ein spartenübergreifendes Kulturzentrum mit Restaurant und Kino. Innovationslust mit Freude in Sankt Gallen. Das gibt's!

«Du gell, das ist aber nun nicht dein Ernst», zwinkerte Häfeli seinem Assistenten zu und schaute die schmale Stiege empor. Da soll ich bitte hochklettern, dabei haben oben gar nicht alle Platz, Wellenberg kommt auch noch. Und die Spusi. Nein, so geht das nicht. Steige du mal selbst hoch, schau dir den Schadenplatz an, notiere, fotografiere, telefoniere, sprich mit dem Toten, rieche, fluche, träume. Denken ist ebenfalls erlaubt, gell. Aber ich bleibe hier unten; ich will da oben nicht noch die letzten Spuren verwischen. Also, auf was wartest du? Ich telefoniere unterdessen mit dem Bestatter und der Spusi. Die werden sich freuen, ein Stress ist das wieder heute Morgen. Und: Du brauchst mir von oben nicht zuzuwinken.»

Murrend und brummend machte sich Kraienbühl allein auf den Weg in den Turm.

Der Kommissar telefonierte mit Wellenberg und Wichtelmann. Erwartungsgemäss waren die beiden über den zusätzlichen Auftrag wenig erfreut. Und dann mit seinem Sekretariat. Dabei erfuhr er, dass eine anonyme Anruferin von seltsamen Vorkommnissen im Wasserturm am Hauptbahnhof berichtet und um Hilfe durch die Polizei gebeten habe. Nachher besichtigte er die Umgebung zwischen dem alten Badhaus an den Geleisen und der Lokremise.

Schliesslich setzte er sich fröstelnd ins Pikett-Fahrzeug, und heizte. Ohne Rücksicht auf Verluste. Wartete. Und hörte *SRF2*. Classics. Ein Orgelkonzert von Bach. Häfeli versuchte, seine Gedanken zu ordnen.

Endlich erschien Kraienbühl an der Eingangstüre des Wasserturms und winkte aufgeregt. Häfeli winkte zurück. Der Assistent kam zum Auto und setzte sich auf den Fahrersitz: Das musst du selbst anschauen; den Toten mit den roten Accessoires haben wir schon einmal gesehen, er sieht dem Kerl im Alt Sankt Gallen verdammt ähnlich, ganz sicher bin ich allerdings nicht. Das Gesicht ist etwas entstellt, na ja. Und oben ist alles voller Blut und ... Riecht übel.»

«Wir warten, bis die Leiche unter der Türe erscheint, so viel Zeit muss sein. Keine falsche Hast jetzt».

Einige Minuten später traten Wellenberg und sein Gehülfe aus der Türe des Wasserturms und legten die Leiche auf die Bahre. Die beiden wirkten etwas erschöpft, wischten sich den Schweiss von der Stirn.

«Verdammt eng, diese Stiege, und ich habe wieder zwei Beulen mehr auf dem Kopf. Aber komm jetzt, schau dir das mal selbst an. Los jetzt!»

Häfeli fand den Anblick nicht *so* extrem speziell, eine recht schlanke Leiche halt, mit Hut, überall Blut an den Kleidern. Erbrochenes. Interessant waren allerdings die Ähnlichkeiten mit dem Würger vom Alt Sankt Gallen. Tatsächlich.

«Ab in die Rechtsmedizin. Dr. Fröhlich wird sich freuen. Komm wir fahren zurück ins Amtshaus.»

Kraienbühl versuchte den Motor zu starten, mehrmals. Vergeblich. «Hast du da herumgeorgelt, warst *du* das? Jetzt haben wir den Salat. Die Batterie ist im Eimer.»

Zeit für eine Bratwurst.
«Essig, der kommt nicht mehr. Wir marschieren zurück! Das kommt davon. Heizen mit der halbleeren Batterie, unmöglich! Du solltest das wissen.» Häfeli schüttelte den Kopf.

«Wie bitte?»

«Also dann: Abschleppen die Karre, los. Oder Überbrücken! Zur Lokremise und dem Wasserturm muss ich dir unbedingt noch kurz etwas erzählen. So viel Zeit haben wir gerade noch.» Häfeli wollte gerade beginnen ....

«Kurz, das kenne ich. Kommt gar nicht in Frage, dafür ist es jetzt zu kalt! Ich bin schon durchgefroren.

Komm jetzt.»

Die beiden Polizisten machten sich unverzüglich auf den Weg zurück zu den Amtshausstuben, via Neugass-Durchbruch und Poststrasse – sollte hier nicht irgendwann eine Rambla à la Barcelona entstehen, oder so ähnlich? Das war der Plan. Na ja.

Zuerst holten sie am Bahnhof beim Schmid noch rasch eine Bratwurst, die sie in der SBB-Lounge genüsslich vertilgten, und dazu den Passanten, Pendlerinnen sowie einem OpenAir-Prediger zuschauten, letzterem auch noch zuhörten, nicht ganz freiwillig allerdings. Dieser schöpfte aus dem Vollen.

«Du dieser Prediger dort, das wäre noch was für dich, wenn du pensionierst bist, nicht? Du kannst das, du musst einfach etwas an dich glauben. Und sag mal, diese Bonsai-Bäumchen in ihren Säcken auf dem schrägen Plätzchen, ja diesem komischen Geviertchen vor der Fachhochschule für Sozialklempner, wo wir gerade vorbeigekommen sind. Wann werden die endlich eingepflanzt – die stehen hier seit einiger Zeit so unmotiviert herum, wirken irgendwie verloren. Soll ich mal beim Gartenbauamt nachfragen?»

«Lass den Chabis, das bleibt so, ist fertig gebaut, die fehlenden Bäume eine Planungsleiche. Ausstudiert, bis auf den Kiosk aus Italien, den einige Spinner aufstellen wollten. Wasserträger! Du musst aber nirgendwo nachfragen, das gibt nur Ärger oder Schläge, und wir machen uns wieder mal lächerlich.» Häfeli lachte.

«Du verstehst halt das Konzept nicht, die kreativen Hintergründe wie viele andere auch nicht. Also, sei nicht traurig! Aber lassen wir das, spielt keine Rolle mehr. Wir sind spät dran und sollten uns beeilen, wollten doch eigentlich zurück ins Amtshaus!

Äh …, du Chraie, kommt mir gerade in den Sinn, ich muss nach Hause, auf direktem Weg. Heute ist die letzte Nacht mit Sabrina. Vorläufig wenigstens. Morgen reist sie nach Amsterdam, zu diesem Tanz-Happening. Tango und so. Alleine, mit dem Zug!

Und ich komme etwas später ins Büro, gell.

Wenn das nur gut geht. Gute Nacht, dann.»

Rauhnächte hin oder her.

Raue Nächte.

Oder einsame Nächte?

Fasnachtsmotto?

«Und, wie ist die Abschiedszeremonie mit Sabrina gestern gelaufen?» erkundigte sich Kraienbühl am nächsten Morgen. Andererseits sah er es seinem Chef von weitem an, als dieser verspätet und eher übelgelaunt im Büro erschien.

«Schwierig, ich erzähl es dir dann, beim Kaffee. Zuerst erledigen wir den Bürokram, was haben wir heute? Kraienbühl kramte einen Zettel hervor. Pendenzenliste stand darauf. Später tranken sie im Café Scherrer Kaffee. In Ruhe.

Ausfall total.

«Jetzt komm, erzähl, wie war's gestern Abend, ein totaler Erfolg, wie ich vermute?»

«Der Abschied war komisch. Diese Abreise. Dieser Tanz-Kurs in Amsterdam. Tango. Fortbildung. Muss das sein? Ein Happening, für Seele und Geist, sagt meine Frau; und natürlich auch für den Körper. Hot und spicy!

Na ja – wir werden sehen.

Irgendwie war sie aufgeregt, kühl, nervös, angespannt. Klar. Patrizia und Roberto zeigten sich vordergründig abwartend, etwas traurig, verdeckt erwartungsfroh, freuten sich auf die bevorstehende Ruhe im Haus. Sabrina durchschaute ihre Sprösslinge, was ihre Laune nicht gerade verbesserte.»

«Und die Nacht?»

«Chabis. Schlecht geschlafen. Ein paar flüchtige Küsse am frühen Morgen. Hektik. Koffertragen, Pedell hier, Pedell hol noch im Dachstock …, du kennst das. Das war's eigentlich.»

Pause.

«Eigentlich? Bist du froh, dass sie, äh …, fort …

Du, trotzdem, wir könnten Sabrina in Amsterdam besuchen, überraschen, oder so. Ich war schon lange nicht mehr dort!»

«Eine Idee, immerhin. Mehr erzähle ich dir im Moment nicht, das muss reichen. Vielleicht später mal. Und ob das eine gute

Idee wäre, unsere gemeinsame Reise nach Amsterdam? Schauen wir mal.»

Pause.

Das Weltwirtschaftsforum (WEF) fand dieses Jahr nicht in Davos statt, war gar ins Wasser gefallen – genau wie das langersehnte Schnee- und Eis-Skulpturen-Festival auf dem Klosterplatz mit Glühwein à Discrétion, offeriert von der Ortsbügergemeinde. Erlaubt wäre alles gewesen, hatte der Sankt Galler Event-Manager Willfried-Roger Bischof-Staubler stolz verkündet. Alles wäre möglich geworden, in ästhetischer, erotischer und sogar politischer Hinsicht. Und ohne Masken. Nach den Sportferien, aber vor der Fasnacht. Schräge Figuren aus der Sankt Galler Szene, gibt es das überhaupt? Auch Politiker, im Sinne einer gekonnten Karikatur, als Persiflage für die Fasnacht gedacht. Sankt Gallen versucht sich als modern und weltoffen zu promoten.

Ein spektakulärer Versuch wäre das Schneehuhnrennen mit Disco-Sound auf der Kreuzbleiche im Februar gewesen. Alles abgesagt. Und nun auch noch das Wirtschaftsforum. Wenigstens mussten sie so kein Personal abgeben, wie jedes Jahr. Keine Sankt Galler Polizisten im Bündnerland.

Die hohen Gäste machten das jeweils erforderlich, inklusiv grossartigem Brimborium, Militär und Luftwaffe-Theater zu Bürozeiten, versteht sich. Kampfhelikopter und alles was das Herz begehrt. Wir sind doch wer, jederzeit bereit.

Umso besser: Keine Mehrarbeit und Überstunden für die zurückbleibenden Polizisten, die Zurückgebliebenen und die Alten, aber auch keine prickelnden Erlebnisse im Schnee. Gelegentlich mit zählbarem Erfolg, neun Monate später.

Häfeli freute sich; für solche Spiele war er ohnehin zu alt, er wollte nicht mehr überall dabei sein, sich nicht mehr permanent etwas bestätigen und penetrant beweisen – geradezu eine Manie heute, fand er!

Am WEF konnte Mann (und Frau) sich so richtig in Szene räkeln. Sich einander näherbringen. Die Reichen. Wichtigen. Schlauen und Halbschlauen. Und dann trumpierte man sich doch wieder. War das ganze Leben ein einziger Irrtum? Eine grandiose Täuschung. Einbildung?

Wettergestein.
Dieses Jahr fällt vieles aus, dachte Häfeli. Auch die Sportferien, die Schulreisen, das Kinderfest sowieso, schon lange im Voraus über Bord geworfen. Das Sankt Galler Fest und die Olma. Verzweiflung und Mutlosigkeit? Depressionen. Greifen zunehmend um sich. Gott sei Dank fällt nicht auch noch die Fasnacht ins Wasser – oder wohin eigentlich? Ins Bodenlose.

Den Winter austreiben, den Bögg verbrennen auf dem Holzhaufen, vor der imposanten Kulisse des Theaters und der Tonhalle. Wie lange würde der Schneemann – oder war's eine Schneefrau? – dieses Jahr ausharren, hoch oben auf dem Scheiterhaufen, die Flammen sich hocharbeiten, am Hals züngeln und der Figur in den Kopf steigen? Diesen mit lautem Knall explodieren lassen. Wie lange würde es dieses Jahr dauern? Je länger, je kürzer und unerfreulicher würde der Sommer werden, und der Winter würde vorher noch einige Zeit frohlocken.

Dieses Jahr fällt vieles aus, dachte Häfeli. Vielleicht sogar der Sommer? Wir werden sehen. Ganz schwierig würde das natürlich für Willfried-Roger Bischof-Staubler werden, den Event Manager, Organisator, Veranstalter, Connecter aller Sankt Galler Festivitäten – und das alles in einer Person. Da hatte es der richtige Bischof mindestens *etwas* einfacher, auch wenn die Kathedrale nicht mehr so oft voll war und nicht mehr so häufig gebraucht wurde, ausser zu den vielen Beerdigungen.

Dieses Jahr fällt vieles aus, dachte Häfeli. Nur der Schluckdown nicht, oder hiess es nun Lockdown, Slowdown oder Shutdown. Snowdown oder Flockdown, mit Frau Holles gnädiger Unterstützung? Anyway. Immer diese neudeutschen Worte, schrecklich.

Schrecklich für die Gastwirte und Hoteliers, für fast alle, die arbeiten wollten – und nicht konnten. Dieses Jahr fällt fast alles aus, da und dort sogar die Liebe. Nur die Fasnacht nicht! Doch bis dann dauerte es noch etwas.

Häfeli hörte zu, wie sich die neue Mitarbeiterin – für die extra eine neue Plan-Stelle geschaffen wurde – nebenan mit Max Kraienbühl unterhielt. «Also, ich bin die Gretl, Wetterstein, gell, aber das weisst ja schon, eigentlich Annegret. Polizeikarriere in Innsbruck – bis ich von deinem Kommissar dort entdeckt und ausgespannt wurde. Ursprünglich Lokomotivführerin bei den ÖBB.» Die Frau schmunzelte. Wetterstein sei übrigens ein Gebirgszug in den Ostalpen, zwischen Garmisch-Partenkirchen und Seefeld im Tirol.

«Zugspitze, sagt dir das was? Ideal zum Bergsteigen. Weitere Fragen? Geschieden. Zwei Jahre hielt ich es aus, mit meinem Mann, Ernstl Henderl, bis es unmöglich wurde, und heute weiss ich gar nicht mehr, wieso ich dieses Henderl überhaupt geheiratet habe. Unverständlich. Der Ernstl meinte, Gretl passe so gut zu Henderl. So ein Blödsinn.» Annegret Wetterstein verzog den Mund zu einer Grimasse und schüttelte den Kopf, die marronibraunen Haare wirbelten wild um ihr Gesicht, verhüllten es kurzzeitig, bis sie einige Locken auf der rechten Seite hinter dem Ohr in Sicherheit brachte. Sieht reizend aus, sehr sogar! Auffallend schöne Ohren, dachte Kraienbühl.

«Und weisst was? Nach einer Nachtschicht, die früher zu Ende ging als erwartet, was glaubst du? Habe ich den Langweiler vom Finanzamt mit einer anderen in unserem Bett erwischt. Eine künstlich gestylte blonde Tussy, oder so was. Ausgehungert. Ein Klappergestell. Wobei, das muss ich zugeben, langweilig war's schon vorher, nicht nur im Bett, mit dem Henderl. So.

Und du, bist ebenfalls geschieden, gell?»

«Ja, ja, gell, ich mag's gerne etwas kräftig. Vollbusig, wenn die Natur zugreift, natürlich halt. Aber woher weisst denn du das, geschieden und so?»

«Ich weiss halt schon allerhand», antwortete die Tirolerin.

Irgendwann hörte er seinen Assistenten sagen: «Sehr gut, dann sind wir also beide frei, das könnte was werden, mit uns.»

Die Wetterstein lachte. «Sex am Arbeitsplatz? Das geht gar nicht! Und eine Liebesbeziehung, hier? Das gibt nur Ärger, schlag' dir das aus dem Kopf. Und ich bin neu hier ...»

«Gerade deshalb», warf Kraienbühl ein. Nun folgten einige Kapitel seiner Lebensgeschichte(n), zensuriert und jugendfrei, die Häfeli allerdings bereits kannte, in der unzensierten Version, so konnte er ungestört weiterarbeiten.

«Aber was ich noch fragen wollte, wie ist es hier, so im Allgemeinen, und die Chefs?»

Der Kommissar stand auf und schloss die Zwischentüre. Leise. Und diskret. Gut so, denn das Gespräch ging munter und fröhlich offen weiter. Die beiden mochten sich, das war klar, waren etwa gleich alt, beide attraktiv und nicht gerade scheu. Im besten Alter, mit freien Kapazitäten, wie es schien. Eifersucht, ein bisschen?

«Also wenn ich offen und ehrlich bin, du gefällst mir; nicht verklemmt. Sehr schön, deine dunkelbraunen Augen. Und so», schwadronierte Kraienbühl.

Ausstiegshelferinnen gesucht.
«Und so? Pass auf: Wir sind im Grunde genommen Konkurrentinnen, vergiss das nicht», antwortete Annegret und machte einige Schritte zurück. Beide hatten sich an den Fenstern angelehnt auf die Neugasse hinuntergeschaut. «Euer Polizeivorstand, dieser Freiluft-Dieterle, ein merkwürdiger Name, nicht? hat mir so manches erzählt und anderes angedeutet. Letztlich könne es gar um die Nachfolge von Kommissar Häfeli gehen …, ehrlich?»

«Na ja, das ist schon möglich, aber eilt ja nicht besonders, der Alte bleibt noch einige Jahre, wenn wir gut zu ihm schauen. *Gemeinsam*. Übrigens, woher kennt ihr euch eigentlich – es kursieren da die wildesten Gerüchte …»

Pause.

Annegret Wetterstein schaute ihrem neuen Compagnon forschend in die Augen, zögerte aber mit der Antwort. «Wild? Du meinst auf dem Teller? Ich mag auch das, in allen Variationen Aber glaub nur nicht, dass ich jetzt alle meine Karten auf den

Tisch lege. Wir könnten ja mal ein Bier trinken. Ihr habt hier ganz passables Bier in der Ostschweiz, wie ich gehört habe, *Schützengarten*, und viele kleine lokale Brauereien. Das gefällt mir.

In Innsbruck trinke ich meist *Zipfer*, und ich habe einen schönen Vorrat *Mohrenbräu,* aus dem Vorarlberg mitgebracht. Meine Wohnung? Absolut cool, Auf dem Damm, mit Sicht auf die Kathedrale, und mitten in der Altstadt. So schön. Fast wie in Innsbruck, das goldene Dacherl. In zwei Minuten bin ich auf der Arbeit.»

«Dacherl. Bitte was? Aha. Gut gut, du könntest mich gelegentlich in die Geheimnisse Innsbrucks einführen, als Insiderin. Ein verlängertes Wochenende?

Ich möchte dich ja nicht ausfragen, also, im Grunde genommen schon, aber eilt ja nicht. Mit dem Bier. Ich schlage dir folgende Altstadt-Beizen für einen kleinen Umtrunk vor, gelegentlich: *National*, *Bierfalken* oder den *Papagei*. Das *Alte Zeughaus*, oder das *Alt Sankt Gallen* in der Nördlichen Altstadt. Du kannst es dir ja überlegen.»

Wie selbstverständlich hatte Kraienbühl einige Tage später seine neue Kollegin in den Bierfalken eingeladen. Und Annegret Wetterstein hatte zugesagt.

«Also erzähl mal, wie hast du den Alten kennengelernt, und wo?» Kraienbühl blickte seine Kollegin gespannt an.

«Das täte dich furchtbar interessieren gell», die Wetterstein lachte. Entspannt. «Aber zuerst mal Prost.»

Pause.

«Was willst du eigentlich wissen? Wie wir uns kennengelernt haben, in Seefeld und wie lange schon, ob ich auf ältere Herren stehe, ob wir buderten miteinander und wie oft, oder was? Dir ist klar, des geht di goar nix an.»

«Na ja, schon. Wenn du magst; aber nicht dass du denkst, ich sei neugierig. Na ja ein bisschen, so wie Frauen halt so sind. Offener. Männer verstecken sich lieber hinter ihren Fragezeichen, sind meist selbst eines. Und fragen um sieben Ecken herum.

Budern kenn ich nicht. Habt Ihr euch gegenseitig geschminkt, für die Fasnacht oder so, und wo und wie? Und Sabrina hat das alles zugelassen?»

«Blödsinn, mit Schminken is nix. GV heisst das bei euch, oder? Genug von allem. Oder Genug Vögeln. Oder?

Aber ich kann dich beruhigen, da war nix, absolut nichts. Und ich steh' nicht mehr auf ältere Herren. Davon habe ich genug, ich bin nicht umsonst geschieden.» Die Tirolerin lachte wieder.

Kraienbühl wollte eigentlich fragen, woher sie das alles wisse, mit seiner Scheidung und so, kam aber erstaunlicherweise nicht mehr zu Wort, oder verzichtete darauf.

«Ich war zwei Jahre mit einem älteren Herrn vom Finanzamt in Innsbruck verheiratet, Ernstl Henderl hiess der, aber das habe ich dir alles schon erzählt. Der Fehler meines Lebens! Ein Krämer und Langweiler erster Güte. Gott sei Dank habe ich es relativ schnell gemerkt, aber irgendwie war der Häfeli so was wie mein Ausstiegshelfer …»

«Aha. Ausstiegshelfer. Kenne ich vom Drogendezernat, aber so nicht, was war nun eigentlich die Aufgabe *deines* Ausstiegshelfers, ich meine im Detail?»

«Das geht dich wieder nix an. Und es gibt da verschiedene Möglichkeiten, aber wenn du den Vorgang nicht kennst, dann lassen wir das lieber, es hat keinen Sinn und wird sonst zu kompliziert für dich. An sich ist die Sache ganz einfach: Da war nix. Wir haben uns kennengelernt, einfach so, an der Bar im *Hotel Eden*, am Kaminfeuer. Einen Wein getrunken. Und gelacht. Gelästert. Über die Polizei. Die Politikerinnen. Die Priester. Und so weiter. Du kennst das doch!»

«Soso. Hotel Eden. Im Paradies. Am Kaminfeuer. Und dort hattest du zu tun, musstest Holz nachlegen oder was? Und den Heimweg hast du nicht mehr gefunden, oder was?»

«Blödsinn. Nein, natürlich nicht! Wir haben einen Fall besprochen, mit einem Serienmörder, vermuteten wir. Und dabei spielte eine düstere Pension am Wildsee in Seefeld eine üble Rolle; das Haus schien seit Jahren geschlossen, *Wilde Frau* hiess es. Eine verworrene Geschichte, Häfeli hat mich beraten. Ein Absacker noch, so haben wir uns kennengelernt, beim Absacken, wenn du so willst. Nein, nicht Abstürzen. Na ja. Und schliesslich ist seine Frau erschienen. Wie ein Geist. Äh … Poltergeist.»

«Aha, beraten. Am Cheminée, mit Absacker. Ach komm, das glaube ich dir nicht, du bist genau sein Typ, Geschmack hat er ja, der Alte. Aber gute Idee, wir nehmen noch einen Absacker. Kommst du mit mir an die Fasnacht?»

Annegret Wetterstein liess die Antwort offen. Kraienbühl legte nochmals nach: «Du, das mit den Ausstiegshelferinnen, von mir aus auch singulär, wie hast du es denn *ohne* geschafft, du hast es doch geschafft, oder? Du kannst mir das alles nächstes Mal in Ruhe erzählen.»

Mohrenball.
Bald ist wieder Fasnacht, dachte Häfeli wehmütig. Nachdem Weihnachten überstanden war. Er liebte es, sich zu verkleiden, zusammen mit Kollegen – eine Jagdgemeinschaft. Damals. Ja, es war ein spezieller Anlass gewesen, der Mohrenball, Geschichte nun, wie so vieles in dieser Stadt. Schade! Natürlich waren viele Grabscher da – und akkurat tätig. Meist unbehelligt. Damals. Als junger Mann ging er gerne an den *Mohrenball im Ekkehard;* diese grossen Fest-Säle waren inzwischen alle verschwunden, auch das ehrwürdige Hotel Ekkehard – in grauen Zeiten ein christliches Gesellenhaus. Seit über 20 Jahren stand es nun leer, weil sich die Bauherren mit den Nachbarn nicht einigen konnten, oder umgekehrt. Abbruchreif? Leerstände an bester Lage. Wahnsinn! Und das nicht erst, seit alle im Internet oder in Konstanz shoppen, mehr als sie tragen können. Hauptstreitpunkt war in diesem Fall die Einfahrt in die geplante Tiefgarage. Diskussionen über irgendwelche Parkgaragenprojekte führen häufig zu roten Köpfen. Nicht nur in Sankt Gallen.

Dieses Jahr war das Fasnachtsmotto ein ganz schwieriges: *Political Correctness heute.* Auf dem Plakat war US-Präsident Trumpf mit einem Strumpf abgebildet, einer umgebauten Hygiene-Maske, daneben einige Schlümpfe und ein nur spärlich maskierter ehemaliger Bundesrat von der Zürcher Golfküste, in seiner politischen Karriere etwas brüsk ausgebremst, und der famose lokale Stadtschreiber Pankraz Wurstler. Der eine als Papagei verkleidet, der andere als Habicht, alle umringt von stilisierten Schokolade-Mohrenköpfen mit Gesichtern, die da und dort einen Ehren-Födlibürger[25] oder eine Stadträtin erahnen liessen. Ohne Gewähr. Aber sehr aufwendig, das Dekor.

Zudem war von einem Wettbewerb die Rede: Nicht die beste individuelle Maskierung sollte dieses Jahr prämiert werden, sondern jene Double-Maske, welche am zahlreichsten von den Fasnachts-Freaks gekauft würde. Wie das im Detail funktionieren sollte war unklar. Wenn nun zum Beispiel Präsident Trumpf gewinnen sollte, schrecklich. Doch der nahm an diesem Wettbewerb gar nicht teil. Oder aber die Mohrenköpfe? Gab es dann diese süssen Schokoladeeiweisskalorienbombencreaturen für alle gratis? Neuerdings und angeblich mit eindeutig rassistischem Image, nun als Schokoküsse verhöhnt, daher ab sofort auch in weissem Kleid erhältlich. Im Hochzeitskleid. Ebenfalls sehr sexy. Und verführerisch sowieso. Richtig äh …, einfach gut.

Wie der Wind weht, ändern sich Meinungen. Kleider. Denkmäler. Strassennamen. Die Sprache schlechthin, und rasant. Anstand sowieso. Alles zusätzlich oft mit Anglizismen unterlegt.

Oder überbelegt. Gedankenlos. Belegte Brote?

Geschmacklos.

Political Correctness? Und das an der Fasnacht. Ein Unding. Ein Begriff, den viele gar nicht verstehen, die gesamte Tragweite schon gar nicht. Und jetzt dieses Fasnachtsplakat, ob es doch noch verboten würde? Der Stadtrat plante eine Sondersitzung, aufgescheucht wie narrisch gewordene Hühner durch einen hungrigen Meister Reineke.

Kürzlich hatte ein Grossverteiler für seine Mohrenköpfe plakativ etwa so geworben: *Weisse Schokoküsse, eindeutig und garantiert ohne Immigrationshintergrund* – und so einen beachtlichen Shitstorm verursacht. Das wollte der Stadtrat natürlichst vermeiden.

---

[25] *Sankt Galler Fasnachtsbrauch. Mohrenball: 1958-2000 im Hotel Ekkehard.*

Versteht sich. Und ja nicht krampfhaft originell wirken, wie diese Werbebüros. War er aber ohnehin selten, originell. Der Stadtrat. Bis der sich entschieden hatte würde die Fasnacht längst vorüber sein. Tant pis.

Alles Chabis. Häfeli zog einem Mohrenkopf sein goldenes Alu-Kleid aus. Bis er nackt da stand, oder war's eine sie? Ganz lecker. Absolut.

Dieses Jahr sollte der Fasnachtsball wieder im *Hotel Blaues Kreuz* im Westen der Stadt stattfinden: Neu hiess die Veranstaltung *Thorenball*, in Anlehnung an nordische Götter und Verschwörungsgeschichten[26]. Verschwörungsgeschichten in Sankt Gallen? Chabis.

Na ja, mal schauen; Häfeli machte sich Sorgen zu seinem Zeit-Budget. An der Fasnacht würde er viel zu tun haben, obwohl er Ferien eingetragen hatte: Der Thorenball. Das Theaterstück mit den Theaterfreunden Tablat, *Sodom und Gomera*. Die Aufführung *Warten auf Godot* mit dem Stadtrat und den letzten halbwegs originellen Beamten in der Kellerbühne. Wie sollte das alles und auch noch erfolgreich nebeneinander hergehen?

Ob Tante Jule in dieser Zeit auf die Kinder aufpassen würde, oder sein «Lieblingsnachbar», Hugelshofer samt Trudeli? Häfeli seufzte.

Sodom und Gomera.

Völlig unerwartet erschien Polizeisekretär Fridolin Büttikofer in Häfelis Büro und erkundigte sich nach dem Stand der Vorbereitungen für das geplante Theaterstück in der Kellerbühne. Das musste ja mal kommen.

«Die Zeit rennt uns davon, lieber Häfeli, wie steht's», fragte Büttikofer sichtlich nervös: «Was, das geht mich nichts an! Was fällt dir ein? Der Stadtrat plant den finalen Durchbruch, einen einzigartigen Theatercoup, endlich, und du stellst dich taub? Ein Expe-

---

[26]Skandinavischer Name des germanischen Gotts Donar, Gewitter- und Wettergott für Seefahrer, dessen Nahen sich durch starkes Donnern ankündigt. Oft mit einem schweren Hammer unterwegs ...

riment, Warten auf Godot, mindestens fünf Aufführungen in der Kellerbühne, um so die Finanzen aufzubessern. Der Vorverkauf läuft hervorragend, sagt die Stadtkanzlei. Los los, *du* hast uns doch die ganze Chose eingebrockt.»

«Theatercoup des Stadtrates? Mit lauter Laien? Guter Freund, ich habe euch gar nichts eingebrockt; aber ich habe inzwischen ein anderes Projekt laufen, mit den Theaterfreunden Tablat[27], im Tröckneturm. Ich sage dir das im Vertrauen, ich spiele dort eine geheimnisvolle, nicht mehr ganz junge Frau. Eine Hure, wenn du es genau wissen willst. Und entspanne mich dabei. Eine köstliche Performance! Liegt mir zwar noch etwas auf dem Magen, die Vorbereitungen. Das Schminken und so. Möchtest du die Zweitrolle übernehmen, als Ersatz, im Notfall?»

Büttikofer schaute ihn böse an, schwieg aber.

«Sodom und Gomera, heisst das Stück, aber du kommst definitiv zu spät, lieber Büttikofer! Ich werde dir zwei Freikarten schenken für eine Aufführung, irgendwann vor Ostern, quasi ein Osterfestspiel. Mit Hasen. Den Text hab' ich überhaupt noch nicht intus, habe allerdings noch etwas Zeit, im Gegensatz zu euch. Und ich weiss noch nicht, wie ich mit den künstlichen Fingernägeln, den langen, umgehen soll und ob ich schwarze oder lindengrüne nehmen soll. Und mit der Perücke. Was, du kennst dich da auch nicht so aus? Schade Verkehrtester, äh ein Versprecher. Sorry.

Eventual sollten wir uns mit der Regie nochmals über den Titel unterhalten: Sonntag auf Gomera wäre allseits verträglicher, mag sein, tönt aber sterbenslangweilig; oder doch Sodom und Gomorrha im Amtshaus? In der Ausführung, äh Aufführung natürlich extrem fordernd. Und gelegentlich unappetitlich.»

«Hör auf mit dem Schmarren und vor allem: Pass auf was du sagst, Häfeli. Eine Hure, ich? Bist du komplett verrückt geworden? Hier im Amtshaus, werde nicht frech! Das geht gar nicht.

---

[27]Tablat: Ursprünglich selbständige Gemeinde im Osten der Stadt, 1918 mit Straubenzell im Westen zu «Gross-Sankt Gallen» zusammengelegt. Dabei blieb es, bis heute.

Du bist ein richtiger Mann, dachte ich wenigstens, oder. Und ich brauche keine Freikarten und keine künstlichen Fingernägel; ich brauche eine kompetente Regie, Personal, Schauspielerinnen, Helfer für den Apéro und Backstage. Und zwar sofort. Die Zeit läuft uns da wieder mal davon. Premiere ist in fünf Wochen. Und ich glaubte, *du* hättest das Heft fest in der Hand, wenigstens einmal. Diesmal.»

Pause.

«Welches Heft? Aber nun mal ehrlich, Büttikofer, und höre mir gut zu: Wenn ich mich nur noch um all den Schmarren kümmern würde, den ihr mir dauernd anhängen wollt, Theater spielen, Regie führen, Suppen auslöffeln, Gender-Seminare – wann soll ich mich bitte schön auch noch um unsere Mörder kümmern? Also!

Frag' doch mal im Stadtrat und der Stadtkanzlei nach, die sind froh um eine Abwechslung, eine Erheiterung. Aber im Ernst: Was hast *du* denn seit Herbst getan? Nichts ist vorhanden, wenn ich recht verstehe. Keine Führung, kein Personal. Nichts. Das ist wieder mal typisch. Aber die Kellerbühne hast du reserviert. Immerhin.» Häfeli machte ein bekümmertes Gesicht.

«Das ist natürlich fatal, und ich werde den Gesamtstadtrat hinzuziehen müssen», drohte Büttikofer, «ob ich will oder nicht: Du hilfst nicht mit, bist wieder mal anderweitig engagiert, lässt uns im Stich. Dabei gibt es noch so viel zu tun, ich fürchte, ich muss den Laden hier im Amtshaus schliessen. Oder Warten auf Godot abblasen. Kommt dieser unselige Samuel Beckett eigentlich auch an die Premiere?»

«Chabis. Der ist doch längst gestorben[28]. Aber zieh' die Vereinigten Kirchenchöre oder die Familiengärtnerinnen der Stadt hinzu, so könnte es dir gelingen. Oder noch besser den Zentralrat der Alzheimer-Freunde. Der Hundezüchter-Verein Rotmonten-Mörschwil mit Präsident Dr. Bock hätte sicher Lust mitzumachen. Oder der Osterhase.

---

[28] *Irischer Schriftsteller, 1906-1989.*

Ich habe jedenfalls keine Zeit. Warten auf Godot, das machen wir hier doch jeden Tag. Du auch, gib's zu. Sodom und Gomera[29] gefällt mir wesentlich besser, als immer warten. Auf Godot.»

Häfeli nahm das Telefon ab und tat so, als sei es wichtig. Parallel klingelte sein Handy: Lady Madonna. «Ok, wir treffen uns in der Pathologie, in 10 Minuten.»

«Gib es Neuigkeiten», fragte Adjutant Büttikofer, «das ist kolossal wichtig; ich muss alles wissen, damit ich unseren hochverehrten Polizeivorstand informieren kann. Aus erster Hand.»

«Ja, ja, wir sind gespannt, was Dr. Fröhlich zu erzählen weiss – zur Sicherheit bringe ich ihr einen schönen Rotwein mit. Die Geister besänftigen. Vielleicht trinken wir ihn dann gleich mit, äh ..., neben den Leichen, aber das entscheidet die Fröhlich.»

Büttikofer blickte dem Kommissar mit offenem Mund nach.

Schräge Ideen.
Wenig zu tun im Amtshaus, im Kommissariat 2. Keine Toten, keine ungelösten Morde? Zeit zum Nachdenken. Endlich. Das war früher mal, das waren noch Zeiten. So entstand diese grossartige Idee: Die Stadtverwaltung führt einen Krimi auf. Wunderbar. In der Kellerbühne. Ein Bombenerfolg, jeden Abend ausverkauft. Mörder ist der Polizeivorstand.

Doch eines schönen Abends, noch vor der Dernière, ertönt ein Schuss, ein ausserordentlicher, von der Regie angeblich so nicht vorgesehen. Und der Polizeivorstand bricht zusammen; ganz ohne Kunstblut? Wie ein Schuss von der Kanzel. Gibt's das? Ein Hinweis in Sachen Pensionierung. Das war Häfelis Konzept gewesen, nicht unproblematisch, der Schluss, wie damals angedacht. Dummerweise hatte er es Büttikofer erzählt – und der war zu seiner grossen Überraschung hell begeistert gewesen. Allerdings irrte sich dieser, als er glaubte, Häfeli organisiere alles, alleine. Rechtzeitig. Und ohne Auftrag. Wie immer. Am A... isch finster. Tote haben wir genug, damit müssen wir nicht auch noch in die Kellerbühne.

---

[29] *La Gomera, die zweitkleinste der Kanarischen Inseln.*

In der Cafeteria hatte Freiluft-Dieterle beim Kaffee heute Morgen so nebenbei erwähnt, das Krematorium beim Friedhof Feldli, das neue, moderne mit den drei Ofenlinien, habe mehr als genug zu tun, derzeit, sei komplett ausgelastet. «Die wissen nicht mehr wohin mit all den Särgen. Haben *Sie* eine Idee? Aber es pressiert nun wirklich.»

Häfeli schwieg, und Kraienbühl verschluckte sich, an seinem Gipfel. Würgte und hustete.

Sterben sei ein normaler Prozess, hatte der Sankt Galler Gesundheitsminister im lokalen Intelligenzblatt ausrichten lassen, und wir hätten verlernt, mit dem Tod umzugehen, damit müsse man leben lernen. Oder so. Sinngemäss.

Und dann hatte er kürzlich ein Inserat gesehen: *Sterben in Schönheit!* hiess es da. Ein Inserat der Wunder-Klinik des zwielichtigen Dr. Fasswald. Aber war die nicht längst in Konkurs gegangen, wer machte denn in diesen Zeiten noch Schönheitsoperationen, für die Katz? Vielleicht der Gesundheitsminister.

Der Kommissar hastete in Richtung Rechtsmedizin im Kantonsspital. Was Dr. Fröhlich wohl alles entdeckt hatte?

Endlich stand er vor dem düster anmutenden Gebäude, und es schneite nach wie vor wie verrückt. Frau Holle setzte alles Material ein, das sie hatte. Schöne, grosse, blaue, silbrige Schneeflocken purzelten leise zu Boden, glitzerten und glänzten, und legten den Verkehr lahm, entschleunigten das Leben. Beruhigten die Seele. Ruhe wem Ruhe gebührt. Gut so.

Häfeli war mehrfach auf der weissen Pracht ausgerutscht, konnte sich immer wieder auffangen. Aber nur mit etwas Glück.

Apokalypse in Griffnähe.

«Die Sache ist relativ einfach, diesmal», begann die Rechtsmedizinerin, Dr. Céline Fröhlich, und lachte zur Begrüssung. «Treten Sie ein, in mein Totenreich, und schauen sich alles genau an. Ungeniert.» Die Leichen lagen auf drei Chromstahltischen, mit grünem Tuch zugedeckt, nahe bei waren noch einige andere ersichtlich, wohl derzeit nicht in Arbeit. «Übrigens, bei uns gilt Maskenpflicht für alle, auch die Toten.»

«Wir sind nicht tot – muss nicht unbedingt sein, wir vertrauen Ihnen auch so, ohne Sichtung. Wirklich.» Kraienbühl wollte sich abwenden, dezent angewidert. «Hiergeblieben, Chraie. Was gibt es Neues?»

Lifestoppnow.
«Dieser Herr da, der Jüngere aus dem Wasserturm beim Bahnhof, wurde erstochen, mit einem scharfen Stellmesser, ca. 20cm lang, dreimal in Bauch und Herz, sauber tranchiert, wie Fleischkäse, ihr kennt das. Eine nicht verheilte Lungenentzündung, positiv. Allgemeinzustand eher schlecht. Alter? Etwa 35 Jahre alt, aber immer noch kräftig. Das Erbrochene stammt übrigens nicht von ihm, sondern – von einer Frau! Da staunen Sie, gell. Ihr Tom Wichtelmann konnte keine Dokumente sicherstellen, wieder einmal nichts. Mein Wichtelchen.»

Pause.

«Und hier die beiden Alterchen, um die 80, beide. Allgemeinzustand noch schlechter, ich habe auf eine Autopsie verzichtet, konnte sie auch nicht auf demselben Tisch sichten, äh … behandeln, musste sie zuerst trennen. Sie hielten sich gegenseitig noch an der Hand, gemeinsam in den Tod. Süss, nicht? Na ja, im Sarg sind sie auch nicht mehr beisammen, gell. Und im Ofen ebenfalls nicht, oder gibt's keine Kremation? Die Öfen sind übrigens neu, aber einen für Paare haben wir immer noch nicht im Sortiment – eine Marktlücke.

Waren Sie schon mal im Krematorium, zu Besuch? Lohnt sich, eine Besichtigung vor Ort, absolut, vorgängig natürlich …

Auch hier keine Dokumente. Die Bluttests reichten. Der gute Tom hat mir lediglich diese beiden Plastikbecher mitgebracht.»

«Letzter Wille? Wissen wir nicht, solange die Namen nicht bekannt sind; gibt es Verwandte …? Wichtelmann sucht noch, in dieser Kapelle und im Tröckneturm», bemerkte Häfeli.

«Aha. Sucht noch.» Kraienbühl schaute der Rechtsmedizinerin ins Gesicht und lächelte verschmitzt.

«Also ganz trocken waren die nicht, überhaupt nicht. Ziemlich viel Alkohol im Blut, vor allem der Mann, die Frau dazu noch Hagebutten-Tee, ebenfalls viel.»

«Hagebutten-Tee. Soso. Eine Vergiftung, von den Hagebutten?»

«Nein, Barbiturate, hinreichend; ähnlich wie K.-o.-Tropfen, wie wir es von jungen Frauen her kennen. Aber hier fand keine Vergewaltigung statt. Klar. Kennt ihr euch da aus?»

Kraienbühl schüttelte den Kopf. «Spanische Dörfer[30]!»

«Also: GBL-Tropfen, Gamma-Butyrolacton oder 1,4 Butandiol, auch Partydrogen genannt, werden vom Körper in GHS umgewandelt: Hydroxybuttersäure oder besser als Liquid Exstasy bekannt. Vorsicht: Wird nicht nur Frauen gelegentlich in den Drink gemixt, auch Männern! Das kann bei Überdosierung zu Atemstillstand und zum Tod führen, was in unserem Fall hier ja allseits bezweckt wurde.

Im Übrigen keine Verletzungen, Einstiche, Würgemale, blaue Flecken. Nichts. Aber diverse OP-Narben, beide. Fleissige Spital-Konsumenten – das ist an sich völlig normal, in diesem Alter. Sehen Sie selbst.»

«Danke danke, die Narben sind für uns unerheblich.»

«Ich tippe eindeutig auf Selbsttötung», sagte die Rechtsmedizinerin. «In diesen kleinen Plastikbechern konnten wir die Substanz nachweisen. Rezeptpflichtige Ware. Solche Fälle häufen sich in letzter Zeit merkwürdig stark.»

---

[30]*Keine Ahnung.*

«Woher kommt das Zeug, wer verabreicht es, wie heisst dieser Sterbehilfe-Verein, meinen Sie *Pro Hexa Sancti*?» Häfeli schnitt eine wüste Grimasse.

«Fasnacht ist erst übermorgen, gell. Aber im Ernst: Fragt mal bei *Lifestoppnow* nach, ja, eine Sterbehilfe-Organisation. Vitus Honigmeier soll der Chef sein, ein fettig-klebriger Kerl. Ich möchte euch nicht beeinflussen, aber ich habe kein gutes Gefühl. Und es gibt Gerüchte, der verwende K.-o.-Tropfen, und handle damit im Internet unter falschem Namen.» Dr. Fröhlich überlegte.

«Ah ja, und danke für den Wein … Wäre nicht nötig gewesen.» Die Ärztin musterte die Etikette. «Scheint diesmal akzeptabel zu sein, wollen wir ihn gleich trinken, zum Apéro? Der letzte, dieser Franzose, war also, ehrlich gesagt, eher mässig. Ich nahm ihn zum Kochen, den Franzosen.»

«Aha, aber gut gelagert ..., mehrere Jahre im Bürokasten. Vergessen. Ein Restposten halt.»

«Schon gut. Dem geklauten Gaul, schaut man nicht … Noch Fragen? Dann nehme ich ihn nach Hause, eine Stärkung, einen Gemüts-Aufheller. Oder Freudenspender. Wir haben zu tun, in diesen seltsamen Zeiten. Bis zum nächsten Mal!

Tschüss, ihr Bratwurst-Helden.»

Finale Schüsse.
«Bratwurst-Helden?» Die wird auch immer frecher», brummelte Kraienbühl. «Aber ich mag sie; sie hat Humor.»

«Na ja, also mindestens mit dem Wein hatte sie ja recht, gell.»

Die beiden verliessen die Rechtsmedizin und beschlossen, den kurzen Weg bis zum Amtshaus zu Fuss zu gehen.

«Kann ich dich mal etwas fragen, äh …, es ist aber etwas richtig Persönliches?»

«Von mir aus, kein Problem», antwortete Häfeli ohne Begeisterung. «Nur zu!»

«Hast du schon einmal einen Menschen getötet, im Dienst, als Polizist?»

Häfeli schluckte zweimal leer.

«Ja. Dazu gibt's schon etwas zu sagen, es ist aber sehr lange her! Komm, wir gehen durch den Stadtpark und setzen uns irgendwo hin, trotz der Saukälte, nur kurz.» Schweigend marschierten die beiden weiter und lehnten sich beim Historischen Museum an ein Mäuerchen, einigermassen wind- und schneegeschützt. Nach einer Weile begann Häfeli zu erzählen:

«Das ist ein ganz schwieriges Thema. Töten, einen Menschen, aber auch Tiere, ist grauenhaft. Durch einen Unfall, und wenn man noch selber schuld ist … Dann wird's noch schwieriger. Gewissensbisse. Träume jagen dich, schrecken dich auf.

Und bei einer direkten Auseinandersetzung mit einem bewaffneten Gegenüber stellt sich immer die Frage, und die kennst du ganz genau, wer schiesst zuerst und wohin? Wie mache ich den Gegner unschädlich, bevor dieser mich aus dem Verkehr zieht, oder gar tötet. Ich erinnere mich noch gut an den Tod eines lieben Kollegen[31]».

Pause.

«Zweimal *musste* ich schiessen, absolut notfallmässig. Den einen tötete ich sofort, der andere sitzt jetzt im Pflegeheim mit einer Kugel im Kopf, brabbelt und sabbert irgendetwas vor sich hin. In der Hand oder auf dem Schoss hält er stets eine Kinder-Pistole bereit, zur Verteidigung. Und drückt auch mal ab.

Manchmal besuche ich ihn, er erkennt mich nicht mehr. Ein Bankräuber, ein junger Mann. Damals. Auf der Flucht. Ich habe zu hoch gezielt, oder zu tief, oder er ist irgendwie über ein Hindernis gesprungen, auf der Flucht. Jedenfalls habe ich ihn am Kopf getroffen. Ungewollt. Viele Jahre ist das nun her, die Szene habe ich immer noch klar vor Augen, wenn ich davon erzähle. Ich kann sie einfach nicht löschen und sie ist mir immer wieder im Traum erschienen. Natürlich wurde ich psychologisch betreut, was hat es geholfen? Ich weiss es nicht. Die Untersuchung wurde rasch abgeschlossen.» Häfeli schaute seinem Assistenten in die Augen.

---

[31] *1996 verlor ein Stadtpolizist bei einer Täterverfolgung sein Leben; von hinten auf den Geleisen beim Gaiserbahnhof erschossen.*

«Im anderen Fall ging es um die Entführung eines jungen Mädchens vor einer Schule. Ein Quartierpolizist, der zufällig anwesend war, konnte die Flucht zunächst verhindern, indem er dem Fahrzeug in die Pneus schoss. Grosses Aufgebot, Verstärkung. Und ich war auch dabei. Der Mann packte das Mädchen, die beiden stiegen aus, er hielt ihr die Pistole an die Schläfe. Langsam versuchte er, dem Schulhaus entlang zu fliehen, die Waffe schussbereit. Das Mädchen wehrte sich, kratzte und biss, der Entführer kam nur mühsam vorwärts. Ich rannte ins Schulhaus hinein, öffnete leise ein Fenster weiter vorne und wartete, bis der Mann praktisch unter mir vorbeikam. Ich schoss ihm zweimal in den Kopf, von oben und sah zu, wie Blut und Hirn und was weiss ich herausquoll, wie der Mann die Augen verdrehte und langsam umkippte. Er hatte eine Glatze, alles gut sichtbar, die ganze Sauce. Grässlich. Ich werde dieses Bild nie vergessen.

Das Mädchen kam mit einem veritablen Schock davon.»

«Auch hier hatte mein Einsatz keine gröberen Konsequenzen für mich – ein finaler Rettungsschuss, wie aus dem Lehrbuch. Der Polizeivorstand, damals noch nicht Freiluft-Dieterle, gratulierte mir. Ich wurde erneut psychologisch betreut, nahm einige Tage Ferien. Ein Scheiss ist es trotzdem, Befragungen und Diskussionen. Wieso ich dem in den Kopf geschossen hätte, und nicht in die Schultern, oder in die Beine. Oder in die Fingerspitzen. Ich wusste keine Antwort darauf. Ein Reflex?

Staatsanwalt, Psychologen, dumme Fragen, hin und her, ein Getue. Ein längeres Verfahren, und die Versuche, die hässlichen Bilder zu verscheuchen. Irgendwohin. Aber sie kehren immer wieder zurück, in den Träumen, oder wenn du ungestört bist. Entspannt. Immer wieder. Es braucht Zeit. Sehr viel Zeit. Die Schuldfrage bleibt in deiner Seele zurück, auf Abruf präsent, eingemeisselt, selbst wenn du unschuldig bist. Freigesprochen.» Häfeli seufzte. «Töten. Deine Frage ist unangenehm. Aber weshalb fragst du das überhaupt, gerade jetzt?»

«Solche Gedanken kommen einem in den Sinn, irgendwann; auf dem Schiessstand», antwortete Kraienbühl. «Beim Krimischauen, beim Nachdenken: Würdest *du* abdrücken? Und gestern habe ich im Fernsehen einen Bericht über das Töten von Schweinen gesehen, über ihr Leben zuvor, auf Spaltenböden in Deutschland, verkotet, angefressene Schwänze. Der Transport in den Schlachthof, gebrochene Beine. Und dann das Schlachten, inklusiv Verprügeln. Gefühl- und rücksichtslos, es pressiert; oder aus Lust am Quälen? Elektroschocks. Das Schreien der Tiere. Mangelhaft betäubt und Aufwachen beim Zerlegen. Das Leiden der Tiere, ihre Angst. Tierquälerei nennt man so was.

Fleischbilligproduktion in überbelegten Ställen. Ohne Tageslicht. Tierquälerei, da könnte dir der Appetit wirklich vergehen. Eine Sauerei. Statt sorgfältig Betäuben. Schlachten. Ausbluten lassen. Ausweiden. Gedärme usw. entsorgen.

Unglaublich, dass Menschen so was tun, den Tieren das antun können. Töten der Tiere – klar, wir wollen an ihr Fleisch – und ich möchte das auch gar nicht übernehmen, das Töten. Aber wenn schon möglichst sanft, angst- und schmerzfrei, sollte es zu und hergehen. Das wäre mein Wunsch!»

Kraienbühl schwieg einen Moment. «Und jetzt kommt's, du glaubst es nicht, beim Zuschauen dieser Fledderei habe ich mich gefragt: Was würde mir leichter fallen, ein herziges Chälbli, eine glückliche Sau, ein argloses Rind zu töten – oder einen hasserfüllten Polizistenmörder, einen notorischen Kinderficker, einen bigotten Terroristen – jedenfalls ein menschliches Wesen, wenn er das mal war? Es ist die Wehrlosigkeit eines Tieres – oder eines kleinen Kindes, das missbraucht wird, die so erschüttert. Seine Gutmütigkeit, Gutgläubigkeit, sein missbrauchtes Vertrauen.

Und wenn ich mich entscheiden müsste …»

Denkpausen.

«Wie würdest *du* dich entscheiden?»

Häfeli schwieg. Später sagte er: «Mir wird kalt, komm wir gehen zurück ins Amtshaus.» Und noch etwas später: «Ich weiss es nicht … Oder will ich es dir bloss nicht sagen? Schwere Kost.»

Zunächst tranken die beiden Kaffee im Café Gschwend. Schweigend. Und assen Cremeschnitten dazu. Im Büro wirkte Kraienbühl wieder etwas fröhlicher. Seine Pistole hatte er im Pult versorgt und abgeschlossen.

Napoleon ist da.

«Du, ich hab' jetzt wieder eine Katze», erzählte Kraienbühl am nächsten Tag entspannt. «Sie ist noch jung.»

«Echt?» Häfeli wirkte nicht sonderlich begeistert. «Also eine richtige, zum Schmusen? Äh …, und Herumtragen, und Spielen?»

«Ja, natürlich, was dachtest du denn. Sie ist rot-weiss-getigert, und lustig. Sie heisst Napoleon. Ich liebe sie, auch wenn sie mich manchmal ganz ordentlich kratzt. Das gehört halt dazu. Ursprünglich wollte ich sie Coronito taufen, liess es dann aber bleiben. Ist auch gut so.»

«Du hast recht, dieser Name wäre tatsächlich zumindest etwas seltsam. Für ein Männchen, ein Krönchen. Ein Prinzchen. Sehr speziell. Und wir hatten doch kürzlich diese Vorfälle. Was heisst kürzlich …»

«Du weisst, ich liebe ausgefallene Varianten – und Lösungen. Katzen. Es ist aber diesmal ein Kater, das hatte ich noch nie. Coronito ist spanisch und ja, es heisst Krönchen oder so, mit dem Bier hat es nichts zu tun. Aber Napoleon ist auch ok.»

«Dann ist es ja gut; ich trinke nur lokales Bier, hier in Sankt Gallen – und auch in Barcelona oder so. Gell, falls du mich mal einladen möchtest, ich sage das nur zu Sicherheit.»

Pause.

«Du, und bring den Mäuder[32] ja nicht zu uns, und in die Ferien schon gar nicht. Gipsy mag das nicht. Und ich hoffe, du hast einen Termin beim Tierarzt, du weisst schon. Und eine Katzenleiter, ein Katzenfenster, einen Katzenweihnachtsbaum oder so.

Und vor allem ein Katzenklo. Katzen sind nämlich beim Scheissen gerne alleine. Quasi unbeobachtet. Wie wir auch. Also. Und

---

[32]*Dialekt: Kater.*

nöd vechinde[33], gell. Ich kenne da Leute, die schwatzen mit ihrer Katze wie mit einem Baby, mit diversen Kosenamen. Ich zähle jetzt nicht auf … Die Katze sitzt auf dem Küchentisch und alle essen zusammen und gemeinsam. Gut, nicht aus demselben Geschirr, aber das kommt noch. Grusig!» Häfeli machte endlich eine Pause.

«Maniküre und Pedicure, für die Samtpfoten. Dentalhygienik ist ganz wichtig für die Beisserchen und gegen den Mundgeruch. Und spielen, spielen, spielen. Das hält geistig jung, nicht nur die Katze, gell. Bitte Impfen nicht vergessen!»

«Das traust du mir wirklich zu?» Kraienbühl tat beleidigt.

«Hör auf, die Diva zu spielen, das kenne ich gar nicht von dir. Aber im Ernst, wir sollten überlegen, wie wir weiter vorgehen möchten – bevor uns die nächsten Toten hereinschneien.»

Tatsächlich war der Wetterbericht für die nächsten Tage miserabel. Saukalt und Dauerschneefall in Sankt Gallen. Eigentlich liebte Häfeli Schnee. Den Schneeflocken zuschauen, ihnen nachjagen, die Eiskristalle an den Fenstern nach einer eisigen Nacht bestaunen. Wunder der Natur.

«Was schlägst du vor?» fragte der Kommissar und gab die Antwort gleich selbst: «Erstens, wir haben nix, kennen nicht mal die Namen der drei Toten. Wir müssen uns nochmals mit dieser Rammbold Moni unterhalten. Da stimmt was nicht. Und diesen Chefsterbehelfer befragen; den Honigmeier überraschen wir in seinem Büro, unvorbereitet. Was meinst du?»

«Ok, ich versuche, die Rammbold zu erwischen, und bestelle sie her, so schnell als möglich.» Kraienbühl griff zum Telefon, stellte den Lautsprecher ein.

«Hier ist die Rammbold Moni, Ihr guter Geist für alle Fälle, von und im Tröckneturm. Wir trocknen Sie ab, bis es nicht mehr geht!» Offenbar eine Bandansage. Was ist denn das für ein Schwachsinn, dachte Häfeli.

---

[33] *Dialekt: zum Kleinkind mutieren.*

Plötzlich meldete sich Frau Rammbold live am Telefon: «Wer spricht da bitte? Aha Polizei, gut, dass Sie anrufen. Ein Treffen? Sehr gut, gerne, ich könnte mich für Sie freimachen, wo? Bei mir, oder bei Ihnen? Aha. Auf dem Kommissariat, na ja, von mir aus; aber speziell finde ich Ihre Idee schon etwas. Obwohl, ich stehe auf Uniformen; mein Mann ist bei der Miliz-Feuerwehr, Kompagnie West. Tönt gut, nicht? Stramme Burschen, echte Kerle noch, na ja, also einige davon. Tragen *Sie* Uniform mit Krawatte?»

«Geben Sie sich keine Mühe. Also in einer halben Stunde, Kommissariat 2, Neugasse 3, Zimmer 354.» Kraienbühl legte auf. Das kann ja heiter werden!

Die gnädige Frau.
Ziemlich pünktlich erschien die Rammbold im Amtshaus und setzte sich auf den offerierten Stuhl.

«Haben sie hier irgendetwas zu trinken, etwas Starkes, Sie wissen schon, ich könnt' was vertragen, bei dieser Saukälte.»

«Wir haben Kaffee, Tee und Wasser.» Kraienbühl zeigte auf eine Karaffe. «Oder Nichts, ist uns auch recht.»

«Dann lassen wir es halt. Dafür habe ich eine Überraschung für Sie, hier: Schwarz Paula und Walter, ich habe die beiden Identitätskarten in unserer Kaffeekasse gefunden. Eine Überraschung, tatsächlich, dort hätte ich sie nie gesucht. Wahrscheinlich hat sie der liebe Walter dort versteckt, oder hingelegt, und vergessen, wo er sie hinlegte. Na ja, die beiden waren bereits seit einiger Zeit etwas verwirrt, etwas sehr sogar, Artillerieverkalkung oder so, nicht wahr.

Haben Sie wirklich nichts zu trinken, in der Schublade oder so? Einen Drink. Ich nehme auch Brandy. Oder Cognac.»

«Wir finden es sehr aufschlussreich, dass Sie sich plötzlich erinnern können, in Ihrem Zustand und zugeben, Herr und Frau Schwarz gekannt zu haben», sagte Häfeli, und zu Kraienbühl gewandt: «Öffne bitte rasch das Fenster, hier riecht es so komisch, gell. Danke.

Als wir die Leichen abholten, erzählten Sie uns, Sie würden diese Senioren nicht kennen, das war also gelogen; wo wohnten die beiden?»

«Was für ein Zustand? Ich bin nicht schwanger. Sind Sie eigentlich verheiratet? Also, ich wohne an der Fürstenlandstrasse 43b, falls Sie mich mal besuchen möchten. Mit Sicht auf die Burgweiher[34] mit Tröckneturm und Kapelle, da bekommt man einiges mit, was da so läuft, nachts. Dunkle Gestalten, manchmal erst gegen Mitternacht. Wie Schlafwandler. In der Geisterstunde.» Die Rammbold lachte.

«Wir meinten Herr und Frau Schwarz selig.»

«Aha, ich konnte mich gerade nicht mehr an die Namen erinnern, wir sind ja nicht verwandt oder so. Und selig waren die nicht, das würde ich nicht behaupten. Zuletzt wohnten die, warten Sie, ich glaube wieder an der Burgstrasse, ist ja nicht weit von mir entfernt, in einer kleinen Wohnung im 2. Stock. Sie mussten nach dem Probeliegen im Altersheim Abendrot wieder zurück in ihre Wohnung, es funktionierte irgendwie nicht. Und in den nächsten Tagen hätten sie wieder abgeholt werden sollen, habe ich im Quartier gehört. Da wird ja so allerhand erzählt, nicht wahr. Wenn man die Leutchen kennt, und ausreden lässt, werden sie plötzlich gesprächig. Ich höre gerne zu.

Herr Schwarz und ich tranken gelegentlich ein Gläschen Gin und Vodka, oder so. Oder beides zusammen. Manchmal auch drei.»

«Soso. Sehr interessant. Aber wieso können Sie sich erst jetzt wieder erinnern, so plötzlich? Das ist seltsam.»

«Finden Sie, ich finde das nicht, ich konnte mich gerade nicht erinnern, das passiert mir noch häufig, oder immer häufiger, vielleicht sollte ich mehr trinken, mein Mann behauptet zwar das Gegenteil. Eigentlich sind wir selten einer Meinung. Und Sie?»

---

[34] 2019 konnte die Stadt Sankt Gallen nach ergiebigen Diskussionen das bis anhin private Burgweiherareal erwerben – ein Glücksfall, der im Westen einen zweiten Stadtpark ermöglicht. Früher existierten hier übrigens insgesamt fünf Weiher, heute sind es noch zwei.

«Chabis! Sie wissen schon, dass Sie uns einen unglaublichen Mist erzählen, Frau Rammbold.»

«Was jetzt, Mist oder Chabis? Ich mag Chabis, Mist weniger. Sie können mich aber gerne Moni nennen. Duzis wäre doch schön und etwas kuscheliger. Drollig. Kennen Sie *Monja*, ein Schlager aus den Siebzigern, recht flott … Wie ich, sehen Sie mal. Soll ich Ihnen das Lied vorsingen, ich kenne den Text auswendig. Oder eines von Rex Dildo?»

Die beiden Polizisten schauten sich verdutzt an – und verzichteten auf eine Hörprobe. Drollig? Eher rollig.

«Sie können gehen, wir sind aber noch nicht fertig miteinander, am besten treffen wir Sie mal im Tröckneturm, zusammen mit ihrem Mann, dann ist es eventuell einfacher.»

«Mag sein, aber nicht für mich. Sie müssten über Mittag vorbeikommen, wir sind oft dort, mein Mann und ich. Wenn es sein muss. Manchmal essen wir dort etwas Kleines.

Äh …, bevor ich es vergesse, Sie gefallen mir; und es gibt bereits früher eine Gelegenheit, uns zu treffen. Ich würde Sie morgen Abend gerne einladen, zu dieser Vorstellung im Tröckneturm, beide; ich habe Ihnen davon erzählt. Der Besuch der nackten Dame, mit der Corona-Bank. Sie würden mich mal in voller Fahrt sehen – und erleben ... Sie wären für meinen persönlichen Schutz zuständig, ich fühle mich in letzter Zeit dauernd beobachtet, und verfolgt. Und diese Toten in der Schönenwegen-Kapelle, kolossal furchteinflössend, nicht? Sie kommen morgen?»

«Danke danke. Wir werden es uns überlegen», sagte Kraienbühl.

«Ok. Ich gehe jetzt zum Apéro, ins Alt Sankt Gallen, kommen Sie mit, meine verehrten Polizistchen, wir könnten noch etwas plaudern? Ungezwungen.»

«Danke danke, nein. Wir haben keine Zeit. Auf Wiedersehen.»

Die Rammbold Moni öffnete die Bürotüre und stiess beinahe mit dem Polizeivorstand zusammen, der zu Häfeli wollte.

«Nicht so hektisch junger Freund!» kicherte die Frau. «Sie sind mir aber ein drolliges Kerlchen. Mit steifem Hut.»

«Oh pardon, gnädige Frau!» Freiluft-Dieterle knallte die Türe zu.

«Häfeli, was riecht denn hier so komisch, wie in einer Schnapsbrennerei. Trinken Sie während der Arbeitszeit, oder alle hier? Unglaublich! Lüften, sofort!» EFD zeigte auf die Fenster.

«Äh, was ich Sie fragen wollte … Jetzt habe ich's grad vergessen. Das kommt vor.»

Pause.

«Äh, genau, wie geht's den Verstorbenen, sind ja schon wieder drei neue hinzugekommen; gibt es Neuigkeiten?»

«Das war die *gnädige* Frau von vorhin, ihr Parfüm. Und ja: Wenig bis sehr wenig. Wir informieren Sie, just in time», brummte Kraienbühl. Und noch etwas leiser: «Sie drolliges Kerlchen!»

«Wie bitte?» Der Polizeivorstand hob erstaunt die Augenbrauen. «Na ja, ich gehe jetzt zum Apéro. Kommen Sie mit? Nein? Dann gehe ich alleine, auf Wiedersehen.»

«Hoppla. Wieso gehen jetzt alle zum Apéro», knurrte Kraienbühl, «wird das bald verboten? Sollten wir auch …»

«Nein, jetzt nicht, wir sind nicht alle. Und auch nicht Hinz und Kunz. Gell!

Im Übrigen muss ich nach Hause, Nachtessen vorbereiten, Tauben verhauen, oder verscheuchen. Die spüren jetzt schon den Frühling, Ende Januar. Verrückt. Ekelhaftes Gegurre und Gekacke – pandemiemässig! Ratten der Lüfte! In Venedig ist damit endlich fertig lustig, Füttern verboten, wer's trotzdem macht, bezahlt 200 Euro. *Vadian*[35] würde das sicher sehr begrüssen, auf dem Marktplatz und so. Unterstützen! Und auch in den Quartieren; in manchen hat es besonders viele Spinner, die Sommer und Winter Tauben füttern. Täglich sackweise Brot verteilen – und die plumpen Dinger verscheissen anschliessend den Nachbarn die Fassaden. Eklig.

Gute Nacht!»

35,*Stadtarzt, Bürgermeister und Reformator (29.11.1484 - 06.04.1551).*

«Dann wünsche ich frohes Gelingen. Und ebenfalls gute Nacht.»

Kraienbühl blieb noch etwas im Büro zurück. Ungestört. Surfte ziellos in den neusten Nachrichten herum, am Computer. Zufällig las er dabei ein Inserat: *Versichern Sie Ihre Küsse!*

Ungläubig blickte er auf den Bildschirm. «Versichern Sie sich gegen unerwünschte Küsse, Schleckmaulküsse, Schmatzküsse usw.» stand da. «Bei uns sind Sie in den besten Händen! Gendergerecht. *Eurotranskontinental*, Ihre Rechtsschutzversicherung für alle Fälle. Zögern Sie nicht, es könnte zu spät sein, und dann bleiben nur noch die digitalen Küsse. Oder Sie bleiben auf Ihren Küssen sitzen.»

Soll ich das morgen Häfeli erzählen, der könnte sich dafür interessieren, man weiss ja nie, heutzutage. Flugs eröffnete er ein Kontaktformular und arbeitete bis weit in die Nacht hinein an seinen Projekten.

Singles mit Niveau.

Gesucht und hoch im Kurs.

Wehmut im Home-Office.

Mittwochmorgen. Kraienbühl sass bereits am Pult und empfing seinen Chef überraschend aufgekratzt, gesprächig und fröhlich. Oh je, eine neue Liebschaft, schon wieder. Abwarten und Tee trinken. «Organisierst du mir einen Kaffee»? bat Häfeli seinen Assistenten.

Digitaler Gap.
«Gerne. Du, das ist der Hammer», begann Kraienbühl, «ich weiss zwar nicht, ob dich das jetzt interessiert, aber ich sag's trotzdem: Bald braucht es uns nicht mehr, auf der Strasse und im Büro. Die digitale Revolution ist im Anmarsch, ein eigentlicher Gap, habe ich gelesen. Home-Office. Nicht nur für Verbrecher, auch für uns. Ganoven jagen in Hinterhöfen und bei jedem Scheisswetter, das ist nun bald endgültig vorbei. Die Digitalisierung macht's möglich. Freust du dich?» Und ohne eine Antwort abzuwarten: «Auch heiraten wird nun noch einfacher: DIGITAL. Du musst nicht mehr aufs Standesamt, alles am Bildschirm, alles virtuell. So könnte ich es nochmals versuchen, vielleicht mit Gretl …?»

Larissa Schneider, die neue Assistentin des Polizeivorstands brachte zwei Kaffees. Extrastark. Sie lächelte.

«Eine gute Wahl, gell!» Kraienbühl nahm einen Schluck. «Obwohl, mit der hast du nicht so viel Kontakt wie mit ihrer Vorgängerin, Lena Rabenschwarz. Ist EFD zufrieden mit ihr?»

«Chabis! Also nicht die Schneider, da hast du völlig Recht. Und nein, ich habe nichts anderes gehört. Somit ist der Alte zufrieden.

Aber trotzdem: Chabis à Discrétion, von mir aus à gogo, was du da erzählst. Digitale Gangsterjagd, spinnsch eigentlich; wir? Wie soll das gehen, ohne Fahrzeug? Erinnerst du dich noch an das Toupet von EFD aus dem 3D-Drucker[36]?

Und super, du musst beim Heiraten gar nicht mehr dabei sein, lernst deine Partnerin irgendwann im Bett kennen, von mir aus auf den Bahamas? Oder gar nicht mehr, noch besser! So könnte

---

[36] *Vgl. Galgenvögel. Mord in Sankt Gallen und andere Geschichten. Band 2.*

die Scheidungsrate massiv gesteigert werden. Wenn du deinen Partner nicht kennst, gibt es noch mehr Überraschungen; Heiraten ins Blaue hinaus. Das ist die Lösung, vielleicht funktionierts. Bis anhin hiess das neudeutsch Lebensabschnittsgefährtin, früher Ehegattin und nun digitale Lebensminutenpartnerin. Das hat Zukunft. Kurzschlusslebenspartnerin, in deinem Fall. Oder noch besser und unisex: Partner mit Scheidungsgarantie. Und das alles im Home-Office?»

Das ist doch auch so ein Chabis, immer zu Hause sitzen, und alle schwatzen dir drein, die Katze, die Kinder, und die Frau sowieso. Auf Gedeih und Verderb daheim? Das möchte ich nicht, gar nicht, dachte Häfeli und schüttelte den Kopf. War er denn nun wirklich schon so alt, chom nüme so ganz drus[37]? Echt? So alt bin ich noch nicht. Oder Alzheimer im Anzug? Nicht im Kittel, im Anmarsch?

«Home-Office, na ja, eine Zeit lang, von mir aus. Aber irgendwann vermisse ich euch, die Kollegen, Freunde und Freundinnen. Sogar die ewigen Stänkerer, EFD, Büttikofer. Krämer und Buchhalter. Langweiler und Versager. Und ohne Stadträte? Da fühlt man sich plötzlich so alleine.»

Die Katze kann das auch nicht alles kompensieren. Und wenn Gipsy mit ins Büro käme? Sie könnte dem Polizeivorstand auf den Knien sitzen, oder seiner Assistentin. Oder Chraie. Und Schnurren sowieso. Aber Max Kraienbühl wäre dann irgendwo. Nur nicht hier. Schade.

«Wann kommen bitte die digitalen Lebensmittel?» fragte Häfeli seinen Assistenten. «Du brauchst nichts mehr zu essen und dir natürlich auch keine Gedanken mehr darüber zu machen, ob dein Essen gesund ist, dick macht, über den möglichen Giftcocktail. Alles inbegriffen. Antibiotika. Pestizide. Entlaubungsmittel.
Was ist aber bitte nun ein *Gap*? Kenne ich nicht, das Wort, mit Grappa hat es wohl nichts zu tun[38]. Ein digitaler Blödsinn ist das alles. Fürze. Und oberflächliches Geschwätz!»

---

[37]Dialekt: verliert langsam die Übersicht.

[38]Kluft, Spaltung.

Himmel oder Hölle?
«Übrigens, beinahe hätte ich es vergessen», lenkte Kraienbühl von der Digital-Diskussion ab: «EFD war schon da und ziemlich nervös; er hat sich nach dir erkundigt, weshalb du nicht im Büro seist. Du müsstest dich jetzt verstärkt um deine Kinder kümmern, erzählte ich ihm. Das nahm er murrend zur Kenntnis, war aber insgesamt wieder recht aufbrausend und nervig. Du sollst dich sofort bei ihm melden, wenn du eintriffst. Und ob wir gute Ideen hätten, du weisst schon, für die vielen Schachteln, Kisten, äh, ich meine die Särge. Auf den Friedhöfen ist kein Platz mehr für die Aufbahrung. Schrecklich. Hast du dir die Sache inzwischen überlegt?»

«Nein, ich hatte keine Zeit, des Polizeivorstands Fürze zu sortieren. Und ich sehe nicht ein, weshalb gerade wir uns darum kümmern sollten. Vergiss nicht: Wir haben bereits drei Tote, die uns beschäftigen.

Ruf bitte die Schneider an, sie soll Freiluft-Dieterle schonend beibringen, dass wir heute Morgen keine Zeit für ihn haben. Ah ja, und frag sie gleich noch ob sie eine Idee hat, eine Aufbewahrungs-Idee – zum Beispiel im ehemaligen Werkhof der Admiral Hoch- und Tiefbau AG. Das wäre eine Möglichkeit. Und ob sie uns noch einen Kaffee bringen könnte. Das wäre lieb».

«In einer halben Stunde kommt Tom Wichtelmann, mit seinen Ergebnissen, Erkenntnissen, Vermutungen. Den definitiven Bericht aus der Rechtsmedizin hat uns die Fröhlich für morgen in Aussicht gestellt. Vieles wissen wir ja, aber was ich dich schon lange fragen wollte: Du hast gewiss Kontakt zum Krematorium; ich möchte mal schauen, wie es dort zu und her geht, gerade jetzt. In den Ofen schauen, wie's flackert, kurz: die gesamte Logistik interessiert mich. Kannst du was organisieren, ein Augenschein oder so?»

«Mal schauen», brummte Häfeli. «Ich glaube nicht, dass die derzeit gerne Besichtigungen durchführen, da braucht es wohl etwas Geduld. Und gute Gründe. Wenn wir mit Wichtelmann fertig sind, besuchen wir diesen Sterbehilfe-Baron, den Honigmeier. Überrumpeln ihn.»

An der Türe klopfte es flüchtig; herein stolzierte wie erwartet der Chef der Kriminaltechnik. Bahnbrechende Neuigkeiten hatte er allerdings nicht parat, sprach von kollektivem Selbstmord der alten Leutchen, und der Ermordung des Freaks im Wasserturm beim Hauptbahnhof, die ihn irgendwie an eine «Metzgete» erinnere. Blutig und fast wollüstig. Was ihm einen Chabis des Kommissars eintrug, und das gehöre doch dazu, bei einer solch hässlichen Messerattacke.

In der Wohnung des Ehepaars Paula und Walter Schwarz hätten sie eine Patientenverfügung gefunden, alles da. Die Alterchen hätten als letzten Wunsch vermerkt: «Einschlafen in der Kapelle Maria Einsiedeln, Schönenwegen, die Nacht dort gemeinsam verbringen, ein letztes Mal, mit einem Glas Gin in der Hand, oder Hagebuttentee. Oder zwei. Einschlafen, still, ohne Aufregung. In diesem schönen Kirchlein. Öberifahre[39].»

«Ok. Des Menschen Wille ist sein Himmelreich.»

«Etwas richtig Spannendes haben wir aber doch noch entdeckt: «Neben der Leiche lag etwas versteckt und wie zufällig hinterlegt oder vergessen, eine rote Krawatte mit einem komischen Emblem: CK und ein Totenkopf. Ungebraucht, also ohne Knopf. Sagt euch das etwas?»

Häfeli und Kraienbühl schauten sich verblüfft an: «Natürlich kennen wir rote Krawatten, spätestens, seit uns der Würger vom Alt Sankt Gallen begegnet ist. Vielleicht beherrscht der Mörder den Krawattenknopf nicht», Kraienbühl lachte. «Ich habe auch Mühe damit, Zivilisationsbändel für Angeber und Bänker. Politiker und Hinterbänkler. Ist ja fast dasselbe.»

«Oder es ist als Visitenkarte gedacht – gar ein Versehen?» fragte Häfeli. «Sankt Galler Stickerei? Vergesst nicht, wir sind – oder waren einmal eine bekannte Textil-Stadt, um die Wende zum 20. Jahrhundert, erinnert ihr euch, soll ich ...»

---

[39]*Dialekt: hinüberfahren. Alpaufzug, oder von einer Alp zur anderen und zurück ins Tal. Nach Hause.*

Kraienbühl wählte nun seinerseits das Wort Chabis, und es brauche keine weiteren Erklärungen, die Wende käme sowieso irgendwie, irgendwann, irgendwo. Wenn auch oft nur zufällig. Und zu spät.

«*CK*, das ist doch so ein Modefritze, Casper Knutti, oder so. Könnte auch Chef-Konferenz bedeuten, Cold Coffee passt nicht. Interessant ist der Schädel. Ich schaue mal im Internet nach, bei Guggel und den sozialen Netzwerken.»

«Tu das, mein Lieber, tu das. Wenn Wichtelmann nichts mehr zu erzählen hat, machen wir uns auf den Weg. Nimm ein Foto der Leiche mit. Hast du die Adresse dieses Bestatters?» Der Kommissar stand auf und zog sich den Schneemantel an.

Es schneite noch immer, offenbar hatten sich alle verfügbaren Frau Holles vereinigt, um die Stadt zu bescheren. Eine schöne Bescherung! Die Kollegen vom Winterdienst versuchten der weissen Pracht Herr zu werden, mit allem was sie hatten, und mit viel Streusalz.

«Die haben's gut, die haben den Schnee, wir haben die Toten. Ein ganz strenger Winter ist das. Die Rechtsmedizin hat wieder geschrieben …» Kraienbühl machte eine Pause.

«*Lifestoppnow* hat sein Büro sinnigerweise an der Paradiesstrasse. Ich bin ja sehr gespannt auf diesen Laden und den Honigmacher.»

«*Honigmeier*, heisst der Chef», korrigierte Häfeli. Inzwischen standen sie vor einem älteren Mietshaus mit Ladenlokal im Parterre, früher mal eine Metzgerei, ein Coiffeur oder ein Kolonialwarengeschäft? Am Eingang prangte ein protziges Messingschild:

Himmel oder Hölle? Wir sorgen für Sie, jederzeit. Nachhaltig.
Diskret. Schmerzfrei verreisen, vertrauen Sie uns!
Funeral-Equipments and Gags. Günstig.

Die beiden Polizisten traten ein, grüssten kurz und schauten sich um. In einer Ecke im Hintergrund sass wie eine Spinne im Netz ein korpulenter Mann mittleren Alters, mit nachgefärbter Haarpracht, ursprünglich wohl gelbbraun, nun mit kräftigem Rotstich. Der Mann stand auf und stellte sich vor: «Honigmeier, Vitus, Geschäftsführer und Beisitzer, äh … Besitzer dieser wohltätigen Institution. Über alle Zweifel hinweg serös. Und professionell. Treten Sie näher, ungeniert. Willkomm. Und fühlen Sie sich wie im Paradies, nicht wahr.»

Die Rechtsmedizinerin hatte nicht zu viel versprochen; die hat wieder mal recht, absolut, brummte Häfeli leise vor sich hin. En grusige Siech, schmierig und widerlich!

«Bitte? Haben Sie etwas gesagt, pardon, ich habe nicht verstanden. »Honigmeier rieb sich geschäftig die Hände. Was kann ich für Sie tun, geht es um Sie beide, äh …, gemeinsam?» Wollen Sie sich wirklich schon verabschieden?»

«Wir sind ja gerade erst gekommen», antwortete Kraienbühl.

«Ja schon, aber … Also nehmen Sie Platz, ich berate Sie gerne in allen Fragen des Abschiednehmens, ein heikles Thema; hier ist unsere farbige Broschüre, mit allen Details, inkl. Angabe der Entsorgungsgebühren, die dürfen Sie mitnehmen. Gratis. Wir haben hier umwerfende Angebote, nicht bloss Kremation oder Erdbestattung. Wir decken das gesamte Vorfeld ab und sind spezialisiert auf Hochglanz. Sie sehen, massgeschneiderte Lösungen sind unsere Passion. Auch im Nachhinein und im Mondschein noch möglich. Medial – eine unserer Nouveautés. Oder Sterben in Schönheit, ein anderes Motto. Greifen Sie zu, darauf legen nicht nur wir grössten Wert.» Honigmeier machte eine Pause. Wohltuend.

«Im Moment haben wir gerade ein tolles Sonderangebot, ein Ausflug mit Tante Ju oder einer Alouette 1001, ein Militärhelikopter älterer Bauart, aber immer noch todsicher, zum Ausstreuen der Asche, zum Beispiel über der Kathedrale. Oder sind sie reformiert?» Honigmeier nahm einen Schluck Wasser, das er sich aus einer kitschig goldverzierten Karaffe theatralisch eingeschenkt hatte, ohne seinen Gästen etwas anzubieten.

Zaubertrank.

«Die Säntisbahn wollen Sie nicht, ich verstehe. Sehen Sie, wir machen fast alles möglich, auch alte Träume, wir haben noch manche Trümpfe im Jackett. Das ist so …»

«Und rote Krawatten», unterbrach Kraienbühl. Ein Geistesblitz.

«Rote Krawatten? Wozu, sind Sie in der Partei? Aber wir können das organisieren. Wir können *alles* organisieren. Kein Problem. Zum Beispiel Tiefgefrieren und Häckseln, der Natur etwas zurückgeben, zum Beispiel als Schweinefutter. Äh …, nur für Wildschweine natürlich, oder im Gnadenhof.»

«Oh … Hören Sie auf, wir wollen das gar nicht so genau wissen, und sind noch nicht soweit. Was uns interessiert sind die technischen Fragen, welchen *Zaubertrank* bieten Sie uns an, wie funktioniert das alles, Auflagen, Fristen, Risiken usw.? Wir denken an den Amtsarzt und die Polizei?

«Zaubertrank? Ich verstehe nicht ganz, sind Sie Trinker, also äh … Alkoholiker? Aber wie gesagt, bei uns ist das alles kein Problem», sagte Honigmeier salbungsvoll. Machen wir uns im Leben, beim Leben schon zu viele Sorgen, so nicht auch noch beim Abheben, äh … Ableben.» Und zu Kraienbühl gewandt: «Ihr Vater ist noch nicht ganz so weit, obwohl, erste Abzeichen, oh pardon, Anzeichen vorhanden sind. Leider. Ich schlage vor, Sie studieren zuerst gemeinsam unsere Dokumentation, dort finden Sie alles, in Hochglanz, und melden sich wieder bei Bedarf. Unverbindlich oder mit Checkbuch, ganz wie Sie wollen. Wir schenken Ihnen unsere Zeit. Im Notfall sind wir schnell zur Stelle. An Ihrer Seite.»

«Er ist nicht mein Vater!» Kraienbühl nickte gnädig, nachsichtig, hatte jedoch plötzlich wieder mal einen seiner Einfälle und zog das Foto hervor: «Und das, haben Sie *das* ebenfalls im Sortiment?»

Honigmeier begutachtete das Foto gleichermassen interessiert wie überrascht, so schien es. «Verstehe ich Sie richtig …? Etwas auffällig, und brachial, mit einem Messer, wie mir scheint. Klar, wir sind für Endzeitlösungen zuständig, aber doch nicht so. Mord und Totschlag führen wir nicht im Programm, tut mir leid. Aber warten Sie, geben Sie mir etwas Zeit.

Diese Methode wäre aber wesentlich teurer, meine Freunde. Zum Beispiel eine Treibjagd für Freunde, auf Füchse. Oder mit Füchsen.» Honigmeier rieb sich immer noch die Hände und überlegte.

«Brauchen Sie eine Handcreme, oder ein Desinfektionsmittel?» Häfeli gönnte sich die Provokation.

«Danke nein, davon haben wir hier genug. Und nochmals: Nein, das haben wir nicht, tun wir nicht, aber … Den Mann kenne ich, das ist Wermuth Wohlgemuth, ein Trinker. Ich musste ihn entlassen. Es wurde zu viel. Er trank zu viel, bei jeder Gelegenheit, auch beim Abholen der Leichen, rülpste und furzte im dümmsten Moment, hatte einfach keinen Stil. Untauglich. Sie können sich vorstellen, wie das vor allem bei unseren hochverehrten Kundinnen ankommt. «Wir haben derzeit enorm viel zu tun, ein Lapsus liegt da gar nicht drin. Hochkonjunktur. Ich musste bereits zusätzliches Personal einstellen. Homeoffice können wir allerdings nicht anbieten. Bei uns ist zupacken gefragt, Sie verstehen. Psychologie. Empathie. Feinheiten in der Ausdrucksweise. Weisheit und Weisheiten, das ist plötzlich wieder enorm en vogue.»

«Bitte geben sie uns Wohlgemuths Personalakte!» Häfelis Gesicht rötete sich verdächtig.

«Wieso und wozu? Das brauchen wir hier nicht. Überwachungsstaat! Zustände sind das. Aber die Adresse, die kann ich Ihnen gerne und problemlos überreichen.» Honigmeier konsultierte seinen Computer und hielt Kraienbühl einen Zettel hin.

«Wir sprechen uns noch, da bin ich mir sicher. Vielleicht in der Hölle? Auf Wiedersehen.»

Die Ladentüre liessen sie offen, sperrangelweit, und machten sich auf den Rückweg. Schweigend. Zum Café Scherrer. Eisiger Wind pfiff ihnen um die Ohren. Und Honigmeier durchs Büro, der die Türe verärgert abschloss: «Tsss, was es heute nicht alles gibt!» Dabei blickte er seiner Sekretärin, Leichenwäscherin, Floristin und so weiter, alles in einer Person, ins freizügig einladende Decolleté. Und zog sie sanft an den Haaren.

«Hast du Ärger Darling?» säuselte die Frau mit den vielen Einsatzmöglichkeiten und setze sich ihrem Chef auf die Knie. Ungefragt und rittlings.

«Bingo. Und Bravo, gut gemacht Chraie! Das ist der Hammer. So ein Zufall, wer hätte das gedacht. Wo wohnt denn dieser Wermut-Trinker-Wohlgemuth, zeig mal her.»

«Ich bin immer noch sprachlos über diesen Honigmeier und seinen Saft-Laden. En ganz gruusige Siech! Eine Schmierenkomödie sondergleichen war das. Unglaublich. Ein Gschäftlimacher erster Güte, profitiert von der Not seiner Mitmenschen!» Kraienbühl schüttelte angewidert den Kopf.

«Mit-Menschen, na ja. Übrigens: Dieser Wermuth wohnt nicht allein, der ist verheiratet, so scheint es, mit Madleina Wohlgemuth geborene Wackernagel. Vielleicht ist es aber auch seine Stiefschwester. Metzgergasse 11, das Haus kennen wir doch schon, erinnerst du dich?[40] Da gehen wir zuerst hin, der Kaffee muss bis zum Nachmittag warten», entschied Häfeli.

Schlechtes Los! Schlechtes Karma, heute. Kraienbühl schaute auf die Uhr. Immerhin war bald Zeit für ein gepflegtes Mittagessen. Wie wär's mit einer Blutwurst?

Tatsächlich. Madleina und Wermuth Wohlgemuth, stand auf dem Namenschild. Sie läuteten an der Klingel. Und es tat sich nichts, wieder mal nichts.

«Da ist niemand zu Hause. Punkt. Wir versuchen es am Nachmittag, und bestell gleich den Wichtelmann und die Annegret dazu, etwas später. Dann sind wir komplett. Ich muss jetzt nach Hause, bin ja Strohwitwer. Wir treffen uns 13.30 Uhr wieder hier. Den Polizeivorstand lassen wir im Amtshaus.»

«Sollten wir nicht zuvor anrufen?»

Häfeli schüttelte den Kopf. «Adieu».

---

[40]*Vgl. Endzeitzauber und Galgenvögel. Mord in Sankt Gallen und andere Geschichten. Band 1 und 2.*

Alkoholvergiftung?

«Gut gespiesen?» Kraienbühl wartete pünktlich vor dem alten Haus an der Metzgergasse 11.

«Na ja. Drück mal kräftig auf die Klingel. Wir müssen diese Todesmeldung schnell loswerden – und uns die Wohnung anschauen.»

Endlich surrte es und sie konnten die Haustüre öffnen, stiegen in den 2. Stock hinauf, wo eine jüngere Frau auf sie wartete.

«Frau Wohlgemuth?» fragte der Kommissar; beide zeigten ihre Ausweise. «Dürfen wir eintreten? Es geht um Ihren Bruder oder Ehegatten.»

Frau Wohlgemuth nickte. «Wir sind geschieden. Auch aus steuerlichen Gründen, es lohnt sich in jedem Fall, macht aber den Ärger nicht wett. Nehmen Sie Platz.» Sie zeigte auf einige abgewetzte Stühle in der Stube mit übergrosser Wohnwand und ebensolchem Fernsehgerät, die fast den ganzen Raum beanspruchten. «Eigentlich habe ich keine Zeit, ich muss zur Arbeit, ins Kaufhaus. Früher war dort die EPA[41]. Also, um was geht es?»

«Nun, die Sache ist etwas delikat, Ihr Mann, wissen Sie nicht wo er ist? Vermissen ...»

«Delikat ist hier gar nichts und vermissen war mal. Haben Sie ihn eingebuchtet? Oder wurde er mit einer Alkoholvergiftung ins Spital eingeliefert? Wermuth, sein Name, Wermut sein bester Freund, sein Lieblingsgetränk. Jederzeit, schon früh am Morgen. Aber was heisst hier früh. Auf der Arbeit? Schwachsinn! Arbeitslos ist er wieder mal. Kürzlich hat er erneut seinen Job verloren, bei diesem Bestattungs-Fritzen, Honigmonster heisst der, glaube ich, ein passender Name. Seither trank er noch mehr. Ein Fass ohne Boden.

Ich bin übrigens als Vize-Präsidentin des Vizepräsidenten der Suchthilfe *Unterer Säntis* vorgeschlagen. Ich habe Erfahrung, nicht nur mit Wermut, und sehe dort Karrieremöglichkeiten, zum

---

[41]*Discount-Warenhaus (Einheitspreis AG), 1930 eröffnet, 2005 von Coop übernommen. Der Name EPA Neue Warenhaus AG verschwand in der Folge.*

Beispiel bei der Spitex[42] – die gibt's übrigens neustens auch für Tiere. Ich habe ein Eichhörnchen. Susi.»

Pause.

«Wie gesagt, wir sind geschieden, leben aber noch zusammen, weil es billiger ist, zahlen so wenigsten etwas weniger Steuern; die sind hier immer noch ohnmächtig hoch. Und bis einer von uns ein besseres Logis gefunden hat. Oder sonst was. Einen Freund. Sponsor oder so. Gelebt hat er von kleinen Gelegenheitsjobs, und von meiner Unterstützung. Aber was ist denn eigentlich los?»

«Die Sache ist die, äh …, Ihr Mann ist tot. Ermordet, im Wasserturm beim Bahnhof, mit einem Messer. In der Nacht auf gestern. Wissen Sie, wo er zuvor war?»

«Auf jeden Fall nicht hier, und nein, ich weiss es nicht. Ich war daheim und ging zeitig zu Bett, musste früh raus. War's das?» Die Frau wollte aufstehen.

«Halt, halt, so schnell geht das nicht. Es kommt da einiges auf Sie zu», mischte sich Kraienbühl ein, zum Beispiel die Beerdigung. Und so. Wir empfehlen Ihnen, frei zu nehmen, sich in der Firma abzumelden. Wir müssen Ihre und vor allem seine Wohnräume untersuchen … Gleich kommt die Spurensicherung.» Wie auf Kommando klingelte es und wenig später öffneten Tom Wichtelmann und Annegret Wetterstein die Wohnungstür. Frau Wohlgemuth deute mit dem Kopf auf ein Zimmer. «Dort ist sein Wermut-Reich!» Die beiden traten ein – und standen vor einem Berg leerer Flaschen.

«Also», setzte Häfeli wieder ein, «haben Sie eine Ahnung, wer Ihren Mann oder Ex-Mann ermordet haben könnte? Hatte er Feinde, Geheimnisse, eine Freundin, war er anders als sonst, ist Ihnen irgendetwas aufgefallen?»

Frau Wohlgemuth schüttelte den Kopf. «Eigentlich ist mir nur aufgefallen, dass er immer noch mehr trank. Und trank und kaum mehr etwas ass. Eine Flasche am Bett, eine Flasche im Bett.

---

[42] *Spitalexterne Pflege zu Hause.*

Sehen Sie selbst: Flaschen überall – und das im Home-Office. Eigentlich ist das alles unzumutbar.»

Pause.

«Eine Freundin hatte der sicherlich nicht, wozu? Wer wollte denn den schon zu Hause haben? Darf ich ehrlich zu Ihnen sein? Mir ist es ziemlich egal, wer ihn getötet hat. Wie sagten Sie, erstochen? Na ja, er wäre wohl ohnehin bald ins Jenseits abgehoben, abgeflogen, mit einer vollen Flasche im Arm.» Die Frau verzog resigniert den Mund. Und angewidert.

«Für mich ist das alles vorbei. Wie gesagt, wir wohnten hier noch zusammen, weil ich den Kerl nicht losbrachte. Die Wehmut ist längst verschwunden. So. Aber schauen Sie sich nur um, ganz wie Sie wollen. Und wenn Sie was finden? Von mir aus.

Übrigens: Das Altglas sollte man noch hinuntertragen. Peinlich. Denken Sie an die Suchthilfe, die schauen immer so komisch, wenn ich ihnen im Treppenhaus begegne.»

Die beiden verabschiedeten sich zügig, auch von Wichtelmann und Wetterstein. «Hoffentlich findet ihr was.»

«Die Gretl ist gut, gell.» Kraienbühl blickte seinen Chef erwartungsvoll an, als sie die Treppe hinunterstiegen. «Hast du das gewusst?»

Häfeli musterte seinen Assistenten schräg von der Seite. Etwas misstrauisch. «Wir haben zu tun, gell. Bürokram am Nachmittag. Hinreichend. Und viele offene Fragen.»

Kraienbühl konsultierte seine Uhr. «Sollen wir jetzt noch rasch im Café Scherrer den am Vormittag ausgefallenen Kaffee nachholen? In Ruhe. Oder gehen wir direkt ins Alt Sankt Gallen? Klar, dem Wirt, diesem Othmar Muff sollten wir wieder mal auf die Finger schauen, die Leviten lesen! Der ist uns noch einige Antworten schuldig, nicht? Und danach ein zünftiger Apéro?»

«Keine Zeit, ich muss nach Hause. Kochen und so. Saftladen. Diesen Mufti nehmen wir später dran, da will ich dabei sein.» Häfeli überlegte. «Aber du könntest abklären, was der Wichtelmann und die Wetterstein herausgefunden haben – und zusammenfassen, gell; kannst es mir morgen erzählen. Tschüss!»

«Dann frage ich unsere neue Kollegin, ob sie möchte», brummte Kraienbühl. «Du, das bringt heute nichts mehr», sagte er später zu Annegret. «Komm, wir gehen zum Apéro, ins Alt Sankt Gallen – und beobachten die Situation dort, ganz ungezwungen und integrativ.» Die beiden machten sich unverzüglich auf den Weg in die Nördliche Altstadt, nur einige Schritte vom Amtshaus entfernt.

«Einen Gespritzten – oder Bier, wie immer»? fragte Annegret.

«Verdient hätten wir es ja, einen Weissen, wir waren heute wieder mal sehr erfolgreich … Andererseits habe ich gestern am Fernsehen eine Reportage über Schweizer Weissweine gesehen, viele sind hinreichend mit diversen Pestiziden und Unkrautvertilgern verseucht, das gibt einen süffigen Cocktail. Gespritzt per Flugzeug – vom Himmel hoch, da komm ich her. Und was nicht im Weinfass landet, endet in Boden und Wasser.» Kraienbühl schüttelte den Kopf. «Nein, vorläufig trinke ich keinen gespritzten Weissen mehr.»

«Du, wir hatten in Österreich vor Jahren diesen Frostschutz-Wein – ein Mords-Skandal, so um 1985. Da war ich noch ganz klein, kenne diese Mischung also nicht aus eigener Erfahrung. Hab' wohl nix verpasst.»

Die beiden verzichteten auf gespritzten Weissen und bestellten je eine Stange. Vorerst. Ungespritzt.

Auf dem Nachhauseweg hatte Häfeli nach Ideen und Möglichkeiten gesucht, Patrizia und Roberto einige Tage zwanglos und unauffällig beaufsichtigen und bekochen zu lassen. Eine Abwechslung für alle. Die Mutter von Sabrina oder Tante Jule? Heute Abend würde er sie fragen, nach dem Fondue. Und danach Roberto und Patrizia, welches ihre erste Wahl wäre …

Der Abend mit Tante Jule wurde wieder lustig, wie meistens, wenn sie nicht gerade in den Jammergretmodus verfiel, was allerdings nur ungefähr jedes zehnte Mal vorkam, dann dafür umso heftiger. Die alte Dame hatte grundsätzlich ein zufriedenes Gemüt, war eine gute Seele, hilfsbereit, lustig, irgendwie tief aus der Seele heraus glücklich.

Glücklich? Ein starkes Wort.

Kein Hecht an der Angel.
Zufrieden genehmigten sich die beiden Oldies einen schönen Aigle, und wurden mit der Eröffnung der zweiten Flasche noch zufriedener, die alte Dame sogar noch sportlich und lud Häfeli zu einem Tänzchen, dem sich dieser nicht erwehren, aber nach wenigen eher zähen Runden doch noch entwinden konnte. Das reicht, Tantchen, sonst wird mir noch schwindlig.» Roberto und Patrizia beobachteten die Szenerie erstaunt und lachten leise in sich hinein.

«Also gut», begann Tante Jule, «mir wird ganz warm; so erzähle ich euch wieder mal eine meiner Geschichten, die ihr noch nicht kennt, von der Hechtbar. Item. Gell, ich mache immer noch eine gute Figur, beim Tanzen. Früher sowieso, soll ich es euch nochmals vorzeigen? Komm Patrizia.»

«Nein, ich glaube es dir, du kannst es, wir sind zufrieden mit dir. Erzähl bitte weiter. Wo war denn diese Hechtbar mit den tollen Hechten?»

«Na ja, so toll waren die auch nicht. Mehr Hechtchen als Hecht.» Tante Jule seufzte. «Vorstadt-Casanovas. Vorstadt-Clowns. Vorstadt-Banker. Trinker. Ruinen. Pleitegegangene und Pleitegeier. Stadträte im Endstadium. Lustige. Normale. Viele Männer, wenige Frauen. Und die wenigen Frauen waren ebenfalls nicht die besten, von dümmlich bis halbseiden alles vorhanden. In der Hecht-Bar. Beim Theaterplatz, so hiess der Ort, heute Bohl. Ein schlechter Abtausch.»

«Aber was hast denn *du* dort gemacht?» wunderte sich Patrizia.

«Du Frechdachs, aber gute Frage! Vielleicht wollte ich nicht allein sein? Für eine Freundin einen Mann suchen? Es gäbe da verschiedene, äh … Möglichkeiten. Und Ausreden.»

Pause.

«Die Hechtbar im *Hotel Hecht*[43] neben dem alten Stadttheater war jedenfalls immer wieder ein Erlebnis, ein Abenteuer. Ein Magnet. Schon der Abstieg in das Kellerlokal, seitlich zum alten Stadt-Theater. Und dann Eintauchen in die Gruften der Musik und der Lust, der Dunkelheit. Etwas schummrig, etwas morbid. Herzklopfen? Na klar, ab und zu, und auch mal heftig. Heute gibt's hier nur noch Büros und Arztpraxen, na ja, und Restaurants, aber keine Hechte mehr. Dafür Dealer. Und Alkis.

Der Keller war wie ein Kreuzgang, mit schön verrauchter Holzdecke, die Wände teilweise bemalt. Ich erinnere mich noch gut: Altstadtbilder, aber nicht nur. Heute ginge das nicht mehr durch, solche Zeichnungen, von Eingeborenen aus Afrika, mit Elefanten. Nackt. Oder fast wenigstens. Jagdszenen.

Protzige rote Fauteuils. Abgewetzt. Ständerlampen sorgten für die geeignete Beleuchtung, viel war da nicht notwendig. Na ja. Meiner Freundin und mir hat es gefallen. Während der Olma waren die Herrschaften schon damals sehr anhänglich. Besonders zutraulich. Die Hecht-Bar war täglich geöffnet und so auch wie eine Stube für Randgruppen, einsame Säufer, zum Beispiel an Weihnachten. Die Kellner und Barkeeper waren eine Mischung aus Seelsorger, Cüpli-Jäger und väterlicher Freund.»

Tante Jule erzählte von ihren Bekanntschaften, den eng bestuhlten Plüschsesseln, der kleinen Tanzfläche, dem gutaussehenden Pianisten mit den französischen Zigaretten, filterlos natürlich, Gitanes. Dem Barman, welcher die besten Drinks mixte, für einen stilvollen Absacker an der Bar. Oder danach doch etwas zu voll, und wieder mal verliebt, das alternde Herz, noch nicht ganz versteinert. Oder einfach fröhlich. Dem Alltag entflohen.

«Ich habe schon damals nicht geraucht, weder Gitanes, Gauloise bleu noch Brunette Doppel; höchstens daran geschnuppert, gelegentlich, bei einem Tête-à-Tête, in der schummrigen, rauchge-

---

[43]Ende der 1920er Jahre das erste Haus am Platz und an bester Lage, im Herzen der Stadt, ab den 1980er Jahren zunehmend heruntergekommen und vergammelt. Besetzung des leerstehenden Hotels von Jugendlichen an Weihnachten 1988 als Start für eine neue, kritische Politik bis hin zum Widerstand gegen den Waffenplatz Neuchlen-Anschwilen.

schwängerten Hechtbar – sie fehlt heute in Sankt Gallen. Andererseits: Heute brauche ich auch keinen Hecht mehr an der Angel. Und Schnuppern an Glimmstängeln schon gar nicht.»

Roberto und Patrizia entschieden sich spontan für ihre Tante, nachdem diese gegangen war. Sabrina war zwar erst kurze Zeit weg, aber Häfeli vermisste sie nicht. Und die Kinder? Sollte er deswegen ein schlechtes Gewissen haben? Nein.

Am nächsten Abend gingen Häfeli und Kraienbühl tatsächlich zu dieser Theatervorführung im Tröckneturm, gespannt auf die Dinge, die da kommen sollten. «Da müssen wir unbedingt hin», hatte sich Kraienbühl ereifert. «Du wirst da noch dein blaues Wunder erleben, ich spüre das!»

Häfeli brummte irgendetwas vor sich hin.

Tout Saint Gall. Dilettanten?
«Geschlossene Gesellschaft» stand am Eingang, und ein strammer Kotzbrocken mit Baseball-Kappe, der die Einladungen und Zertifikate kontrollierte: «Was, Sie haben keine Einladung, dann sind Sie hier am falschen Ort, verschwinden Sie, hopp hopp!»

Die beiden Polizisten schauten sich verdutzt an und wollten ihre Ausweise zücken, als ihnen die Rammbold Moni zu Hilfe eilte. Unüberhörbar.

«Das sind meine persönlichen Bodys, abkommandiert vom Polizeivorstand zu meinem persönlichen Schutz, und so; willkommen meine lieben Freunde, hereinspaziert, immer wieder gerne, willkommen!» Die Rammbold Moni war kaum mehr zu bremsen und schien sich wirklich zu freuen. «Sie sind etwas spät dran, die Vorstellung beginnt gleich. Was möchten Sie trinken? Sie sind eingeladen! Von mir! Dort sind Ihre Plätze – in der zweiten Reihe, Business. Die Séance kann beginnen.»

Der Kotzbrocken beeilte sich, sich zu entschuldigen.

Der Direktor der Corona-Bank hielt eine kurze Rede, begrüsste den Hauptsponsor des Abends und Teilhaber der Bank, and last but not least diskreter Besitzer des Tröckneturms, Morton Beckstern und seine Frau Elisabeth. Textilfabrikant und Mäzen nicht nur der noch verbliebenen kulturellen Anlässe in der Stadt Sankt Gallen. Sie hätten sich seinerzeit mit Herzblut für den Abbruch des Alten Theaters am Bohl eingesetzt. Und natürlich für den Neubau.

Dilettanten, dachte Häfeli.

Das Ehepaar Beckstern habe zu guter Letzt auch noch den künstlerischen Schmuck im Foyer des Theater Sankt Gallen im Stadtpark gestiftet. Genau, jene exklusiven Textilbahnen, die von Dilettanten gelegentlich als Veloputzlumpensammlung verkannt würden. «Was es nicht alles gibt, in unserer Stadt», trompete der Bankdirektor. «Ich komme zum Schluss ...» und da wurde er von üppigem Applaus unterbrochen.

Im Übrigen freue er sich ausserordentlich über das zahlreiche Erscheinen seiner Gäste, der Crème de la Crème dieser Region, wie gewohnt. Während Häfeli und Kraienbühl sich leise unterhielten: «Sieht toll aus hier, in diesem alten Schuppen, alles, und erst die Rammbold Moni, schwarz gekleidet, sieh mal genau hin, da und dort so richtig schön durchsichtig, an spannenden Stellen, eine Fledermaus-Maske im Haar. Offen. Die Haare. Verführerisch. Chic. Die Moni. Aber wo sind denn die richtigen Fledermäuse?»

Häfeli zeigt nach oben, zur Diele. «Pass auf, dass dir die nicht auf den Kopf sch..., genau.»

«Echt jetzt? Du, aber irgendwie spinnt die total, nicht, die Rammbold. Verfolgungswahn, und schwatzt wie ein Buch? Aber ich finde sie ...»

«Psst ... Ruhe da vorne», flüsterte jemand hinter ihnen, unüberhörbar. «Unerhört, sitzen in den vorderen Reihen und schwatzen drauflos wie die Kinder. Unglaublich. Keine akkurate Kinderstube diese Leute. Skandalös!»

In der Pause bemühte sich die Rammbold Moni zusammen mit der Crew um ihre Gäste – und um ihre Bodys, wie sie diese überall vorstellte. Überaus peinlich. Kraienbühl fand es hingegen lustig. «Gefällt es Ihnen bei mir?» fragte sie. «Leider habe ich jetzt nicht so viel Zeit, für ein Schwätzchen oder so ... Aber sehr gerne nach der Vorstellung, hier oder bei mir? Mein Mann ist heute wieder mal verhindert.

Übrigens, schauen Sie mal, ich habe ein neues Tattoo, ein Sternen-Ensemble.» Die Rammbold zog den Ärmel ihrer Bluse hoch; auf ihrem Oberarm glitzerten kleine silberne Sterne, die sich um einen grösseren versammelten. «Und raten Sie mal, wie viele Tattoos ich inzwischen am ganzen Körper habe, meist ganz kleine und gut versteckt, einige an *sehr* diskreten Orten …»

Häfeli schaute ihr ins Gesicht, auf die Lippen. Carminrot, sehr erotisch geschminkt. Und schwieg. Diese Farbe kannte er, aber hier passte sie für ihn nicht wirklich. Oder doch?

«Wollen Sie inzwischen noch ein Bierchen?» Die beiden nickten, bedankten sich artig und setzten sich wieder hin.

«Geheime Tattoos, oder Tattoos an geheimen Orten, das kann ja heiter werden. Aber hast du gesehen, wer alles da ist?» Häfeli stiess seinem Compagnon den Ellbogen in die Seite: «Schau mal dort, dieser Bank-Pierin, wie hiess der noch? bekam Urlaub im Knast, offenbar ... Drei Stadträte. Dort Hugelshofer, mein Lieblingsnachbar mit Trudeli und seinen Spezis, und auf der linken Seite, das glaubst du nicht: Vitus Honigmeier. Verkauft hier Särge, oder Beruhigungsmittel?» Häfeli liess seinen Blicken freien Lauf und entdeckte: Tout Saint Gall! Den Bürgerratspräsidenten, den Rektor der HSG und den obersten Busfahrer der VBSG, der nicht in Sankt Gallen wohnt. Potztuuusig! Da wimmelt es nur so von Verwaltungsratspräsidenten und hohen Beamten. Der städtische Info-Chef sass neben dem Chefredaktor des Tagblatts, zum Beispiel. Kraienbühl bemerkte gerade süffisant und lustvoll, das gehe hier zu und her wie am Klassik-Festival auf dem Klosterplatz; dort sei er zwar nie dabei, aber dieses Gekrächze sei ohnehin unzumut …

«Ruhe jetzt endlich, da vorne», zischte die Stimme hinter ihnen erneut, «die Vorstellung beginnt wieder!»

Der Besuch der alten Dame von Friedrich Dürrenmatt. Nackt war da niemand – und Kraienbühl zumindest *etwas* enttäuscht.

Am Schluss der Vorstellung steuerte Morton Beckstern eifrig und zielstrebig auf Häfeli und Kraienbühl zu und begrüsste sie fast enthusiastisch: «Sie sind doch die berühmtesten Kommissare unserer Stadt. Das freut uns ausserordentlich, Sie beide zu treffen, hier im kleinen Rahmen. *Morton*, mein Name, für *Sie*. Darf ich Ihnen meine liebe Frau vorstellen? *Elisabeth*, englisch ausgesprochen, sie liebt es so. Das *th*.

Wir würden Sie beide gerne zu einem Dinner bei uns zu Hause einladen, mit Kulturfreunden. Ungezwungen, im kleinen Kreis. Wir dachten an ungefähr 30 Persönlichkeiten aus Kunst und Kultur, alles Koryphäen, und einige Politiker, wenn Ihnen das recht ist. Sie könnten uns dabei von Ihren gespenstischsten und gruseligsten Kriminalfällen erzählen, nach dem Dinner, am Kaminfeuer. Bis nach Mitternacht. *Höhepunkt Geisterstunde* wäre unser Motto. Mit Old Scotch Whiskey-Verkostung. Was meinen Sie? Elisabe*th* und ich würden uns ausserordentlich freuen.»

Häfeli wäre am liebsten in der Küche hinter der Bar oder im WC verschwunden, konnte aber im Moment gar nicht verschwinden, bedankte sich höflich für das ausserordentlich freundliche Angebot. Sein Stellvertreter werde sich mit den Mortons in Verbindung setzen, sobald sie zumindest *etwas* Luft und Zeit hätten. Im Moment seien sie ausserordentlich gut ausgelastet, nahezu überlastet, und beschäftigt, mit der Fasnacht.

«Immerhin sind wir hier in Sankt Gallen Gott sei Dank bis jetzt von diesen Jugend-Unruhen verschont geblieben, nicht wie andere Städte. Zürich, Bern, Frauenfeld.» Na ja, die Schweiz höre bekanntlich in Winterthur auf …, vielleicht inzwischen auch schon in Frauenfeld. «Manchmal hat das aber auch seine Qualität, das ist nicht zu leugnen, oder zu unterschätzen. Und zwar in diverser Hinsicht. Also. Auf Wiedersehen und gute Nacht, liebe Mor*th*on Becksterns.»

Häfeli und Kraienbühl eilten geschäftig davon und liessen die verdutzten Kultur-Mäzenen mit ihrem englischen *th* stehen. Im Tröckneturm. Bei den Burgweihern. Im neuen Stadtpark West.

Skelette im Nebel.

«Du, gestern spät in der Nacht rief mich die Rammbold Moni wieder an, so um Mitternacht. Sie sei so allein, fühle sich einsam und so. Ob sie bei mir vorbeikommen könne, ihr Mann sei nicht nach Hause gekommen», erzählte Häfeli am nächsten Morgen. «Du, die wird anhänglich und klebrig, spinnt gfährlich. Und ich hatte einen zu viel intus. Weisswein. Aigle.»

«Das ist nicht der Aigle, das ist dein Charme. Umwerfend, sagte ich doch schon. Wirkt nur nicht immer!»

«Chabis.»

Stoff im Tröckneturm.

«Aber jetzt wird's spannend: Bei dieser Kapelle beim Tröckneturm hätten sich verschiedene dunkle Gestalten versammelt, mit schwarzen Kapuzen, Schaufeln und Hacken, sie sehe es genau, von ihrem Fenster aus. Wie Gespenster oder Geister. Gespenstisch. Ob ich zu ihr nach Hause kommen wolle, so könne ich das Spektakel mitverfolgen, ich könnte mich verkleiden, als Geist, oder so. Wie gesagt, die spinnt.

Ich sandte ihr eine Streife vorbei, die natürlich nichts Verdächtiges feststellte. Nichts. Niemand. Nada! Fehlalarm. Klar, einige Spuren im Schnee.»

Kraienbühl räusperte sich. «Nochmals, diese Moni steht auf dich, das habe ich sofort gesehen. Und die ist auch nicht ganz ohne; stell' dir mal vor, wo die anderen kleinen Tattoos sein könnten, wieviele sind es eigentlich? An sehr diskreten Orten, und ich garantiere dir, du kannst nicht mehr einschlafen. Wenn sie nur nicht so viel saufen würde, und schwatzen.»

«Nicht ganz ohne, wo denn? Du gefällst mir, ohne Gehörschutz ist da nichts zu machen! Aber du hast recht, irgendwas läuft bei dieser Kapelle beim Tröckneturm. Wir sollten dranbleiben.»

«Soll ich mich bei den Rammbolds einrichten, nachts, um das Gelände zu überwachen? Büropräsenz wäre dann leider erst ab sagen wir 15 Uhr wieder möglich.»

«Chabis. Nochmals und zum Abgewöhnen: Kommt überhaupt nicht in Frage, ich brauche dich hier, umso mehr als ich mich in die Geschichte dieses Tröckneturms und des Burgweiher-Areals einlesen muss. Dringend. Hier könnte der Schlüssel liegen. Sieh mal, was ich mitgebracht habe.» Häfeli zeigte auf einen Stapel Bücher auf seinem Schreibtisch. «Bereite du das Protokoll mit dieser Madleina Wermut vor, zusammen mit Annegret. Und: Ich möchte nicht gestört werden!» Er setzte sich hinter seine Bücher.

Der Tröckneturm in Schönenwegen bei den Burgweihern – ein markanter Holzbau – sei eines der wichtigsten Wahrzeichen und Erinnerungsstücke an die Blütezeit der berühmten und erfolgreichen Sankt Galler Textilindustrie, Symbol einer längst vergangenen und vergessenen Zeit, las Häfeli. Na ja, diese Blütezeit ist weiss Gott schon einige Jahre vorbei.

Ein reicher Kaufmann kaufte 1825 die damals noch ausserhalb des Stadtgebietes in der Gemeinde Straubenzell gelegene Burg Waldegg und erbaute in den folgenden Jahren beim Unteren Burgweiher eine Garn- und Rotfärberei[44], 1828 den 25 Meter hohen hölzernen Turm, um die frisch gefärbten, langen Textilplanen zu trocknen; er war in zwei Bereiche unterteilt: Der östliche Teil, in dem Zwischendecken eingezogen waren, diente zum Trocknen von kurzen Textilbahnen; im innen offenen westlichen Teil wurden die langen Stoffbahnen aufgehängt. Der überhängende Dachstock ermöglichte dies ausserhalb des Turmes. Ein Fabrikant aus Emmishofen erwarb 1832 das «Etablissement für den türkischroth Druck» und damit auch den Tröckneturm.

Zu Beginn des 20. Jahrhunderts nahm die Gewässerverschmutzung stark zu, so unter anderem durch den immer stärker werdenden Eisenbahnverkehr und fehlende Kanalisationssysteme. So eignete sich das Wasser der Burgweiher nicht mehr für die Textilindustrie. Der damalige Besitzer gab das Unternehmen am Burgweiher auf und verlegte es ins Sittertal. Der Tröckneturm

---

[44]Türkischrotfärbung oder indischrot wurde im 18. und 19 Jahrhundert eine leuchtend rot gefärbte Baumwolle bezeichnet. Als Farbstoff dienten die getrockneten und gemahlenen Wurzeln des Färberkrapps, der eine licht- und waschechte Färbung ermöglichte.

blieb jedoch erhalten und wurde 1974 erstmals äusserlich saniert, 1997 eine Stiftung gegründet, um den historischen Bestand für die Öffentlichkeit zu sichern und eine Stätte der Begegnung zu schaffen. Zwischen 1999 und 2003 restaurierte die Stiftung den Turm komplett, der sich nun auch für Theateraufführungen, Hochzeiten und Familienfeste eignet.

Aha, Hochzeiten, Theater, soso. Häfeli legte das Buch weg, bestellte bei Kraienbühl Kaffee und las weiter:

Um 1475 erbauten Sankt Galler Handelsherren auf fürstäbtischem Hoheitsgebiet ausserhalb der Stadt auf Gebiet der Gemeinde Straubenzell die Burg Waldegg[45]. Bereits 1505 sei sie in fürstäbtischen Besitz gelangt und fortan als Sitz des Landhofmeisters genutzt worden. Als die Fürstabtei aufgehoben wurde kam sie wie viele andere Bauwerke in den Besitz des Kantons Sankt Gallens. Häfeli blätterte, und las, und blätterte weiter bis zu folgendem Hinwies: Heute sei die Burg in Privatbesitz und könne *nicht* besichtigt werden.

Ok. Das ist ja alles schön und gut, aber wo ist der Schlüssel zu unserem Fall? Irgendwo in der Geschichte dieser Burg oder der Kapelle? Wie hiess die schon wieder, *Maria Einsiedeln*; irgendwo in einem seiner Bücher fand er den Hinweis: Erbaut 1770, ursprünglich stand hier ein Wegkreuz. Zudem soll es sich um einen wichtigen Kraftort handeln. Aber welche Geheimnisse verstecken sie und der Tröckneturm? Da sollten wir unbedingt dranbleiben, dachte der Kommissar.

Krawatten und Strümpfe.
«Wie weit bist du mit deinen Abklärungen mit Annegret und Wichtelmann», fragte er seinen Assistenten. Neu hatte er zwei davon, Kraienbühl und Wetterstein. Ob das gut gehen würde? Wie sollte er die beiden auseinanderhalten, äh … fair beteiligen, berücksichtigen, betreuen, beschäftigen, ohne dass irgendwo Eifersucht und Missverständnisse aufkamen. Zu dritt ausrücken

---

[45] *Heute Fürstenlandstrasse 5.*

wollte er nach einer gewissen Angewöhnungszeit nur im Notfall; lieber mit Annegret oder mit Max?

Chabis. Mit seinem langjährigen Kollegen und Freund verband ihn eine gemeinsame Geschichte, Erlebnisse, auch schwierige. Und Annegret stand erst am Anfang, obwohl er sich eingestehen musste, er mochte sie sehr. Ihren Charme, ihre Spontanität und Tiroler Exotik, weit entfernt von der Sankt Galler Brötigkeit. Ihr Lachen. Ihre Augen und Haare. Beides kastanienbraun. Und generell. Schwierige Sache. Doch der Entscheid, Gretl herzuholen, war richtig gewesen! Eifersucht wäre ihrer Zusammenarbeit allerdings kaum dienlich, woher sie auch immer käme. Also: Vooorsicht!

«Hörst du mir überhaupt zu», erkundigte sich Kraienbühl leicht verärgert. «Manchmal wundere ich mich schon etwas … Also: Viel haben unsere beiden Suchkatzen in Wohlgemuths Wohnung nicht gefunden, ausser vielen Flaschen, volle und halbleere. Die leeren habe Wichtelmann murrend hinuntergetragen, der Frau zu liebe. Fluchend im Flur. Frau Wohlgemuth habe sich irgendwie verdächtig verhalten, unkooperativ, apathisch, schwierig. Schweigsam. Als ob sie Angst hätte. Wir sollten sie auf dem Monitor behalten.

Aber jetzt kommts: Wichtelmann und Wetterstein haben etwas sehr Spannendes entdeckt, das glaubst du nicht: Unter dem Bett fanden sie eine grosse Schachtel mit …? Roten Krawatten, genau jene, die uns schon mehrmals begegneten, die mit diesem seltsamen Emblem: CK und Totenkopf. Ferner – und das ist auch nicht uninteressant: Strapse und Strümpfe und Strumpfbänder in allen Farben, sehr schön, mit und ohne Naht, selbsthaftend und andere mit …»

«Schon gut, es reicht. Ich kann mir die Accessoires recht gut vorstellen. Aber wieso das alles? Und weshalb wurde Herr Wohlgemuth gerade im Wasserturm der Lokremise erstochen? Ein Beziehungsdelikt? Ein Dealer, der mit Krawatten und Strümpfen handelt, und mit was denn sonst noch?»

«Einen alten Schlüsselbund mit diversen Schlüsseln, die wir allerdings nicht zuordnen konnten, haben die beiden auch noch aufgestöbert. Seine Ex-Frau und WG-Partnerin hatte wieder mal keine Ahnung; sie kenne diese komischen Schlüssel nicht. Hier sind sie.» Kraienbühl legte den Schlüsselbund auf Häfelis Pult. «Du, und plötzlich kam Susi daher gehoppelt, das Eichhörnchen, handzahm und ungeniert. Richtig putzig. Süss. Das sei ihr positives Gegen-Ich, ihr persönliches Medium, sagte die trauernde Witwe, ohne Tränen. Weisst du was das ist?»

«Chabis. Item.

Hat Wohlgemuth den Honigmeier beliefert? Bestell' den für heute Nachmittag gleich mal her, und keine Ausflüchte, gell. Aber ich sehe keinen Zusammenhang zwischen Strümpfen und Krawatten … und Leichen. Du und deine Such-Katzen? Was mich auch noch interessieren täte, woher kommt die Ware und ist die Herkunft wirklich identisch mit jener des Toten im Wasserturm der Lokremise?»

«Das fragten wir uns zuerst auch, ob ein Bezug zur Sankt Galler Textilindustrie besteht, aber leider nein: Billigware aus China, eigentlich Ramsch. Wie üblich. Und absolut identisch, dazu brauchen wir kein Labor. Derselbe Hersteller.» Kraienbühl schwieg einen Augenblick.»

«Wetterstein und Wichtelmann hatten ebenfalls keine Idee, wir tappen wieder mal im Dunkeln. Gretl hat allerdings aufgedeckt, dass Wermuth Wohlgemuth vorbestraft war, ein Kleinkrimineller, handelte mit leichten Drogen, also nicht mit Alkohol, das nicht. Mit illegalen Substanzen, Aphrodisiatikas aller Art, Aktverlängerern, Antibiotikas, auch für Tiere geeignet, und Impfstoffen. Das glaubst du nicht. Ein zwielichtiger Geselle, das auf jeden Fall. Und der arbeitete bei diesem Honigbestatter? Sehr seltsam!»

«Möglicherweise liefen seine Zaubertränke und K.-o.-Tropfen im Netz nicht mehr wie gewünscht und er wollte sich ein zweites Standbein aufbauen? Synergien, leuchtet doch ein. Aber die Krawatten, was soll das?»

«Die könnten ein Erkennungszeichen sein, die Strümpfe natürlich nicht, aber wozu und für wen? Ein Geheimbund? Ein Krawatten-Bund … Schmuggler in Krawatten, Männer in Strapsen?

Übrigens haben diese roten Wohlstandsbändel ein kleines Geheimfach auf der Innenseite, für Juwelen, Haschisch, ein Liebesbriefchen. Oder ein Goldvreneli. Du, die Gretl kennt die Goldvreneli nicht, das gibt's doch nicht.»

«Klar, die kennen das nicht, die Österreicher, aber vielleicht den Josefs-Taler. Item. Chraie, du wirst ja richtig gut! Gute Idee. Konkurrenz belebt die Hirnzellen, gell, und nicht nur das. Wo ist eigentlich die schöne Annegret?»

«Äh …, die kommt gleich wieder», sagte Kraienbühl ein bisschen verlegen, «sie probiert nur rasch einige Strümpfe aus diesem Fundus, äh …, für die Fasnacht.»

«Das geht gar nicht, du weisst das.» Häfeli wirkte empört. Sollte er sich einmischen, sich aufregen, die Strumpfanprobe unterbrechen? Bald war Fasnacht, der Thorenball. Ob er nochmals mitmachen sollte? Dieses Jahr wäre es besonders günstig, Sabrina tanzte in Amsterdam. Tango. Das gab immerhin etwas Freiraum.

Freiträume.

Schmierfinkentreffen.
Morgen hatte die Wetterstein Geburtstag. Ob er ihr was schenken sollte? Etwas ganz Kleines. Nein, keine Strümpfe. Häfeli wollte. Und er hatte sich in seiner Lieblingsbuchhandlung umgeschaut, und war fündig geworden: Ein kleines rotes Büchlein mit einem etwas kurligen schwarz gekleideten Mann und schwarzem Hut, Zigarette und Fliege hatte ihn angejuckt: *Wenn das Herz denken könnte ...,* hiess es.

Er liess das Rote Büchlein als Geschenk einpacken und wollte es Annegret auf ihr Pult legen, als er realisierte, ihr noch eine kurze Widmung hineinschreiben zu wollen. Also: Auspacken. Schreiben. Blättern. Lesen. Er versank in dem kleinen Büchlein. Sehr interessant. Sollte er ein zweites für sich kaufen?

Oder als Geschenk für den Polizeivorstand?

Vitus Honigmeier traf leicht verspätet nach 14 Uhr im Kommissariat 2 ein – tat gestresst und wirkte sehr erstaunt, als er die beiden Polizisten erkannte. «*Sie* sind das also. Das hätte ich nicht gedacht, dass Sie …, na ja. Jetzt bin ich ja da, ich muss mir jede Minute vom Mund absparen, bei dieser Flut an Offerten, Aufträgen, Abschiedsessen – auch das organisieren wir. Wir tun alles, für unsere Kunden, für ihre Zufriedenheit und ihr Wohlergehen. Aber das habe ich Ihnen alles schon erzählt.

Sind Sie inzwischen weiter gekommen mit Ihrem Anliegen, Ihren Wünschen, nur Sie zwei?» Der Sterbehelfer, Bestatter und Schmierfink in corpore lächelte hämisch. Und wer ist denn da die Schöne an Ihrer Seite, Ihre Tochter?» Honigmeier deutete auf Annegret.

«Guter Mann, seien Sie vorsichtig was Sie sagen, obwohl ich Honig an sich mag, könnte es für Sie sehr rasch sehr ungemütlich werden; wir halten hier im Amtshaus immer ein Zimmer für Sie bereit. Also! Annegret Wetterstein, durchaus wetterfest. Kommissarin. Auch bei ihr ist Vorsicht am Platz. Und ich rate Ihnen, keine Märchen zu erzählen.» Häfeli gab den beiden einen Wink und machte es sich auf seinem neuen Sofa bequem, alle drei im Blickfeld. Hier liesse sich sogar gemütlich übernachten.

Die Wetterstein setzte sich auf seinen Stuhl an seinem mit Papier überstellten Pult, Kraienbühl seitlich davon, den Sterbehelfer im Visier.

Zunächst schwafelte dieser aber gut gelaunt und frohgemut weiter. «Was fällt Ihnen eigentlich ein, mich mitten am Tag aufs Amt zu bestellen, gerade jetzt, wo ich und meine Leute so viel zu tun haben, so viele Pendenzen und Anfragen abarbeiten müssen – oder dürfen, wie Sie möchten. Das Geld liegt momentan buchstäblich auf der Strasse. Die Zeiten sind zwar hart, und manchmal auch traurig. Mein Sarglieferant hat Lieferschwierigkeiten, trotz Schichtarbeit. So sieht's aus.

Und wie läufts bei Ihnen, haben Sie sich endlich entschieden?»

«Es geht hier um Sie», knurrte Kraienbühl, kurz und knapp.

«Mein Betrieb und alles drum herum ist sauber, auch die Finanzen, keine Schwarzarbeit, keine illegalen Substanzen, alles in bester Ordnung. Alles korrekt, wir halten uns an die gesetzlichen Vorschriften und Regeln, keine Mauscheleien, sogar was unseren sehr beliebten *Abschiedscocktail* betrifft. Ärztliche, psychologische und seelsorgerliche Begleitung, Patientenverfügung und letzter Wille, Unterschriften, alles da. Möchten Sie einmal als Gast dabei sein, ich könnte auch das arrangieren.»

«Wir verzichten ...» Annegret Wetterstein schaute zu Kraienbühl hinüber, der jedoch ebenfalls kein Interesse zeigte.

«Also, geben Sie sich keine Mühe. Wir sind eine seriöse Firma in einem florierenden Nischengeschäft, nicht börsenkotiert, noch nicht, mit einer aufgestellten und zuverlässigen Crew, loyal und nie ein böses Wort. Also bis auf den Herrn Wohlgemuth, den ich entlassen musste, aber das erzählte ich Ihnen bereits bei unserer ersten Séance.»

Séance! Kraienbühl verzog den Mund und der Kommissar hörte ihn im Stillen *Arschloch* sagen, Annegret schien sich zu amüsieren, musste sich aber erst noch an den lokalen Dialekt gewöhnen. «Gewöhnungs-Sache», sagte sie manchmal.

«Sind Sie eigentlich verheiratet?» fragte Kraienbühl unvermittelt. Honigmeier wirkte überrascht, die Spannung stieg.

Pause.

«Spielt das für Sie eine Rolle? Ich sehe da keinen Zusammenhang. Aber wenn es Sie so brennend interessiert, nein. Nicht dass ich wüsste, ich lebe alleine. Unverheiratet. Oder besser noch: Geschieden, aber das ist schon lange her. Und besser so. Oder Gott sei Dank – obwohl, Gott sollte man nicht ständig bemühen, auch in unserem Gewerbe nicht. Sie verstehen.»

«Gut gut, stellen Sie uns mal Ihre Crew vor, damit wir uns ein Bild machen können; wir nehmen übrigens unser kleines Gespräch auf, somit wissen wir später alle noch, was Sie uns erzählen. Bitte, auf geht's.» Vitus Honigmeier schaute die Polizistin böse an, setzte aber rasch wieder seine fröhliche Eloquenz-Maske auf.

«Also zum Mitschreiben: Zuerst komme ich. Ich bin der CEO, Kopf und die Seele zugleich; Besitzer und Geschäftsführer. Und übernehme die heiklen Fälle und Spezialaufgaben.

Lavinia Wasserfall, unsere Sekretärin und Mädchen für alles, kaufmännische Directrice, wenn Sie so wollen: Buchhaltung und IT, Leichenwäscherin, Floristin und so weiter. Alles in einer Person. Sehr tüchtig, sehr flexibel. Dann haben wir noch, äh:

Roland Breu, nein, kein Velofahrer, unser medizinischer Fachberater in Grenzfällen, Zeremonienmeister und Geschichtenerzähler. Moderiert gerne und oft, an seiner Brust darf man sich ausweinen. Das wird zunehmend häufiger verlangt, vor allem von Frauen. Ein ganz wichtiger Mann. Eine Vater-Figur, ältere Menschen mögen das ebenfalls; und nicht nur die. Zu dritt sitzen wir hier, äh ... ich meine in der Geschäftsleitung. Und wenn eine Frau mit diesem Charisma gewünscht wird, verkleidet sich unser Roland entsprechend.» Honigmeier überlegte kurz.

«Hinzu kommen unser athletischer Chauffeur-Schreiner-Coiffeur für individuelle Wünsche und Anpassungen sur Place und zwei Sargträger, freischaffend. Auf Abruf. Rentner oder gelegentlich Platzanweiser aus dem Theater, die passen auch – wichtig ist der schwarze Anzug, etwas Kraft und Psychomotorik. Und Stil. Einkaufswägeli-Schieben im Migros ist für die heutigen Oldies keine Option mehr. Endgültig vorbei.

Sie können sich aber gerne bei uns auf die Warteliste setzen lassen, Genosse Häfeli. Hinkebein & Co. oder so geht bei uns natürlich nicht. Brauchen Sie noch weitere Namen? Gerne.»

Särge aus China.

«Übrigens: Ausflüge im Sarg werden immer beliebter, besonders begehrt ist zur Zeit der *Stoss* mit Besichtigung des Schlachtdenkmals von 1405 und natürlich die Schwägalp. Überführungen ins Ausland, Südosteuropa zum Beispiel, bieten wir bewusst nicht an. Das überlassen wir den Billig-Bestattern, zum Discount-Preis. Das ist uninteressant für uns. Wir sind ein seriöses Unternehmen, wenn Sie verstehen was ich meine. Sorgfalt, Präzision und Nachhaltigkeit ist unser Motto.

«Särge in allen Preislagen und Ausstattungen kaufen wir zu, im Ausland. Die billigsten Modelle kommen aus China, aber das kennen Sie ... Bei unbehandeltem Holz wird es natürlich teurer.

Hochpreisig sind Einbalsamieren und Vergolden. Na ja, jedem nach seiner Façon – und seinem Portemonnaie.

Reicht Ihnen das?»

«Uns reicht es schon lange, wir kommen wieder auf Sie zu, falls notwendig», verkündete Häfeli nicht gerade freundlich. «Aber warten Sie, eine Frage hätte ich noch: Blieben Sie nach der Entlassung von Wohlgemuth noch im Kontakt mit ihm?»

Honigmeier schüttelte den Kopf. «Nein. Und vergessen Sie nicht, ich und mein Team stehen Ihnen jederzeit gerne zur Verfügung, Tag und Nacht, wenn Not am Mann ist. Sie verstehen.»

Leise schloss er die Türe.

«Was meinst du zu diesem Schleimmeier und seiner Firma? Zu seiner Tätigkeit: Sterbehilfe, generell? Und du bist nun sein Genosse?» Kraienbühl schüttelte sich.

«Sterbehilfe. Na ja, ein schwieriges Thema, aber so abwegig ist die Sache nicht, wenn man es sich genau überlegt, und es korrekt zu und her geht … Das ist natürlich die zentrale Frage. Gerade bei solchen Leuten wie Honigmeier.»

Pause.

«Überleg' doch mal, du sitzt in einem Pflegeheim fest, wie ein Koffer im Fundbüro, du kannst dich nicht mehr bewegen, nicht sprechen, kaum noch atmen, kennst deine Liebsten nicht mehr, wirst mit Porridge und anderem Mus gefüttert. Oder künstlich ernährt. Kannst nicht aufstehen, kannst gar nichts mehr tun als warten. Warten auf den Tod, der nicht kommen will. Grässlich.

Du kannst vielleicht deine Hand noch heben, aber deine Pistole wurde dir abgenommen. Zur Sicherheit. Dein Abschiedsgetränk könntest du noch selber trinken, aber du kommst nicht mehr auf die Idee. Du bist dement. Gaga. Eingesperrt in deinem Körper, den du nicht verlassen kannst. Verdammt, zu warten. Möchtest du das?»

«Ich könnte mir sehr gut vorstellen, *es* zu tun, wenn es mit rechten Dingen zu und her geht und ich nur noch leide, keine Hoffnung auf Besserung. Schmerzen ohne Ende. Das möchte ich nicht», sagte Annegret. Kraienbühl schwieg.

«Wie gesagt, ein sehr schwieriges Thema. So. Ich gehe nach Hause, Schneeschaufeln und Nachdenken. Ihr beide könntet endlich das Protokoll zum Wirt des Alt Sankt Gallens kreieren und überlegen, was wir haben – Fährten, Möglichkeiten, Aussichten? Ich bin gespannt auf eure Erkenntnisse zu diesem Othmar Muff. Also bis morgen, viel Erfolg. Tschüss.»

«Wolltest du ursprünglich nicht dabei sein?» Doch Häfeli hatte ihn nicht mehr gehört. «Sehr originell. Schneeschaufeln und Nachdenken! Sehr witzig.» Kraienbühl nahm ein Kägifret aus der Früchteschale seines Chefs.

«Komm wir machen uns an die Arbeit», verkündete die Wetterstein. «Aber du könntest schon mal Kaffee organisieren, gell. Bei deiner Larissa, von mir mag sie es nicht so gern. Sie bekommt dann stets so einen unwilligen Zug um den Mund. Giftig. Auch wenn der Kaffee richtig gut ist.» Annegret lachte.

Um 23.30 Uhr schellte bei den Häfelis das Telefon. Eifrig. Vielleicht seine Frau? Um diese Zeit, seltsam. Häfeli, im weissen Nachthemd, mit Zahnbürste vor dem Spiegel im Bad, entschloss sich, trotz beachtlichem Widerwillen den Anruf entgegenzunehmen. «Was, *Sie* schon wieder, wieder ein Notfall? Wir kommen, dauert circa eine Viertelstunde, wenn's recht ist. Adieu!» Dann rief er seinen Assistenten an. «Chraie, bist du noch wach und munter, trocken sowieso? Dann komm schnell, hol mich bitte ab. Es ist wichtig. Ein Einsatz. Bis bald.»

Tifig[46] zog sich der Kommissar um, steckte seine Pistole ein und wartete. Seine beiden Engel schliefen tief und fest. Auf dem Küchentisch hatte er auf einem Fresszettel flüchtig hingekritzelt: «Bin rasch weg, macht euch keine Sorgen und schlaft weiter», und ein Herz hingezeichnet, das lachte.

---

[46] *Dialekt: schnell, wendig.*

Aus dem Küchenfenster sah er Kraienbühl vorfahren. Mit seinem neusten Vehikel, ein Trabbi[47], auch Rennpappe genannt. Direkt-Import. Der roste weniger als ein Käfer.

«Was gibt's denn so Dringendes, mitten in der Nacht? Ich war bereits im Bett!» Die Chraie wirkte tatsächlich ziemlich verschlafen.

«Schön, dass du so schnell kommen konntest! Vielen Dank. Bei mir ist eine spannende Meldung eingegangen – und ich wollte nicht alleine dorthin fahren, mitten in der Nacht, du weisst doch.»

«Angst? Oder … Ach die schon wieder, spinnt sie nun auch nachts, hat Durst – oder Lust?»

«Chabis! Einige dunkle Gestalten sollen sich beim Tröckneturm zu schaffen gemacht haben, mit Schaufeln und Pickeln, Spaten und so, erzählte Moni, äh… die Rammbold, du weisst schon. Wir treffen uns bei ihr in der Wohnung und schauen uns das zuerst von dort aus an. Mit ihrem Feldstecher. Los los.»

Wenige Minuten später klingelten sie bei Rammbold an der Fürstenlandstrasse 43b und hetzten die Treppe hoch. Die Wohnungstür im 3. Stock war nur angelehnt.

Schwarze Kapuzen.

«Wir kommen», rief Häfeli; die beiden traten ein und sahen die Rammbold Moni am Fenster stehen, ein verblüffender Anblick, ihren Po, fast nackt, mit dem Feldstecher in der Hand, und damit wild in der Luft herumfuchtelnd. «Sehen Sie mal diesen Ausblick, fantastisch.»

Fantastisch. Tatsächlich. Eine Pause.

«Dort unten, sehen sie selbst!» Sie drückte Häfeli das Fernsichtgerät in die Hand, infrarot nachttauglich, dabei berührten ihre Brüste seine Hand. Häfeli reichte den Feldstecher unverzüglich an Kraienbühl weiter, «schau du mal zuerst, was da los ist» und sah sich die Frau etwas genauer an: Und siehe da, die Rammbold Moni stand knapp bekleidet am Fenster, in einem transparenten,

---

[47]Trabant. DDR-Kleinwagen, 2-Taktmotor und Kunststoffkarosserie; heute Kult-Status.

schwarzen Negligé und Tanga, lindengrünen Strümpfen mit üppiger Bordüre, etwas gar knapp und kurz, um Besucher zu empfangen. Noch mehr überraschte ihn, dass die Frau heute nicht nach Alkohol roch, sie roch richtig fein, aufreizend, und irgendwie hatte er das Gefühl, sie sei nicht alleine in der Wohnung, ob er nachschauen sollte?

«Sind Sie alleine, und wie lange dauert das schon, hier?»

«*Sie* sind ja wieder mal drollig! Natürlich bin ich alleine, wo denken Sie hin.» Die Frau tat entrüstet. «Mein Mann ist noch nicht zu Hause, ich warte auf ihn – mein Liebhaber hat heute dienstfrei.» Dabei zirkelte ihre Zunge ziemlich maliziös über die auffällig und üppig silbern mit einem leichten Grünstich geschminkten Lippen. «Und wie meinen der verehrte Herr Polizist, wie lange das schon dauert, und was genau? Die Warterei, auf Sie?»

Häfeli wollte mit Chabis quittieren als er von Kraienbühl in die Realität zurückgeholt wurde: «Da läuft was, dort unten, wir müssen sofort los. Los, wir rufen Verstärkung und den blauen Kastenwagen, damit alle Platz haben!»

«Darf ich mitkommen – oder soll ich hier so auf Sie warten?» flötete die Rammbold.

«Ziehen Sie sich besser was an, dann erkälten Sie sich nicht, und ja, wir kommen wieder auf Sie zu, aber wohl nicht in dieser Nacht. Gute Nacht.»

Die beiden rannten die Treppe hinunter. «Wir müssen von der anderen Seite zufahren, via Burgstrasse, Zürcher Strasse, Parkplatz Burgweiherweg, von dort zu Fuss. Hast du das den Kollegen gesagt? Die Wetterstein soll auch gleich mitkommen, mitmachen, wir dürfen sie nicht aussen vor lassen, das gibt Ärger, das sag ich dir. Ich höre bereits EFD meckern. Und bitte *ohne* Sirenen und Blaulicht anreisen.»

«Natürlich!» antwortete Kraienbühl und fuhr rassig weg. «Du, so ganz nüchtern betrachtet, nüchtern sieht die Rammbold ziemlich sexy aus, geil, gell. Du pass auf! Hast du den Spruch auf ihrer Unterhose gesehen? Ganz schön frech, gewagt. Eine Einladung!»

«Untersteh' dich zu rezitieren, ich möchte es gar nicht hören. Punkt. Und Unterhose ist etwas gar grossspurig gesagt, nicht. Das Bild habe ich noch bestens präsent, in meinem Kopf, und den Text ebenfalls.

Wir sollten uns auf das Wesentliche konzentrieren.»

Das Auto stellten sie auf dem Parkplatz beim Waldackerweg ab und schlichen zur Kapelle hinüber, soweit möglich im Schutz der Gebüsche, damit sie von einer allfälligen Wache nicht frühzeitig entdeckt würden. Eine dunkle, wolkenverhangene Nacht, nur durch den Schnee schwach beleuchtet sahen sie eine Szenerie, die ihnen das Blut in den Adern gefrieren liess. An der hinteren Stirnseite des Kirchleins mit Sichtkontakt zum Tröckneturm sahen sie einige vermummte Männer in der Wiese herumstochern, mit Schaufeln, Spitzhacken, Spaten und Stangen. Einige davon tanzten zwischenzeitlich um ein kleines Feuer herum, ekstatisch, bevor sie ihre Arbeit wieder aufnahmen und das Werkzeug ergriffen. Einer trommelte leise auf einem Bierfass herum. Hatten die das soeben ausgetrunken? Nun begann es auch noch zu nieseln. Gespenstisch. Gruusig!

Manchmal trugen die Männer in Kübeln etwas weg, zurück zum Lastwagen deponierten dies dort, stocherten weiter in der Erde herum und hin und wieder transportierten sie irgendwelche Gegenstände, es sah aus wie Säcke, vom Lastwagen an den Rand des alten Gemäuers.

«Keine Wache, die fühlen sich sicher, graben die Wiese um – wozu? Sollen wir schon jetzt zupacken?» flüsterte Kraienbühl.

«Psst, wir warten noch; geh bitte rasch zurück zum Parkplatz und bestell eine zweite Equipe, aber leise. Ich möchte noch etwas genauer sehen, was die Kerle hier treiben, vergraben, ausgraben. Weiss der Teufel was. Und das Handy abstellen, hier, gell. Das gilt für alle.» Kraienbühl schlich vorsichtig davon.

Häfeli wandte sich wieder den Wühlmäusen mit den schwarzen Kapuzen zu, gespenstisch leuchte manchmal etwas schummrig rot oder weiss auf, kurzfristig beleuchtet von abgeblendeten Taschenlampen.

Die Rammbold Moni kam ihm wieder in den Sinn, die erotischen Bilder, die lindengrünen Strümpfe, die silbern mit einem leichten Grünstich lackierten Finger- und Zehennägel, das Gefühl, es befinde sich noch jemand in der Wohnung, aber wer? Ob er sie nach diesem Einsatz nochmals besuchen sollte, um herauszufinden … Was eigentlich? Eigentlich konnte es ihm egal sein, wer da bei ihr aus und ein ging.

Heute Nacht hatte sie wirklich sehr aufregend ausgesehen, die Rammbold Moni.

Das Gespräch mit diesem Honiggeier ging ihm durch den Kopf, das geschiedene Ehepaar Wohlgemuth, mit ihrem Wermut- und Krawattenlager, der Wirt des Alt Sankt Gallens mit seiner Guillotine und dem Kunstblut auf dem Tisch.

Sabrina, wie es ihr wohl ging, in Amsterdam? Sie hatten vereinbart, nur einmal pro Woche miteinander zu telefonieren, ausser im Notfall, immer am Samstagmittag, so um 13 Uhr. Morgen war wieder Samstagmittag. Auch hier beschlich ihn ein ungutes Gefühl, das er jedoch leicht verärgert wegdrückte.

Händel aller Art.
Der Kommissar wandte sich wieder der dunklen Szenerie zu. Die ackern eine Wiese auf und zum Vorschein kommt – ein Friedhof, oder was? Feuchtigkeit und Kälte krochen ihm durch Hose und Mantel, auf Herzhöhe blieben sie stehen, verharrten im Treibeis. Häfeli hörte das Knarren und Kratzen der Schaufeln auf und in der Erde, wenn die Männer auf Steine stiessen, das Knacken von Holz, oder so was. Knochen? Häfeli fröstelte und war froh, als seine Kollegen eintrafen. Gemeinsam schauten sie noch einige Minuten zu. Dann gab er das Signal: Zugriff, und Zupacken. Die Polizisten rannten auf die Kapuzen-Männer und ihr Fahrzeug zu. Geschrei, unflätiges Fluchen. Handschellen knackten. Gemurmel im Nebel.

Polizeiwachtmeister Manz meldete wenig später, sie hätten insgesamt sieben «Arbeiter» erwischt und in Handschnellen gelegt. Arretiert. Häfeli befahl, den Männern die schwarzen Kapuzen abzunehmen, doch es kamen keine bekannten Gesichter zum Vorschein. Ein etwa 45jähriger smarter Herr in Krawatte und Designermantel stellte sich als Carsten Castell vor, zuständig für Tiefbauarbeiten und Händel aller Art.

«Soso. Da sind wir ja gespannt. Vorbereiten zum Abtransport unter der Leitung von Wachtmeister Manz, die ganze Gesellschaft auf die freien Zellen im Amtshaus verteilen, den Herrn Castell in den Vernehmungsraum. Zwei Männer bleiben hier und bewachen das Gelände – oder was wir noch finden; Annegret und du Chraie kommen mit mir, wir schauen uns die Baugrube aus der Nähe an, oder den Friedhof.» Häfeli zuckte innerlich zusammen. Hatte er zufällig wieder mal ins Schwarze getroffen?

Was die Polizisten am Rand der Kapelle sahen, verschlug ihnen die Sprache: Aufgebrochene Erde, Reste von Holz und Skeletten, Knochen und Grabbeigaben aller Art lagen herum, teilweise in Kübeln zum Abtransport bereit. Da und dort glotzte sie ein Schädel an, dunkel und leer die Augenhöhlen. Ein geöffneter alter Friedhof, illegal oder antik? Bei diesem unscheinbaren Kirchlein. Beim Tröckneturm.

Unter den Füssen von Kraienbühl knirschte es verdächtig. «Du stehst auf einem Unterkiefer, lieber Freund», zischte Häfeli verärgert. «Da hilft kein Orthopäde mehr. Pass doch auf!»

«Und was ist mit den Säcken dort drüben?» Annegret zeigte auf die unförmigen Gebilde und machte einige Schritte auf diese zu. «Wäh, das riecht aber streng, so süsslich … Widerlich! Seht mal, dort schaut ein Arm aus dem Sack heraus, schrecklich. Das ist ja wie auf der Geisterb …»

«Nur, dort stinkt es nicht so gewaltig», antwortete Kraienbühl. «Das ist ja unerträglich. Wie viele sind es?»

«27 – wenn ich richtig gezählt habe.»

Häfeli bat Kraienbühl, die Spusi zu benachrichtigen und das Gelände durch zwei Uniformierte provisorisch sichern zu lassen. «Bitte überwach' das; Annegret und ich fahren unterdessen zurück ins Kommissariat und nehmen uns den Chefleichenfledderer zur Brust, diesen Castell.»

Tom Wichtelmann stehe erst morgen für eine so grosse Sache zur Verfügung, meldete Kraienbühl nach kurzer Zeit. Er wirkte wenig begeistert von der Perspektive, hier einige Stunden womöglich bis in den frühen Morgen hinein zu verbringen. Die Geisterbahn vor Augen. Alleine.

Im Amtshaus wartete Carsten Castell ungeduldig auf die beiden und beschwerte sich; auf das Verhör reagierte er aggressiv oder schwieg beharrlich.

Abwechselnd stellten Häfeli und Wetterstein Fragen. Erfolglos. Castell antwortete nur ein einziges Mal und sagte: «Ich schweige wie ein Grab. Basta. Damit müssen Sie leben. Ich habe ein Recht zu schlafen, in der Nacht. Ich möchte morgen meinen Anwalt sprechen. Nach dem Frühstück; nehmen *Sie* die Bestellung auf?»

Häfeli schaute auf seine Armbanduhr. 03.35 Uhr, zeigte diese an. «Wir brechen ab; bringen Sie den feinen Herrn in seine Zelle, Einzelzimmer. Bitte, Wachtmeister Manz.»

Kraienbühl rief an und fragte, ob er die ganze Nacht hierbleiben müsse, bei dieser Saukälte.

«Wenn du alles korrekt organisiert hast, kannst du nach Hause gehen. Die beiden Kollegen sollen sich in ihrem Wagen vor dem Friedhof und den Leichen postieren, und vor allem den Überblick behalten, nicht dass jemand mit den Säcken verschwindet. Vielen Dank und gute Nacht, bis morgen. Denk an die Haftbefehle, die brauchen wir dringend.»

Daheim wartete Gypsy, Häfelis Katze, sehnsüchtig, und hoffte auf ein zweites Nachtessen. Auf dem Tisch lag ein Zettelchen von Patrizia: «Habe die Katze gefüttert. Erledigt. Obwohl sie noch mehr wollte. Wie immer.»

Katzen sind schlau. Katzen sind in ihrer nonverbalen Kommunikation absolut herrlich.

Genial!

Födlibürger?
Am nächsten Tag kam Häfeli verspätet und verschlafen ins Büro. Er hatte wenig und schlecht geschlafen, die Nacht war weiss Gott kurzweilig gewesen, und dann musste er am frühen Morgen auch noch Frühstück und Znüni für seine beiden Lieblinge vorbereiten. Die Katze versorgte er ebenfalls meist selbst, wenn sie denn anwesend war. Er hatte wieder mal schlecht geträumt, diesmal von seinen Brüdern und von Fräulein Lutz, der behinderten Putzhilfe. Eine der gröberen Nervensägen seiner Kindheit, die ihm in ihrem Putzfimmel seine Spielburgen zerstörte, nicht willentlich, weh tat es trotzdem; oder Modellautos verschungelte[48], mit dem Staubsauger oder dem Besen herumfuhrwerkte, dass selbst Teufel und Krampus[49] Hören und Sehen verging. Auch die hätten sich so schnell als möglich in Sicherheit gebracht, bevor Fräulein Lutz ihnen mit der Schuhbürste oder dem Reisigbesen zünftig eins über die Birne gestrichen hätte. Unabsichtlich natürlich. So war das damals.

Der Morgen begann ausserordentlich hektisch und nervig. Kaum hatte er sich in seinem Reich niedergelassen, am Bürotisch und nicht auf dem Sofa, läutete ununterbrochen das Telefon: Der Anwalt von diesem Castell verlangte einen Termin. Patrizia hatte ihre Turnsachen vergessen und bat, diese zeitnah, also sofort, in die Turnhalle zu bringen. Das Krematorium rief an und informierte, der Rundgang durch die Heiligen Hallen sei vorgemerkt und könne in den nächsten zwei Tagen wie gewünscht stattfinden. Ohne Apéro. Im Moment sei es jedoch besonders interessant, da sie quasi Full-House hätten. Soso.

Polizeivorstand Freiluft-Dieterle wolle den Kommissar ganz dringend sprechen, meldete die Schneider. «Er wünscht die Wochen-Bilanz heute zu sehen, tut mir leid!»

---

[48]*Dialekt: unabsichtlich verschwinden lassen.*

[49]*Dämonische Schreckgestalt im Alpenraum, oft mit Holzmaske einen Ziegenbock symbolisierend zur Adventszeit mit dem Heiligen Nikolaus (!) unterwegs. Kinderschreck.*

Dann meldete Nachbar Hugelshofer telefonisch, die hochverehrte Nachbarin Dorothea Engels[50] sei unerwartet verstorben, leider erst nach einigen Tagen vermisst und so recht spät gefunden worden. Endlich. «Du Häfeli, wir müssen uns sofort treffen, um das weitere Vorgehen zu besprechen. Und den Fasnachtsball, du weisst schon … Passt es dir heute Abend, zu einigen Caipiroscas?» Häfeli blieb vage. Er melde sich allenfalls, rechtzeitig. Und hochverehrt sei da gar nichts und niemand.

Auch Kraienbühl ging ihm auf den Wecker, erzählte dieser wieder mal überschwänglich von seinen neusten Ideen und Projekten, die er in der kurzen Nacht noch ausstudiert hatte. «Ich lass' mir ein Tattoo stechen, so wie ich's bei der Rammbold Moni gestern gesehen habe, auf dem Oberschenkel vorne und hinten, weit oben, seitenverkehrt natürlich. Klar, nicht genau dasselbe Symbol, das ist nichts für Männer, da stimmst du mir sicher zu? Hast du es auch bemerkt, gestern Nacht, wie sexy die Rammbold Moni dreinschaute, äh … ausschaute?»

Häfeli wurde sogar noch beim Chabis unterbrochen, durch Annegret Wetterstein, die den Schluss von Kraienbühls Ansprache noch knapp mitbekommen hatte.

«Was habt ihr nur immer mit dieser Frau, die ist doch nicht sauber, dass ihr das nicht merkt. Männer! Aber wisst ihr was, ich habe sie entlarvt, ihr werdet staunen.

Ich war heute Morgen etwas früher hier, im Gegensatz zu euch, gell, und hab in eurer Abwesenheit meine Berechtigungen am PC gecheckt, Einwohneramt, Steuerdaten, Betreibungen, uneheliche Kinder, und was uns sonst noch interessiert, gell; auch über euch.» Annegret lachte. «Und jetzt kommts: Eure Moni ist gemäss Einwohnerkartei noch zu haben, *nicht* verheiratet steht dort, und lebt allein an der Fürstenlandstrasse 43b, ihr Glückspilze. Da heisst es zugreifen meine Herren. Zu drollig, das Ganze!»

«Chabis!» Häfeli kam nun doch noch zu seinem Lieblingsausspruch. «Die war gestern eindeutig im Paarungsmodus und hat

---

[50] *Zu nachbarschaftlichen Freuden und Ärgernissen vgl. Endzeitzauber und Galgenvögel, Band 1 und 2 der Trilogie Mord in Sankt Gallen.*

uns überdies was anderes erzählt, gell Chraie. Erstaunlich, obwohl, wichtig ist es eigentlich nicht.» Kraienbühl nickte.

«Die wollte euch testen, oder wie sagt man hier, gluschtig machen, oder narrisch – wie ich sehe, ist ihr das absolut gelungen.»

«Was hast du sonst noch aufgespürt, in diesem Bereich?»

«Nix, was ich euch erzählen möchte oder müsste.» Die Wetterstein lächelte vielsagend. «Schaut doch selbst nach!»

Pause

Und etwas später: «Was ist jetzt mit eurem Fasnachtsball, sollen wir da alle drei hingehen, verkleidet natürlich, unkenntlich für alle?»

«Gute Idee!» Kraienbühl freute sich, Häfeli brummte etwas Undefinierbares das nach «weiss es noch nicht so genau» tönte.

«Du, da lese ich gerade in der Zeitung, der Verschuss des Ehren-Föbüs[51] ist dieses Jahr kurzfristig abgesagt worden», bemerkte Kraienbühl ziemlich verdutzt. «Und weisst du wieso? Nein, nicht weil die Kanone wieder einmal kaputt ist; und ja, es haben sich viele gemeldet, die meinten, sie würden sich eignen, sie hätten genug Födle gezeigt, im letzten Jahr, auch Frauen. Sind aber alle zusammen völlig ungeeignet, schreibt das Fasnachts-Komitee.»

«Alles Autisten. Damit es klar ist, es geht hier nicht ums Hosen herunterlassen, na ja, höchstens ein bisschen, für Halbprominente und Fast-Wichtigtuer. Wer hat denn in dieser Stadt überhaupt noch Mut, und Humor, das braucht's nämlich auch noch. Äbä Födle!» Der Kommissar machte eine abschätzige Handbewegung. «Und so wurde der Brauch zu einer Farce, über die Jahre hinweg inflationär abgewertet. Bis nichts mehr da ist. So laufen sich alte Bräuche zu Tode, und verschwinden. Der Entscheid war in diesem Fall der einzig Richtige. Vielleicht finden die im nächsten Jahr wieder mal einen echten Födlibürger? Männlich oder weiblich spielt keine Rolle.»

---

[51]*Sankt Galler Fasnachtsbrauch für Männer und Frauen mit Födli, also mit Mut, auch für Möchtegern-Mutige geeignet. Durch den «Verschuss» mit Max Oertlis Konfetti-Kanone wird der/die Kandidatin in den Ehren-Föbü-Himmel befördert.*

«Soll ich dich anmelden?»

«Chabis! Und wenn es nicht der einzige Sankt Galler Fasnachtsbrauch wäre auch nicht schade. Übrigens: Hugelshofer, mein Lieblingsnachbar und grossartiger Banker, würde sich bereit erklären, das Amt zu übernehmen. Uneigennützig und ohne Kostenfolge, selbstverständlich.»

«Aha. Bleiben noch die Schnitzelbänkler übrig, die Lästerzungen und wie die alle heissen. Ob das ausreicht für die Zukunft? Na ja, vielleicht mit Dolmetscher, wie in der Schule bei den Elterngesprächen? Und wer weiss, ob es den Thorenball nächstes Jahr noch gibt.»

Am Abend erschien wie angedroht Lieblingsnachbar, Banker und (ursprünglich) Oberst im Generalstab Gottfried P. Hugelshofer bei Häfeli in der guten Stube, wie vereinbart, meinte dieser, «um das Ableben der lieben Nachbarin Dorothea Engels», ihres Zeichen Sängerin und Sammlerin, «zu feiern, äh …, zu besprechen». Ob ihm die Details im Büro noch nicht zu Ohren gekommen seien? Ganz schrecklich, sei es gewesen, ihr Bruder habe sie gefunden, zufällig, weil sie das Telefon nicht mehr abgenommen habe, sei er angereist, aus Zürich. Tragisch.

«Das glaubst du nicht, was der mir erzählte.» Hugelshofer schwatzte drauflos, fast ohne Pause, und wenn eigentlich nur, um sich einen kräftigen Schluck zu genehmigen.

«Schaurig sage ich dir! Schaurig. Und das in der heutigen Zeit.»

Pause.

«Also, der Beatus, so heisst der Bruder, entdeckte die tote Dorothea in leicht angebratenem Zustand, behauptete er. Muffig und überstellt, wie halt Wohnungen von Messis so ausschauen, gell. Dann sei der Bestatter mit einer halben Kompagnie von Fachleuten gekommen: Amtsarzt, Polizei, Rechtsmediziner. Tierarzt. Pfarrer. Finanzberater. Steuerämtler. Besitzer der Liegenschaft. Grabsteinlieferanten. Und schliesslich auch noch ein Vertreter der TotoX-Wette. Als alle da waren erfolgte eine penible Sichtung der Toten, Augenschein in alle Körperöffnungen, Suche nach Quetschungen, Suizid oder was anderes, Fremdeinwirkung, zum Beispiel der Katzen, Beulen und weiss der Gugger noch was. Beatus sei sich wie ein Schwerverbrecher vorgekommen», erzählte Hugelshofer frisch und froh. «Gestern Abend hat er mir alles gebeichtet.»

«Das läuft heute so, wenn die Todesursache ungewiss oder nicht klar ist», bemerkte Häfeli lakonisch. «Völlig normal. Im Prinzip. Aber etwas überdotiert, tatsächlich.»

Tauben und Träume.

«Ok ok, ist ja alles in Ordnung, mit der Engels. Komm wir nehmen noch einen Caipirosca, gerne. Der wievielte ist es denn schon?»

«Der Vierte, und der Letzte.»

«Also gut. Aber jetzt kommt das Beste, der letzte Wunsch von Dorothea sei unbedingt und in allen Details zu beachten, meinte Beatus, der spinnt ebenfalls, glaube ich: Sie wolle sich vom Quartier so richtig vornehm verabschieden, also gebührend, meinte sie. Da sie keine Erdbestattung wünsche, sollten vier kräftige Männer ihren Sarg fünf Tage nach ihrem Ableben durch das Quartier tragen, mittags um 12 Uhr, fünfmal um unsere Häuser herum, zusammen mit ihren Musiknoten, Papier brennt ja gut, gell. Mindestens bis um 13 Uhr.»

Pause.

«Dieser Beatus fragte mich, ob ich noch zwei kräftige Männer, gute Freunde, auftreiben könne, dabei dachte ich sofort an dich … Was meinst du? Unser Nachbar Sebastian Vonwanz-Zirkel, der pensionierte Lehrer, der sonst immer überall klemmt[52], wäre unter Umständen mit von der Party, vorausgesetzt seine Frau, Valérie, ist einverstanden. Ausnahmsweise, meinte der so vielbeschäftigte Sebastian, er sei ja mit der lieben Dorothea nicht extrem befreundet gewesen. Item. Mit dir wären wir vier tapfere Burschen, ich sage dir, Häfeli, du schaffst das, bestimmt …»

«Spinnt ihr jetzt total, oder was? Das kommt überhaupt nicht in Frage. Ich trage keine Särge in der Gegend herum. Sucht euch

---

[52] *Dialekt: Drückeberger.*

einen anderen Clown, ich mach' da nicht mehr mit, bei meinem Ischias. Aber auch ohne nicht. Verstanden? Du könntest natürlich Vitus Honigmeier von *Lifestoppnow* fragen; der macht fast alles mit. Oder allenfalls Kraienbühl, an dem hatte die gute Dorothea ihre liebe Freude. Der ist zwar nicht gerade ein besonderer Friedhofsliebhaber, wenn ich das mal so formulieren darf.»

«Ah, interessant, danke, ich werde es so weiterleiten! Ist ja gut, reg' dich bloss nicht so auf, das tut dir nicht gut. Wäre ein echter Liebesdienst gewesen, einer so lieben Nachbarin den letzten Wunsch zu erfüllen ist doch eine vornehme Zierde jedes Menschen.»

Und dann habe die Engels noch eine weitere spezielle Bitte hinterlassen, die Grabbeigabe betreffend, erzählte Hugelshofer unbekümmert weiter: Giovanni, der treffsichere Italiener, müsse wenigsten 5 fette Tauben schiessen, welche sie während des Jahres angefüttert habe, und die man ihr als Begleitung mit in den Sarg legen könne, gleichsam als Flughelfer und Wegzehrung ins Jenseits, symbolisch – und ebenfalls als Brandbeschleuniger. Gut durchgebraten, wegen der Bakterien und Viren. Giovanni sei informiert und bereits an der Arbeit, den Taubenlohn habe er im Voraus bezogen. In Naturalien. Traubensaft.

«Chabis infernale! Von mir aus, keine falschen Hemmungen; macht nur … Aber ohne mich! Kakophonie.

Ich war übrigens nie mit ihr befreundet; aber du, im Rasenmäher-Symphonie-Orchester, welches zu den unmöglichsten Zeiten probt, Gift herumspritzen im Garten à Discrétion, jedes Blatt und Ästchen zusammensuchen, damit die Igel wirklich keinen Unterschlupf mehr finden. Krank ist das.» Häfeli machte eine Pause.

«Ah … Du wolltest doch eigentlich noch über die Fasnacht reden, über den Thorenball? Leider ist es mir jetzt zu spät. Ich bin hundemüde. Ein anderes Mal gerne, eilt ja nicht wahnsinnig.»

«Doch doch, wir müssen noch das Kostüm besprechen, den Maskenwettbewerb, ich muss mich vorbereiten …»

«Machen wir, irgendwann.» Häfeli gähnte und stand auf.

Hugelshofer nahm den letzten Schluck aus seinem Glas und wankte zur Türe.

«Gute Nacht!»

Häfeli schlief nach den anstrengenden Gesprächen mit seinem Nachbarn und dem hinreichenden Einsatz von flüssigen Tranquilizern mit Eis sehr rasch ein. Glücklicherweise war morgen Samstag, so musste er nicht unbedingt ins Büro.

Träume besuchten ihn auch in dieser Nacht wieder; wilde Geschichten, alles durcheinander. Er schreckte auf, und schlief wieder ein. Am Morgen hatte er einen «dummen» Kopf und konnte sich nur noch an einige Fragmente erinnern: Die Polizei hatte Sabrina am späten Abend in Amsterdam aus einer der Grachten, genauer der *Herengracht*, herausgefischt, tot. Hatte sie äussere Verletzungen, und wo? Er konnte aus der Distanz keine Details erkennen, die Polizei liess ihn nicht an die Leiche heran, obwohl er sich als Kommissar der Stadtpolizei Sankt Gallen ausgewiesen hatte. «Sankt Gallen? – kennen wir nicht. Melden Sie sich auf dem Fundbüro oder bei unser Kommunikationsstelle», hatte der dortige Kommissar, ein unfreundlicher Fettkoloss gesagt und ihn weggeschickt. Trotzdem konnte er einen Blick auf ihr Gesicht erhaschen. Er erschrak.

In der nächsten Sequenz sassen sie zu dritt im Krematorium um einen offenen Sarg herum, Hugelshofer, Häfeli und Dorothea Engels, sie aufrecht im Sarg sitzend. Probeliegend rauchte sie eine Zigarette. Alle drei hatten ein halbleeres Sektglas in der Hand. Die Engels beschwerte sich lautstark über die Ausstattung des Sarges, insbesondere die Auswahl des Stoffs und die Polsterung, welche völlig ungenügend sei. Sie habe rosarote Rosen bestellt, in Samt. «So bringt ihr mich nicht in den Ofen hinein. Das kommt überhaupt nicht in Frage. Basta. Hugelshofer, schenk nach!»

Auf dem Ofen sass eine Taube und gurrte. Ungeniert und unverschämt. Hemmungslos.

Als die Engels auf die Toilette ging, um ihr Make-up zu richten, packte er das doofe Ding und drehte dem komischen Vogel ratz fatz den Hals um. So geht das.

Und so kehrte Ruhe ein, im Krematorium, im Traum, bis die Engels zurückkam, und als ausgebildete Sängerin, wie sie bei jeder Gelegenheit betonte, eine Arie von Klaus Pumpernickel anstimmte. Vermutlich war Häfeli bei diesem Gekrächze kurz aufgewacht, jedenfalls konnte er sich an den Rest der Darbietung nicht mehr erinnern.

Aber an den 3. Traum: Hier sass er mit Lena und Gretl auf dem mausgrauen Sofa im Büro, alle völlig nackt bis auf die roten Socken und Zipfelmützen. Unglaublich nackt. Aber irgendwie kam keine Stimmung auf, er wollte das Zepter in die Hand nehmen, blitzte jedoch damit ab; die beiden Frauen zeigten keinerlei Interesse und stritten sich, wer den grösseren und vor allem den schöneren Busen habe. Klar hatte er eine klare Meinung dazu, mindestens zur ersten Frage, wurde aber gar nicht erst gefragt. Das war wohl auch besser so, um ein Handgemenge zu vermeiden. Prävention, na ja. Und ganz ohne Verhüterli.

Trotzdem: Luft! Einfach nur Luft, das war er sich nicht gewohnt. Offensichtlich war er hier derzeit ohnehin nicht begehrt und so verabschiedete er sich. Nackt. Und grusslos.

Auf dem Gang begegnete ihm der Polizeivorstand. «Häfeli, was fällt Ihnen ...» Der Kommissar erwachte schweissgebadet.

Seltsam diese Träume! Immer wieder. Kaum zu glauben.

Erschreckend.

Ob er seinen Hausarzt zu Rate ziehen sollte? Chabis. Das eilte noch gar nicht. Wozu auch.

Meer und Weite.

Was hatte er kürzlich im Roten Büchlein dieses Portugiesen[53], das er Annegret zum Geburtstag geschenkt hatte, gelesen *Wenn das Herz denken könnte ...*

Zu seiner unübersichtlichen Traumwelt: *Zeitlos und schön ist nur der Traum.* Äbä. Und wenn sich Träume auch noch erfüllen, im

---

[53]*Fernando Pessoa (1888-1935), gilt als einer der bedeutendsten Lyriker Portugals und als einer der grossen Schriftsteller des 20. Jahrhunderts.*

realen Leben? Der Würger vom Alt Sankt Gallen. Sabrinas Unfall in Amsterdam? Fräulein Lutz mit ihrer Putz-Manie? Die erotischen Experimente und Ausflüge waren immerhin spannend, und aufregend. Immer wieder gerne.

Zu seiner Ehe: *Warum also sprechen wir noch miteinander?* (…) *Der einzige innere Sinn der Dinge ist, dass sie keinen inneren Sinn besitzen*. Äbä! Das kam ihm bekannt vor.

Und zur Liebe – ob das Annegret gefallen wird? Häfeli war sich plötzlich nicht mehr so sicher, ob das Rote Büchlein die richtige Wahl für sie war. Also:

Alle Paare müssen in ihren Augen einen sexuellen Grund haben, Paar zu sein. Oha. Und jetzt kommt's noch besser:

Wir lieben niemanden, nie[54]. *Wir lieben allein die Vorstellung, die wir von jemandem haben. Unsere eigene Idee – uns selbst also – lieben wir. Das gilt für alle Liebe. In der sexuellen Liebe suchen wir unser Vergnügen vermittels eines fremden Körpers. In der nichtsexuellen Liebe suchen wir es vermittels unserer Vorstellung. Der Onanist mag* ... Ok ok, jetzt reicht's aber für den Moment. Trotzdem: Glänzend, absolut … Äbä glich. Grossartig! Aber ich bin doch sehr gespannt, wie die Wetterstein auf dieses Herz-Büchlein reagiert. Ob sie es ebenso lieben würde wie er?

Fernando Pessoa regt zum Denken an, seine Gedanken sind wie Fado-Lieder, melancholisch und voll tiefer Sehnsucht, nach Meer und Weite, dachte Häfeli. Meer und Weite – hier in Sankt Gallen? Oder Schwermut. Er war zufrieden mit sich. Und las genussvoll weiter.

Vielleicht hätte ich noch hineinschreiben müssen: Amor vincit omnia, tönt gut, nicht? Die Liebe siegt immer. Am besten und vorteilhaftesten, am wahrhaftigsten und dauerhaftesten – und vor allem am einfachsten – schien ihm die geträumte Liebe zu sein. Äbä.

---

[54]*Fernando Pessoa: Wenn das Herz denken könnte ..., Seite 68.*

Chabis. Oder nicht Chabis?

Vielleicht war dieses Geschenk ohnehin ein Fehlgriff gewesen; hoffentlich empfand Annegret es nicht als Liebeserklärung. Und wenn schon. Oder doch eine Liebeserklärung? Schön altmodisch.

Und ein doppeltes Nein.
Tatsächlich rief Sabrina am Samstagmittag nicht wie vereinbart an. Häfeli wartete, und versuchte es selbst, und immer wieder, bis es ihm verleidete. Er erreichte nur die Combox. Seltsam.

Dafür ärgerte ihn in der folgenden Nacht Fräulein Lutz, diese unselige, unglückliche, unfähige Putzfrau. Im Traum. Hörte denn das nie mehr auf? Wie wild fuhrwerkte sie mit dem Staubsauger in der Wohnung herum, mit erheblichem Flurschaden, wie er es in Erinnerung hatte, als Kind, wie wenn es gestern gewesen wäre.

Flurschaden. Er erwachte. Nachdenklich.

Roberto fragte irgendwann am nächsten Morgen, «gell gestern wollte uns Mama anrufen, nicht?»

«Stimmt.»

Irgendwann am Sonntagabend, mitten im «Tatort» telefonierte Sabrina doch noch. Zur besten Sendezeit, obwohl sie wusste, wie Häfeli das hasste. Nun, richtig gut war die Sendezeit danach nicht mehr gewesen, das Gespräch eher kühl und unmotiviert. Kurz. Und stockend. Sie käme gut voran mit dem Tango-Kurs. Hot and spicy, sei es. Das Wetter eher kühl in Amsterdam, und windig, erfuhr er – und andere Belanglosigkeiten. Sie habe jetzt auch ein Tattoo, ganz winzig. Wo fragte er nicht. Jemand habe ihr am Telefon erzählt, er käme mit der neuen Assistentin aus dem Tirol, Wetterschrein oder so hiess die, *sehr* gut zurecht. Fast zu gut. Häfeli ging darauf nicht ein. Als er aufgehängt hatte, kam ihm in den Sinn zu fragen, weshalb sie gestern nicht angerufen habe. Wer hatte Sabrina von Annegret erzählt, womöglich noch irgendwelchen Chabis? Und wozu?

Abhaken oder Essen, dafür ist Chabis da. Punkt. So soll es auch bleiben. Eine Runde flippern? Das wäre jetzt wohl das Richtige, zur Entspannung.

Am Nachmittag hatte er eine höchst unerfreuliche Auseinandersetzung mit Patrizia gehabt, die sich ebenfalls ein Tattoo, oder gleich mehrere, stechen lassen wollte, zum Geburtstag. Als Geschenk. Und dazu später noch ein Piercing? Vielleicht in der Nase – oder doch Zunge? Das sei noch offen.

Wo denn das geplante Verschandelungsprojekt beginnen soll, wollte er wissen.

«Spinnsch, Verschandelung. Papa. Verschönerung! Wir beginnen mit dem linken Bein, ganz unten. Mit einem klitzekleinen Pandabären. Und arbeiten uns langsam hoch, bis zum Oberschenkel oder so. Mehrfarbig. Das wird schaurig läss!»

Schaurig. Häfeli hatte versucht, zum Teil mit Unterstützung von Roberto, auf die Endgültigkeit eines solchen Unternehmens hinzuweisen, auf die Giftstoffe in den Farben; das sei lediglich ein Modegag, den sie später, im Alter, bereuen werde, wenn die Haut sowieso schon aussehe, pardon, wie ein alter Sack, grau und voller Falten, und überdies wäre das eine teure *Schnapsidee*, wobei ihm seine Tochter im Gegenzug vorwarf, es gehe ihm nur ums Geld und gar nicht um ihre Gesundheit. Im Übrigen sei er sowieso und generell uncool. Alt. Und out. Schlimmer noch, neidisch auf ihre Jugend, ein alter Griesgram halt.

Chabis war hier nicht mehr genügend aussagekräftig.

«Damit alles klar ist. Ich sage Nein. Doppeltes Nein! Auch keine Ringe an Nasen und Brüsten und im Genitalbereich. Ringe in der Nase sind etwas für Hornochsen. Du brauchst die Einwilligung deiner Eltern, bis du 18 Jahre alt bist. Verstanden. Was sagt denn die Mama dazu, und wer ist denn *wir*?»

Patrizia zog sich zu guter Letzt schmollend und weinend in ihr Zimmer zurück und kam bis zum Morgen nicht mehr zum Vorschein.

Häfeli nahm sich vor, sich gelegentlich mit Kraienbühl über diese leidige Stecherei zu unterhalten und nach seiner Meinung zu fragen, insbesondere auch hinsichtlich seiner eigenen Tochter, Laura. Natürlich nicht in der Geschäftsleitung, so nannte sich das fulminante Trio im Kommissariat 2 inzwischen, wohl auch um einer von Freiluft-Dieterle angedrohten *«kleinen Umstrukturierung»* aus dem Weg zu gehen. Vorläufig.

Für die nächste GL-Sitzung wollte er Kraienbühl und Wetterstein folgendes Vorgehen auf die Nase drücken:

1. Besichtigung des Krematoriums, wie gewünscht.
2. Kleiner Umtrunk im Restaurant Militärkantine.
3. Facts-Präsentation: Resultate aus der Rechtsmedizin.

Wir kommen nicht vorwärts, was haben wir? Jeder für sich überlegen, als Hausaufgabe. Allein. Von mir aus auch zu Hause. Klassifizierungsvermerk: *Dringend!*

Havanna-Club.
Wenigstens meldete sich Fräulein Lutz in der folgenden Nacht nicht schon wieder; wie sollte sie auch. Süsse Träume. Nicht immer. Und mit Fräulein Lutz schon gar nicht. Häfeli stellte sich kurzzeitig vor, wie das wohl wäre, mit einer solchen Frau zusammenzuleben. Bohh. Oder Brrrrrrrr. Nur kurzzeitig – und verscheuchte diese unerfreulichen Gedanken ins Pfefferland, wollte längst ins Bett gehen als es an Türe klingelte. Ob er überhaupt noch öffnen sollte? Von wollen war keine Rede.

Als er die Haustüre aufschloss, stürmte Hugelshofer, sein Lieblingsnachbar, ungefragt und ohne zu grüssen herein, bewaffnet mit einer Flasche Rum, Havanna Club, 10-jährig, wie sich später herausstellte. Immerhin. «Du, das muss ich dir unbedingt noch erzählen, der Hammer, sage ich dir», erzählte Hugelshofer aufgeregt, als sie sich an den Küchentisch gesetzt hatten. Trudeli hat sich dermassen aufgeregt, dass ich kurzfristig dachte, die kollabiert mir. Na ja, ich konnte sie rechtzeitig ruhigstellen. Prost.»

Pause.

«Lecker, dieser Rum, gell. Also: Die Schwester von meinem Trudeli, Mimi, eine Künstlerin, zwar wenig erfolgreich, aber hartnäckig und gelegentlich absolut nervig, schläft am Morgen gerne etwas länger als wir Werktätigen. Schön haben's die Künstler, gell. Also: Gestern Morgen rief ein Sankt Galler Transporteur vor

8 Uhr bei ihr an, und erklärte, als Mimi sich endlich bequemte, das Telefon abzuheben, er stehe vor ihrer Tür. Der Chauffeur. Aber nicht alleine. Er habe hier einer Kreissäge auszuliefern, ein absolutes Profimodell, aus La Chaux-de-Fonds, mit Tisch, riesig, und schwer. Er könne das Ding nicht alleine ins Haus tragen.

Mimi wusste gar nicht, wie ihr geschah, verschlafen und verkatert, sagte sie, sie habe nichts bestellt, und eine Kreissäge schon gar nicht. Wozu das denn gut sei? Wahrscheinlich vermutete sie irgendeinen Enkel-Trick.

Auf dem Lieferschein stehe, Max Hauri, und diese Strasse. «Das sind doch *Sie*, hier? Auslieferung nur gegen bar, 1250 Franken die Säge und 175 der Transport, das mache total 1425 Franken, wenn's recht sei.» So viel Geld habe sie nicht im Haus, antwortete die Mimi, und ihr Mann, eben dieser Max Hauri, sei schon vor über 11 Jahren gestorben. Leider.

Da könne er ihr auch nicht helfen, sagte der Chauffeur, dem dieser Irrtum, den er sich nicht erklären konnte, ebenfalls furchtbar leid tat. Verwirrt fuhr er mit seinem Lastwagen und der Kreissäge aus La Chaux-de-Fonds inklusiv Lieferschein für die Hauris von dannen. Und die Mimi war wieder zufrieden. Irgendwann wird sich das Rätsel wohl aufgelöst haben. Oder die Maschine reist immer noch in der Schweiz herum. Zustände sind das!

Also: Willkommen im Havanna-Club, lieber Häfeli, ein letztes Prost. Und gute Nacht, verehrter Herr Nachbar-Kommissar.» Hugelshofer blieb sitzen. «Bis bald wieder. Wir sollten nicht zu lange warten, mit der Reprise, in diesen kalten Zeiten. Oder was meinst du?»

Häfeli schwieg beharrlich – und trank sein Glas aus.

«Wir könnten noch rasch einen Termin abmachen. Zur Sicherheit. Damit wir genug Rum am Lager haben.» Hugelshofer gab nicht auf.

Chabis oder Rum; die Frage blieb unbeantwortet.

Totenreich.

Die beiden Kommissare waren gerade am Kaffee trinken und freuten sich an der morgendlichen Ruhe. «Wo ist eigentlich die Gretl», erkundigte sich Häfeli, «beim Coiffeur oder was?» Die Wetterstein sei auswärts, hiess es. In diesem Moment öffnete sich die Türe, leise und langsam, und es erschien in dieser keuschen Herrgottsfrühe Franziska Knill vom Liegenschaftenamt, wie gewohnt unangemeldet. Somit war es vorbei mit der Ruhe an diesem trüben Montagmorgen. Wenn das einriss, würde er sein Eckbüro, mit bester Aussicht in alle Richtungen und Vadian auf seinem Sockel abschliessen müssen.

Unaufgefordert nahm die Knill auf einem Besucherstuhl neben Kraienbühl Platz nahm und schnupperte. «Ah … Kaffee, riecht nicht schlecht, das muss ich sagen … Lecker.»

Gender und andere Fragezeichen.

«Sollen wir lüften, oder was riechen Sie? Suchen Sie nach Trüffeln oder was?»

«Das nicht, aber vielleicht möchten Sie mal einen ausgeben?» Die Knill schnupperte weiter und brummte irgendwas auf norddeutsch …, wechselte aber rasch wieder auf Hochdeutsch, das sich auf Häfeli etwas gar preussisch anhörte: «Kaffee, bitte gerne, zu nett!» Kraienbühl organisierte den Kaffee und stellte die Tasse vor ihr auf den Tisch, bot ihr sogar ein Kägifret aus der Schatztruhe seines Chefs an. Ungefragt und unbewilligt.

«Zu nett, wirklich, das hätte ich von Ihnen gar nicht erwartet. Die sind gut, diese Kaeeegis, ich kenne die; ich nehme gleich zwei, wenn's recht ist.» Kraienbühl wollte etwas erwidern, schwieg dann aber, war wohl besser so.

«Was führt Sie diesmal zu uns», fragte Häfeli relativ kühl und ebenso desinteressiert.

«Na ja», warf die Knill ein, «Sie interessieren sich derzeit offenbar brutal für den Tröckneturm, das spricht sich herum. Hier in der Verwaltung wird ja viel getratscht, aber das ist ganz normal.»

«Chabis! Und weiter? Was haben Sie sonst noch gehört?»

«Allerhand. Viel sogar, nicht wahr, nicht wahr.» Die Knill lächelte, irgendwie sybillinisch. «Sie seien derzeit Strohwitwer? Und von diesen überaus bemerkenswerten Zuständen im Umfeld dieses Tröckneturms und der nahen Kapelle. Ein Ongsoobel halt!»

«Wie meinen Sie, gute Frau, von was erzählen Sie eigentlich? Zobel, oder äh … *Engsobel, oder gar Ensemble*? Das ist ursprünglich Französisch, gell. Über Stroh rede ich nicht, und unbescholtene Witwer gibt es ohnehin nur noch wenige.»

«Blödsinn. Ich erzähle Ihnen das im Vertrauen, quasi unter Freunden. Also: Wir planen eine Riesenkiste, das glauben Sie nicht, nicht wahr, nicht wahr! Wir kaufen das gesamte Burgweiherareal mit Tröckneturm und Kapelle, dem verschollenen Friedhof, samt den Weihern, Bäumen und Büschen – also den gesamten alten Ramsch; und machen daraus einen buschigen Park, den Stadtpark West. Da staunen Sie, nicht wahr, nicht wahr. Ein grandioser Gig, ich bin begeistert, von mir; ich hatte das Szepter in der Hand! Was sagen Sie nun?»

Häfeli schwieg einen Moment und freute sich. Dann antwortete er: «Sehr schön! Da könnten Sie gleich noch den SBB den Wasserturm beim Hauptbahnhof abkaufen, das wäre auch so ein Gig, wie Sie sagen, ein kleinerer zwar, aber immerhin.»

«Von mir aus. Weiter habe ich gehört, Sie seien nun endlich auf den Frauenförderungszug aufgesprungen, im letzten Moment noch, sehr löblich muss ich sagen, sehr erfreulich, diese Einsicht, diese Akzeptanz, auch wenn sie spät kommt, und wohl nicht ganz freiwillig, sagt man. Nicht wahr, nicht …»

«Wahr …, meinen Sie doch. Wer ist *Mann*?» fragte Häfeli.

Franziska Knill ging auch auf diese Frage nicht ein. «Na ja, bei euch in der Schweiz überrascht mich das nicht, Ihr seid ja überall etwas später dran, Spätzünder halt, wie man so schön sagt. Zum Beispiel beim EU-Beitritt. Bei uns draussen könnten Sie noch viel lernen.»

«Aha. Danke danke, für den Tipp.» Kraienbühl schwieg wieder. Besser so, dachte er.

«Und dann die Gleichstellung von Mann und Frau. Das Frauenstimmrecht, das haben Sie krass verschlafen. Um Jahrzehnte. Verpasst und vermasselt, wie so vieles. Tragisch eigentlich, ignorant oder einfach hinterwäldlerisch? Wir leben jetzt im 21. Jahrhundert, das nur nebenbei.»

«Passen Sie mal gut auf, gute Frau», Häfeli räusperte sich. «Hinterwäldlerisch, *wir*? Wir waren immer gegen überstürzte Handlungen und Aktivismus aller Art, Veränderungen sowieso; das Stimm- und Wahlrecht für Frauen; das bringt nur Ärger, basisdemokratische Diskussionen am Küchentisch, ohne Ende, oder den ganzen Tag, das kennen wir alles schon. Und Umtriebe, ein Durcheinander. Das war ein Reinfall sondergleichen, Frauen gehören zurück an den Herd, dort sind sie versorgt, in Sicherheit. Sie doch auch – und im Grunde möchten Sie das ebenfalls, das ist Ihr geheimster Wunsch, geben Sie's zu.»

Das Gesicht von Franziska Knill wechselte seine Farbe in Windeseile von rosa zu dunkelrot, von bläulich zu gräulich und blieb schliesslich bei aschfahl stehen. Für den Moment.

«Und andauernd diese Genderfragen, verkrampfte und penetrante Frauenförderung», setzte der Kommissar seine Predigt fort, «wo es gar nichts zu fördern gibt, alles Chabis! Scherereien, nichts als Scherereien, und Knechtschaft. Auf solche Gigs verzichten wir gerne, haben das bereits damals richtig vorausgesehen. 1291. Exakt.»

«Aha, so ist das also, Sie sind ein Frauen-Hasser, ein notorischer Frauen-Verächter, das ist ja grossartig!»

«Blödsinn! Absoluter Blödsinn. Wir sind keine Kostverächter, keineswegs – und haben hier und in unserem Korps einige ganz tolle Frauen. Auch privat bin ich da sehr aufgeschlossen: Unsere Kinderärztin, Tierärztin, Pathologin, meine Rechtsberaterin, meine Masseurin, unsere Klavierlehrerin. Absolut souverän. Natürlich gibt es sehr beschränkte Wesen unter uns Menschen. Und Frauen sind halt generell anders verknüpft, die Synapsen im Gehirn, meine ich.»

«Jetzt machen Sie aber mal einen Punkt!» Frau Knill sass kreidebleich und zerknittert auf ihrem Stuhl, wurde noch bleicher, fast durchsichtig, die ohnehin blassrosa geschminkten Lippen wässrig. Ihre Stimme eher resigniert als schrill: «Was erzählen Sie da, was ist denn das für ein Bocksmist», während sie langsam aufstand und nervös an ihrem Kleid herumzupfte.

«Das ist ja unglaublich! Das ist mir noch nie passiert, und Sie an dieser Position, als Hauptkommissar, mit einem prähistorischen Frauenbild. Wir sind hier doch nicht im Urwald …, oder.»

«Also beim Urwald, äh … bin ich mir nicht so sicher, Urwald im Sinne von …» Weiter kam Häfeli nicht.

Franziska Knill öffnete die Bürotür, und hörte beim wütenden Zuschlagen Geräusche, die sich anhörten wie Gelächter. Lachen mich die beiden wirklich aus, lachen die über mich? Ernst oder Täuschung? Unglaublich!

Sie ging in ihr Büro zurück. Enttäuscht. Verwirrt. Mehr als verwirrt. Irgendwie verletzt und traurig. Sie fühlte sich total missverstanden. Ob sie dieses Gespräch melden sollte?

Fasnachtschüechli.
Häfeli und Kraienbühl verliessen ihr Büro ebenfalls und wechselten in den Verhörraum, wo Annegret Wetterstein bereits mit der Arbeit begonnen hatte: Vor ihr sassen Carsten Castell und sein Anwalt. Beide zeigten sich wortkarg, wobei sich der Anwalt hin und wieder zu einer vermeintlich klärenden Antwort hinreissen liess.

«Wir haben Sie in jener schaurigen, nassen Nacht beim Tröckneturm auf frischer Tat ertappt, sehr verehrter Herr Castell: Leichenfledderei, Stören der Totenruhe, illegales Entsorgen von Leichen und ihren Bestandteilen, ferner Diebstahl. Möglicherweise sogar Mord …»

«Wir haben die Körper nicht gestohlen, sondern angeliefert bekommen. Im Depot. Basta.»

«Seien Sie ruhig», unterbrach ihn sein Anwalt ärgerlich, ein distinguierter älterer Herr mit fettigen Haaren und klassischem Ohrfeigengesicht.

«Zufällig ...», sagte Castell doch noch.

«Zufällig, wohl kaum. Wer ist Ihr Auftraggeber?» Wieder Schweigen.

«Wir haben in Ihrem *Depot,* wie Sie so schön sagen, Interessantes entdeckt, Sie wissen ja, dass wir Sie in der Drogenfahndung auf dem Monitor haben. Wir haben diverse Spuren gefunden. Pülverchen. Pillen. Pharmazeutika. Kleine Restposten ... Dazu mehrere Palletten Mandarinli und Orangen, viele davon faul. Tonnenweise Fasnachtschüechli. Wozu brauchen Sie die? Und wozu 12 Palletten Schneckenkörner?

Spannend ist auch der *Ochsner-Kübel*[55] voll mit Asche – einige Proben haben wir ins Labor gebracht, wir sind gespannt auf die Resultate. Oder wollen Sie mir dazu etwas verraten? Holzasche ist es nicht.»

Pause.

«Hinzu kommt das Anstiften Ihrer Mitarbeiter zu Straftaten. Sie sind doch der Chef der Firma – wir sind noch lange nicht fertig mit Ihnen, Herr Castell, Sie bleiben hier, in Untersuchungshaft, bis auf weiteres.»

«Vorsicht meine Freunde», bemerkte der Anwalt ungerührt. «Das ist alles völlig normal; mein Klient ist Händler in vielerlei Sachen, Materialien und Angelegenheiten. Auch Spezialtransporte, ich möchte das ausdrücklich im Protokoll so vermerkt haben: Alles, was heute so anfällt, und gefragt ist. Alles legal. Ich und meine Kanzlei werden uns zu wehren wissen, darauf können Sie sich verlassen. Und uns mit aller Kraft für Herrn Castell und seine Mitarbeiter einsetzen, und die Fasnachtschüechli.»

«Tun Sie das, tun Sie, was Sie nicht lassen können, aber wenn wir jetzt bitten dürften», meldete sich Kraienbühl zu Wort: «Sie bleiben hier ... Und übrigens: Ihre sieben *Mitarbeiter* – wenn Sie so wollen – werden wir heute entlassen, damit sie wieder arbeiten

---

[55]Seit 1902 von J. Ochsner AG in Zürich hergestellte, normierte feuerverzinkte Mülleimer, Ochsner-Kübel genannt, mit Klappdeckel und Bügel. Weit verbreitet bis ihm die Kehrichtsäcke den Garaus machten.

können. Sie waren bisher nicht vorbestraft, bisher, aber das könnte sich jetzt ändern, wenn es Sie überhaupt interessiert. Und Ihnen bleiben wir auf der Spur!»

«Eine unmögliche Bande!» Und zu seinen Assistenten gewandt sagte Häfeli: «Ihr beide klärt und regelt das bitte mit den Juristen, damit es zügig vorwärts geht: Wir treffen uns nach dem Mittagessen, 13.30 Uhr im Hof unten. Blumen müsst ihr mir keine mitbringen, ins Krematorium. Zu dieser Besichtigung. Auch keine Krawatte. Habt ihr das Auto reserviert?»

Annegret Wetterstein und Max Kraienbühl schauten sich an.

Nicht ganz plangemäss fuhren sie mit dem Bus zum Friedhof Feldli und gingen die paar Schritte zu Fuss zum Krematorium, wo ein freundlicher, älterer Herr auf sie wartete und sich als Dr. Josef Dunkel, Betriebsleiter, vorstellte. «Sehr erfreut! Dann machen wir uns also auf den Weg, den Rundgang. Und ja, äh …, herzlich willkommen bei uns, im Reich der Toten. Ja, wir sind derzeit reich gesegnet, tragisch, aber wahr.» Dr. Dunkel setzte sich die Sonnenbrille auf und lächelte, irgendwie wirkte es zynisch. «Übrigens: Bei uns gilt Maskenpflicht, für alle.»

Die drei Polizisten liessen sich das moderne Gebäude zeigen, die Logistik erklären: Publikumsräumlichkeiten, Abschiedsraum, Technikraum, Betriebsraum, Lagerraum gekühlt und rammelvoll. «Soll ich einen Sarg für Sie öffnen?» Häfeli lehnte dankend ab, sie bräuchten kein weiteres Anschauungsmaterial, das hätten sie schon bei ihrer Arbeit genug. Den Aschensiebraum mit den bereitstehenden Urnen und dem gesammelten Altmetall. Hüftgelenke. Herzschrittmacher. Nägel. Zähne. Die drei Ofenlinien, wovon eine in Übergrösse, aber nicht für Paare gedacht. Alles hell und sauber, klinisch fast, fast chic, blitzblank, keine merkwürdigen Gerüche, vieles vollautomatisch oder fast – wie in einer Industriemolkerei. Das ganze Gebäude mit Stil, irgendwie sogar schön. Das hohe Kamin in Sichtmauerwerk mit allen erdenklichen Filtern ausgerüstet, nicht nur für Quecksilber. Mangan. Cadmium. «Viele nehmen ihre Handys mit in den Sarg.» Josef Dunkel blieb ungerührt. «Vielleicht auch um Spuren zu verwischen. Zwanglos. Absolut abhörsicher. Der Ofen. Genau:

Modern. Effizient. Geruchlos. Sowieso. Wie die Kehrrichtverbrennungsanlagen. Das ist heute Standard.»

Sie lauschten den Ausführungen von Josef Dunkel hinsichtlich der aktuellen Arbeitsbelastung für das Personal in Schichtarbeit, der psychischen Belastung angesichts des dauernd präsenten Todes, «der schläft hier nie».

Annegret hatte das Gefühl, dieser Dr. Dunkel rieche irgendwie süsslich, nach Mirabellen, wenn er in ihre Nähe kam.

«Und wenn die Leichen nicht recht brennen, Sie wissen, die Zeit drängt, müssen wir Gas geben; äh … das ist nicht wörtlich zu nehmen, verstehen Sie mich bitte nicht falsch. Dann erhöhen wir die Temperatur und verlängern die Brenndauer.» Das komme häufig vor, dank den unzähligen Chemotherapien.

Kraienbühl dachte an den feinen Schmorbraten seiner Grossmutter, kürzlich wollte er das ebenfalls ausprobieren. Ein schönes Stück Fleisch. Leider wurde er bei der Kocherei gestört – und der Schmorbraten verschmorte. Unrettbar verloren.

«Sie wissen ja, woher die vielen Verstorbenen so plötzlich herkommen … Mit den Kühlcontainern im Hof konnten wir die Lagerkapazitäten zünftig erhöhen», stellte der Betriebsleiter fest. Es werde heute häufig und gerne gestorben. Die zwei nächst liegenden «Brandhäuser» hätten ihre Ofenlinien infolge Überhitzungsgefahr bereits auf die Hälfte der Produktion zurückfahren müssen. Sehr ärgerlich. Der Tod sei andererseits auch ein gutes Geschäft. Mit Kennzahlen und so. Verwaltungsräten. Taugenichtsen. Die gebe es überall, Panik sei daher nicht angebracht. «Wir empfehlen, stets Ruhe zu bewahren, die Toten schätzen das ungemein. Aber wie dem auch sei, uns geht die Arbeit definitiv nicht aus … – und Ihnen wohl auch nicht.

Reicht das? Wunderbar. Dann auf Wiedersehen – nehmen Sie das nicht persönlich und äh …, lassen Sie sich wenigstens Zeit. Eilt ja nicht, mit dem Sterben. Sterben in Schönheit.»

Leise schloss sich die grosszügige Glastür hinter Dr. Dunkel. Häfeli, Kraienbühl und Wetterstein standen wieder draussen vor der

Tür. Im Regen. Graupelschauer. Bise und eine Saukälte erwartete sie, kletterte durch Schuhe und Kleider die Beine hoch. Immer höher und tiefer.

«Bitte jetzt keine schlechten Witze», verkündete Häfeli steif. «Und auch keine Guten.» Die drei machten sich schweigend auf den Weg zur *Militärkantine*, jeder mit seinen Gedanken und Gefühlen beschäftigt. Als sie einige Minuten später und nach dem Rundgang ziemlich verwirrt beim Kaffee sassen und über Gott und die Welt sprachen, Leben und Sterben, die vielen Leichen im Krematorium und jene bei der Kapelle Schönenwegen in den Säcken, die Skelette noch vor Augen, klopfte Kraienbühl plötzlich leise auf den Tisch und zeigte in eine bestimmte Richtung.

Ohrfeigen gratis.

«Halt, nicht hinsehen, es reicht, wenn ich die Gesellschaft im Blickfeld habe. Das glaubt ihr nicht, wer dort hinten in der Ecke sitzt, fast etwas versteckt, wie mir scheint. Trautes Beisammensein, ein Liebespaar, die zwei?»

«Komm, sag's schon; vom Reich der Toten zurückzukehren ins Leben, wo etwas läuft, das tut gut», sagte die Wetterstein. «Sonst dreh ich mich auffällig nach deinen Gästen um!»

«Ist ja gut … Also, dort hinten sitzen Honigmeier, der Lebensverkürzer und Gelegenheitsbestatter und … Madleina Wohlgemuth, die Frau unseres Messermordopfers. Und halten sich die Hände. Die Wohlgemuth schaut ganz verliebt drein, jetzt küsst er sie, also nicht in Echtzeit, virtuell, er schmatzt ihr einen Kuss zu.

Sehr interessant!»

«Haben sie dich gesehen, erkannt, verflucht?» fragte Häfeli. «Oder sollen wir Konzertbestuhlung machen, auf deiner Seite, die Gretl nehmen wir in die Mitte.»

«Ich glaube nicht, die sind mit sich selbst beschäftigt, flirten, besprechen irgendetwas, albern herum, lachen, schmieden Pläne, schauen sich tief in die Augen. Versinken in ihren Augenblicken. Du, da läuft was, ich bin todsicher. Topunterhaltung, so spannend, besser als Kino. Besser als vorhin.»

«Die Kinos sind geschlossen! Das ist so. Und die zwei – was tun die hier? Die besprechen sicher die Bestattung ihres notorischen Wermut-Trinkers, ex-Sargträgers und ex-Ehemanns; völlig normal. Ist die Leiche eigentlich schon freigegeben worden? Frag mal bei der Fröhlich nach, wie weit sie inzwischen ist.»

Kraienbühl konzentrierte sich auf das Liebespaar.

«Ich möchte auch zuschauen!» quengelte die Wetterstein.

«Psst seid endlich ruhig. Und: Geht nicht, liebe Annegret, geht wirklich nicht! Achtung: Jetzt kommt noch mehr Schwung ins Spiel – eine super Live-Vorführung; nun kommt auch noch diese Leichenwäscherfloristensekretärin daher, das müsstet ihr sehen. Die macht vielleicht ein Gesicht, schäumt vor Wut, alle Achtung, jetzt tritt sie an den Tisch der beiden heran – und verpasst dem Honigmeier eine saftige Ohrfeige, links und rechts, au wie das klatscht. Das Mäppli, vermutlich mit irgendwelchen Akten, liegt nun auf dem Boden. Wow. Könnt ihr mir eigentlich folgen?

Und jetzt stösst sie die beiden Weingläser um … der Weisswein fliesst dahin, eigentlich schade, auf die Kleider, die Beine. Wasserfall heisst die doch, genau; Mirabelle oder Minibelle oder Malvinia – weiss der Herrgott … Sehr spannend. Bestes Cabaret, so schade, dass ihr das nicht miterleben könnt!»

Kraienbühl hob bedauernd die Schultern, liess sich aber nicht ablenken. «Eine gelungene Abwechslung zur Vorstellung von vorhin. Moment, ich nehme einen Schluck, kurze Pause der Live-Übertragung.»

«Prost», sagte Häfeli dazwischen. Furztrocken.

«Au, jetzt stürmt diese Mirabelle oder wie die heisst gerade zur Wirtschaft raus. Und bums, ist die Türe zu. Die beiden schauen sich an, dann auf die nassen Kleider, stehen langsam auf, irgendwie verlegen und trocknen sich ab, mit Servietten. Wollten die zum Essen bleiben? Die Serviertochter bringt neue, trockene Servietten.

Der Honigmeier zahlt. Und fertig ist die Show. Eigentlich schade!

Da habt ihr wirklich etwas verpasst. Kommt, wir nehmen darauf noch ein Bierchen. Das haben wir uns verdient.

Einverstanden? Oder ein Schnapserl, Gretl?»

«Mirabellen? Du meinst Marillen, das sind bei euch Aprikosen, ich weiss, oder Aprikosen sind bei uns im Tirol Marillen, gell. Und so ist es auch mit den Paradeisern, dem Kren und den Ribiseln, und dem Gselchten, gell des verstehst nit?[56]»

«Und du verstehst die Flädlisuppe immer noch nicht, die haben wir bei euch in Seefeld jeweils gegessen.»

«Klar doch, klare Rinderbrühe mit Fritatten.»

«Soso, Flädlisuppe in Seefeld, gemeinsam. Fritatten. Immer.» Kraienbühl schmunzelte. «Und was sonst noch?»

Facts-Präsentation.
«Langsam sollten wir an morgen denken, unsere Auslegeordnung zu den aktuellen, äh … Todesfällen, wie ich gesagt habe, den möglichen Mörderinnen und Mördern. Quasi als Hausaufgabe.» Häfeli liess sich nicht ablenken, für einmal. «Wir haben noch sehr wenig in den Händen. Nichts Zählbares, um genau zu sein, nur Vermutungen; jeder überlegt sich das bis morgen, über Nacht, daheim, fasst seine Gedanken zusammen, für unsere Präsentation. Punkt 9 Uhr – wenn der Polizeivorstand nicht dazwischenfunkt. Arbeitsbeginn spätestens 7 Uhr.»

Und zu Kraienbühl: «Du frag mal an der Reception, ob das hübsche Pärchen von vorhin hier in diesem Laden zufällig ein Doppelzimmer reserviert hat. Das täte mich interessieren ...

Also bis morgen. Adieu ihr beiden.»

Pause.

«Wir beginnen mit der Militärkantine, gestern. Sehr interessant, das Trio Honigmeier, Wohlgemuth und Wasserfall, das könnte uns noch beschäftigen», stellte Häfeli am nächsten Morgen im Büro fest, pünktlich um 9 Uhr. «Nur noch rasch zur Militärkantine, einige interessante Facts; die hiess früher *Kastanienhof,* mit

---

[56]*Tomaten, Meerrettich, Johannisbeeren und Geräuchtes.*

einer schönen Gartenwirtschaft und vielen Kastanienbäumen. Noch früher war das das Offizierscasino, mit Restaurant, Büros und Schlafräumen für die Offiziere des Waffenplatzes Sankt Gallen, ja das gab es früher mal, auf der Kreuzbleiche. Die Kaserne, 1876 bis 1878 erbaut, wurde 1980 wegen dem Bau der Stadtautobahn abgebrochen, heute steht hier die Skater-Anlage. Zum militärischen Ensemble gehörten damals unter anderem noch die Reithalle mit Stallungen und das Zeughaus, auf der gegenüberliegenden Seite der Kaserne und des Exerzierplatzes. Und eben die ehemalige Offiziers-Beiz, heute gehobene Gaststätte mit Hotellerie und Gartenwirtschaft. Und gediegenen Schlaf ...»

«Ah ja, bevor ich es vergesse, zu gestern Abend», unterbrach Kraienbühl. «Das famose Pärchen habe definitiv kein Doppelzimmer reserviert, sagte die Dame an der Reception. Etwas schnippisch.»

«Also gut. Reicht euch das als Historische Schnellbleiche?»

«Grundsätzlich ja; erhieltest du hier deine Lebensschulung?»

«Chabis. Aber beginnen wir mit dem Wesentlichen? Hast du dich bei Dr. Fröhlich erkundigt?»

«Zu Befehl, mon Général, selbstverständlich. Melde gehorsamst, dass ...»

«Lass den Quatsch! Und du Gretl fütterst den Flipchart, bitte.»

«Also, das Spannendste vorweg:» Kraienbühl genehmigte sich einen rechten Schluck Kaffee, wohl auch um die Spannung im Sitzungszimmer zu erhöhen. «Die Skelette sind alt, 150 oder 200 Jahre, Céline wollte sich da nicht festlegen, ist für uns auch nicht wichtig. Neueren Datums sind hingegen die Leichen in den Säcken, insgesamt 27, alle kürzlich verstorben, alle an derselben Krankheit, so könnte eine Pandora entstehen, meinte die Fröhlich. Interessant, nicht. Alle seien am Vermodern.»

«Sehr interessant; sie meinte wohl Pandemie», korrigierte Häfeli. «Eine Pandemie in Sankt Gallen ... Wer hätte das gedacht. Krass!»

«Woher die alten Leutchen herkommen kann sich auch die Rechtsmedizin nicht erklären. Wurde kürzlich ein Pflegeheim geräumt, evakuiert oder so, unter Ausschluss der Öffentlichkeit? Wäre immerhin denkbar, vermutet die Fröhlich. Sie lässt die Leichen jedenfalls vorsorglich einfrieren, bis wir ihr Bescheid geben. Dazu hat sie sich extra einen Frigo-Container anschaffen lassen. Eine kostspielige Sache!»

«Bitte diesbezüglich eine Aktennotiz an unseren verehrten Adjunkt-Sekretär, Fridolin Büttikofer; er soll sich der Sache endlich annehmen und abklären, woher die Toten stammen könnten, die Identifizierung einleiten. Der wird sich freuen.»

Die Befunde zum Trinker Wohlgemuth und dem Ehepaar Schwarz seien hingegen glasklar; so könnten wir diese aus ihrer Sicht zur Bestattung freigegeben, schloss Kraienbühl seinen Bericht ab.

«Gut, beim Wohlgemuth warten wir noch, ich habe da ein seltsames Gefühl. Wir beginnen mit der Präsentation der Fakten, eine Auslegeordnung:

Die Rückfragen in der Rechtsmedizin sind somit erledigt, auch das Ehepaar Schwarz betreffend. Unklar ist, wer ihnen das Einschlafmittel verabreicht oder mindestens gemixt hat. *Offen.*

Wer hat Wermuth Wohlgemuth erstochen? Wir haben keinen Hochschimmer. Wo ist das Messer und von wem stammt das Erbrochene?» Die Wetterstein schrieb auch hier auf den Flipchart: Täterschaft: *Offen.* Mordwerkzeug: *Verschwunden.* Sie führte das grosse Papier durchaus sehr geschickt, wohl in der Hoffnung, sich eine weitere Aktennotiz zu ersparen.

Kein Zusammenhang zwischen den beiden Fällen Kapelle und Wasserturm!

Vitus Honigmeier & Co. Wer liefert die Zaubertränke? K.-o.-Tropfen, wie wir wissen. Und woher stammt dieses Zeug? *Sehr verdächtig.*

Carsten Castell und seine Ausgrabungen etc. Was ist mit diesem Ochsner-Kübel voller Asche? Wir wissen noch nicht was es ist. Bitte dranbleiben. Du Chraie? Vermerk: *Verdächtig. Verzeigung. Weitere Abklärungen.*

Woher kommen die 27 Leichen, die wir bei der Maria Einsiedeln-Kapelle in Säcken verpackt gefunden haben? *Büttikofer klärt ab.*»

«Das haben wir auch noch vergessen», sagte die Wetterstein und schrieb weiter: «Was ist bei der Rammbold Moni und im Tröckneturm faul?

Und dito: Wer ist der Würger vom Restaurant Alt Sankt Gallen?

Symbolik der roten Krawatten mit dem Totenkopf? Wer sind die Kunden von Wohlgemuth? Und wozu das Ganze? Wo passt der mysteriöse Schlüsselbund?

Was ist mit dem Kunstblut, wieso ist die Guillotine so plötzlich unmotiviert heruntergefallen? Gibt es da einen geheimen Mechanismus?

Wer hat einen Schlüssel zum Grabentunnel und wozu?»

Du bist ja richtig gut, wollte Häfeli sagen als sich unvermittelt die Türe öffnete: Herein stürmte Freiluft-Dieterle und begann, ohne Guten Tag zu wünschen, zu schimpfen: «Ah hier sind Sie, alle drei, gemütlich versammelt. Veranstalten ein Gender-Seminar, für Anfänger, äh … in fortgeschrittenem Schlafmodus? Das würde Ihnen wohl sehr guttun, meine Herren, aber bitte unter professioneller Führung, versteht sich. Was ich kürzlich wieder über Sie gehört habe, unglaublich! Ich melde Sie beim Personalamt an, alle drei, sofort und vordringlich!»

Und mit Blick auf den Flip-Chart: «Offen, verdächtig, pendent, faul. Das ist ja allerhand … Sie tappen im Dunkeln? Haben wiedermal nichts in den Händen? Fabelhaft! Mann, machen Sie vorwärts!

Und dann noch dies: Sehr undankbar muss ich sagen, dass ausgerechnet Sie, Häfeli, unser Beamten-Cabaret platzen lassen. *Warten auf Godot*. Wäre immerhin ein schöner Zustupf an unsere Stadtkasse geworden. Büttikofer hat mir davon erzählt und gejammert, sie hätten ihn versetzt. Das ist ein Skandal! Daraus könnte eine Abmahnung resultieren, mindestens eine! Passen Sie auf. Guten Tag.»

Wuchtig schlug der Polizeivorstand die Türe zu.

Betretenes Schweigen. «Wo er Recht hat, hat er Recht, der alte Knaller», brummte Häfeli. «Absolut. Wir kommen wieder mal nicht vom Fleck! Der Rest ist Chabis.»

«Wo sollen wir fortfahren, neu beginnen, herumstochern?» fragte Kraienbühl.

Niemand wusste eine Antwort.

Oder doch?

«Klärt mal ab, ob einer dieser Wohlgemuth-Schlüssel zum Grabenkeller passt. Und ich habe noch eine Idee: Es gibt einen begehbaren Stollen, der vom Blumenbergplatz zur Sitter hinunter führt, ein Teil der städtischen Wasserversorgung. Keine Angst, als Fluchtweg für Steuerflüchtling nicht geeignet. Aber für eine Einzelmaske wie Wohlgemuth durchaus. Passt allenfalls auch hier einer seiner Schlüssel? Gibt es eine Verbindung zwischen diesem Stollen und dem Grabentunnel?»

Pause.

«Der Sage nach – oder auch nach anderen dunklen Geschichten – soll es im Mittelalter auch noch einen Fluchtstollen aus dem Kloster gegeben haben, für den Abt und seine Getreuen – wohin auch immer[57]. Manche glauben, dieser Stollen habe bis zum Frauenklösterli Notkersegg gereicht, via Mispeli-Höhle am Tivolihang, unterhalb der Speicherstrasse. Eigentlich praktisch, die Idee. Item.

Vergesst nicht: Morgen ist Schmutziger Donnerstag, volles Programm, der Thorenball im Hotel Blaues Kreuz; am Freitag die Premiere der Theaterfreunde Tablat im Tröckneturm, Sodom und Gomera. Ich spiele eine der Hauptrollen, und habe überhaupt keine Lust dazu, im Moment. Kommt ihr auch?»

---

[57]*Sagenumwobene Mispeli-Höhle, ehemaliger Eiskeller einer nahen Brauerei oder doch verwunschener Fluchtweg aus dem Klösterli Notkersegg?*

Schweigen. Die Stimmung war so ziemlich im Eimer. Ziemlich tief drin, in der ... genau. Kraienbühl setzte noch einen drauf: «Zu dieser Knill vom Liegenschaftenamt warst du kürzlich etwas gar grob, soll ich es sagen, fast unflätig. Die will dir irgendetwas erzählen ..., und du bist so abweisend. Ist doch spannend. Ich meine, du solltest dich bei ihr entschuldigen.»

«Vielleicht hast du recht, ich überlege es mir. Andererseits bin ich hier nicht der Briefkastenonkel und auch kein Sozialklempner, obwohl ich mir oft so vorkomme.»

Nach einer kurzen Pause knurrte er zu Wetterstein und Kraienbühl: «Arbeitet weiter oder baut Überstunden ab; ich versuche jetzt gleich, die Knill zu erwischen, nicht wahr, nicht äh …!»

Versöhnung?

Häfeli machte sich unverzüglich auf den Weg ins Liegenschaftenamt der Bauverwaltung, einen Stock tiefer, und klopfte artig an. Franziska Knill stand auf einem diskreten Schildchen an der Türe, die nach kurzer Pause aufgerissen wurde. «Ah, das ist aber eine schöne Überraschung, dass *Sie* mich besuchen, immer hereinspaziert. Sie wollen sich sicher bei mir entschuldigen …»

Häfeli hätte am liebsten auf dem Absatz kehrt gemacht, zwang sich aber zu Gutmütigkeit und setze sich auf den angebotenen Stuhl.

«Das ist also mein Reich», verkündete die Knill nicht ohne Stolz und machte eine ausladende Handbewegung. Ich wollte Sie ohnehin einladen, äh …»

Häfeli war die Lust sich irgendwie oder auch nur annähernd zu entschuldigen bereits wieder vergangen, versuchte aber, nicht ausfällig zu werden. Dennoch begann er, zunächst etwas zögerlich und ohne Skrupel im Plural gesprochen – sie seien letztes Mal in seinem Büro vielleicht ein bisschen gar grob mit ihr umgegangen, und das tue ihnen aufrichtig leid, und stellvertretend wolle er sich mit ihr versöhnen. Dem Frieden und der Stimmung im Amtshaus zuliebe. Das sei doch auch wichtig. Ein Angebot.

«Ich nehme Ihre Entschuldigung gerne an, Streiten bringt nichts, gell, das sagte ich auch daheim immer wieder. Und nun bin ich hier – ein grosser Sprung, von Hamburg nach Sankt Gallen, nicht? Die Gründe sind zumindest etwas dispers, beruflich und privat, obwohl das oft nicht auseinander zu halten ist, nicht wahr, nicht wahr. Sie stimmen mir sicher zu.

Ein entscheidender Grund, weshalb ich nach Sankt Gallen gekommen bin, ich sage Ihnen das ganz offen, ist nebst den Finanzen diese bedeutende und weit über die Schweiz hinaus bekannte Schwitzhütten-Community *Lieb-Egg*. Gemischt. In allen Formen. Für Heteros und andere. Separat. Für Emanzen und Kuschelmäuse. Was, die kennen Sie nicht, das ist natürlich sehr bedauerlich, und schade für Sie», ereiferte sich die Knill. «Aber die Lieb-Egg kennen Sie, dort oben im Riethüüüsli? Ich wohne übrigens in diesem Quartier. Eben, dort oben in einem geschützten Waldstück haben wir unsere Schwitzhütte. Sehr gediegen und kuschelig. Ich bin im Emanzipierte-Frauen-Programm, die anderen Formate interessierten mich im Moment weniger, sind mir noch zu wild, nicht wahr. Äh …, wahr ist, ich möchte das nicht. Noch nicht. Aber mit Ihnen könnte ich mir einen Versuch tatsächlich vorstellen. Andererseits, sage ich immer: Führt mich nicht in Versuchung, gell.»

Pause.

«Was, Sie waren noch nie auf unserer Webseite, und haben keine Schwitzhüttenerfahrung? Dann führe ich Sie gerne in die verschiedenen Geheimnisse ein, zunächst von ferne; wir emanzipierten Frauen treffen uns jeweils am ersten Dienstag im Monat, so entsteht Struktur. Leider ist es aber zurzeit so, dass wir viele Ausfälle haben, und Abmeldungen, dass verschiedene Gruppen zusammengelegt werden müssen. Die Zeiten sind heuer etwas speziell, nicht. Und mit Maske in der Schweizhütte, äh Schwitzhütte, das geht eigentlich nicht. Unkomfortabel und hinderlich. Auch beim Küssen, wenn Sie verstehen was ich meine. Man fühlt sich unfrei. Eingeengt. Gerade beim Küssen. Andererseits, es muss auch nicht zwingend sein, dreimal links, dreimal rechts, zweimal auf die Glatze. Na ja, andere Länder andere …, genau!

Kurz: Wir haben viel zu wenig Aktive. Und so trommle ich jetzt das halbe Amtshaus zusammen, hierarchisch gesteuert und separiert natürlich. Sie würden staunen, wer schon alles Mitglied geworden ist. Das heisst natürlich nicht, dass alle kommen, viele haben viel zu viel Angst. Und klar, nur mit der Maske bekleidet in der Schwitzhütte auf den heissen Steinen zu garen, ist ein ganz besonderes Feeeeling, ich gebe es zu, aber auch irgendwie aufregend. Stellen Sie sich das einmal vor. Aber keine Angst, es geht hier nicht um Sex oder Erotik, beileibe nicht. Wir haben stets einen Guru und Schamanen dabei, da passiert nichts, äh … in dieser Richtung. Keine schmutzigen Gedanken, kein Gegrabsche, keine Anmacherei. Das ist mir sehr wichtig. Wichtig ist die Esoterik.»

Häfeli mochte sich das gar nicht vorstellen: Hokuspokus für schmierige Gesellen wie den Honigmeier und alte Glüschtler? Zusammen mit der Knill? Nein danke!

Nahsporterlebnisse. Schamanen oder Scharlatane? Egal.

«Und Sie werden staunen, Herr Häfeli, wie Ihr Wunsch und Drang zur Selbstfindung, zur geistigen Autonomie und Selbstverwirklichung immer stärker wird, der Wunsch eins zu werden mit der gesamten Community und der Natur, dem Universum nicht wahr, nicht wahr. In Natürlichkeit und ohne Hemmungen vor sich selbst und den anderen, wie alles grösser wird, Ihr Selbstvertrauen, die Liebe und wie Sie Vertrauen finden, zur Gruppe, den heissen Steinen und den Sternen, zu unseren Schamanen und dem Gross-Guru.

Geben Sie sich einen Ruck, und machen Sie mit, werden Sie Mitglied. Ich begleite Sie in diese neuen Welten hinein. Keine Angst!»

Häfeli gab sich tatsächlich einen Ruck, stand etwas brüsk auf und verabschiedete sich von Franziska Knill, nicht ohne sich für diese spannende Lektion zu bedanken und ihr gleichzeitig noch einen Tipp zu geben: «Fragen Sie doch mal unseren Polizeivorstand, Edmund Freiluft-Dieterle, ungeniert. Der hat nicht nur das Flair für solche Sachen, äh … Experimente, sondern auch mehr Zeit als ich. Viel Glück. Und verbrennen Sie sich nicht, auf den heissen Steinen.»

Suppen-Hühner.

Vorsorglich lieferte Häfeli seine beiden Lieblinge, Roberto und Patrizia, wie sie es gewünscht hatten, bereits am Abend vor dem Schmutzigen Donnerstag bei Tante Jule ab. Sicher ist sicher. Und verabschiedete sich von ihnen mit einem zünftigen Schmatz.

«Pass auf dich auf», hatte Patrizia noch gesagt und gelacht! Heute war Generalprobe im Tröckneturm, Patrizia hatte ihm ihre Schminksachen herausgelegt und die künstlichen Fingernägel: Lindengrüne hatte er ausgewählt. Alles lag auf dem Küchentisch bereit. Morgen würden sie zum Einsatz kommen.

Die alte Dame freute sich über den Besuch von Roberto und Patrizia, so kam wieder einmal Leben in ihre Bude. Zuerst besprachen sie den Menü-Plan und natürlich das Unterhaltungsprogramm bis zum Aschermittwoch. Computerspiele nach den Schularbeiten und während Tante Jule kochte, dann Elfer raus, Joker und Eile mit Weile, obwohl Roberto das langweilig fand. Oder auch mal Sherlock Holms. Und vor allem Geschichten erzählen. Am Samstagabend hätten sie mit Freunden ein Festchen vereinbart. «Wird aber gar nicht so spät werden», bemerkte Patrizia, «und mach dir keine Sorgen.»

«Also gut, heute erzähle ich euch noch vor der Nachtruhe von einem alten Bekannten meiner frühen Jugendzeit: Allfred Hammerer, der Freund und Züchter von Geissen, Hasen, Hühnern und Enten. Ein schräger Vogel. Mit seiner Frau und den Tieren lebte er in einem alten, abbruchreifen Haus im Osten der Stadt, ich glaube an der Scheidwegstrasse war das. Eine Abbruchhütte im Endstadium, buchstäblich; wenn es regnete musste er im ganzen Obergeschoss Wannen und Kübel aufstellen, so undicht war das Dach. Seine kranke Frau lag den ganzen Tag im Bett und fristete ein trauriges Dasein. Im Winter war es in der Hütte saukalt, immerhin regnete es dann nicht hinein. Dafür hingen Eiszapfen an den Decken. Eiszeitzauber, könnte man sagen, und endlich mal einigermassen trocken. Der Hammerer selbst sah aus wie eine Kugel, nicht sehr gross, dafür eher dicklich, auch das Gesicht. Glatze, meist ohne Hut unterwegs, aber mit einem schwarzen Kittel und ebensolcher Hose, alles fettig und schmierig, abgewetzt, die Hose zu kurz. Eine armselige, eher unerfreuliches Erscheinung. Unrasiert und ungepflegt. So erschien er mindestens zweimal pro Monat meist angetrunken bei meinem Vater, der ihn beriet, unterstützte bei den Behörden, Steuern und so. Manchmal auch mit einer kleinen Geldspende.»

Die Tante machte eine kurze Pause. Dann sagte sie unvermittelt: «Ja, jetzt während der Fasnacht hat es euer Vater besonders streng, mit diesem komischen Thorenball, und diesem Theaterstück, wie hiess es doch wieder, ein merkwürdiger Titel, *Sonntag im Lido, oder Lago*, glaube ich.»

Pause.

«Wie geht es eigentlich eurer Mutter in Amsterdam?» Patrizia und Roberto wussten nur wenig zu erzählen. Mit diesem Thema war die Stimmung etwas ins Stolpern geraten und die alte Frau beeilte sich, den Faden wieder aufzunehmen: «Irgendwie war dieser Allfred Hammerer der Hammer. Besonders gefürchtet waren seine Geschenke, insbesondere zu Festtagen: Ein toter Hase, oder ein betagtes Suppenhuhn als Sonntagsbraten, schrecklich zäh, alle beide. Immer war alles zäh, was uns dieser alte Mann vorbeibrachte; nun ja, er meinte es gut mit uns, und Fleisch war für uns Kinder ohnehin nur selten auf dem Teller. Trotzdem wundere ich mich, dass ich damals nicht Vegetarierin geworden bin. Wer die Tiere geschlachtet hat und wie das vor sich ging – ich weiss es nicht, mir schwant mindestens in Sachen Hygiene Schlimmes, wenn man sich die gesamte Menagerie und die alte Hütte vor Augen hält. Spannend waren die zwar seltenen Besuche bei Hammerer in seinem Geisterhaus trotzdem.

Irgendwann starb seine Frau, und etwas später sein Rauhaardackel, er hatte ihn Waggis genannt. Während er den Tod seiner Frau gut wegstecken konnte, so schien es, war er über das überraschende Ableben von Waggis tieftraurig.

Am Boden zerstört.

Irgendwann ist Hammerer nicht mehr bei uns erschienen. Die Poulets kauften wir inskünftig in der Migros, fertig lustig mit Suppenhühnern. Und wie ihr seht, bin ich immer noch nicht

Vegetarierin.» Tante Jule gönnte sich eine Pause. Und blickte ihren beiden Schützlingen aufmunternd in die Augen.

«So das reicht für heute. Abmarsch ins Bett jetzt. Morgen schauen wir weiter. Und gute Nacht, meine Lieben.»

Roberto und Patrizia fühlten sich bei Tante Jule sehr wohl und verstanden. Ihre Entscheidung, vorübergehend bei ihr zu wohnen – und sich nebenbei etwas verwöhnen zu lassen – war absolut richtig gewesen.

Geschätzt. Geliebt. Geborgen.

«So drollig», würde die Rammbold Moni sagen.

Vielleicht auch noch im Schlaf.

Und ein bisschen neidisch sein?

Thorenball.

Am Schmutzigen Donnerstag war Kommissar Häfeli kolossal beschäftigt, mit den Vorbereitungen für den Fasnachtsball heute Abend, und mit seiner Rolle für die Aufführungen vom kommenden Freitag und Samstag: Sodom und Gomera im Tröckneturm. Beide Vorstellungen waren seit einiger Zeit restlos ausverkauft.

Das Auswendiglernen des Textes bereite ihm noch einige Mühe – und Sorgen. Zudem standen einige Pendenzen an, der kleine Hausputz mit dem Staubsauger, Kleider waschen, Bad putzen zum Beispiel. Die Putzfrau hatte sich frei genommen.

Ausschlafen. Vorschlafen. Vorbereiten des Kostüms. Schminken. Die Beine rasieren. Seinem Lieblingsnachbarn Gottfried Hugelshofer zuhören. Eine anstrengende Aufgabe.

Noch rasch ...
«Welche Maske nimmst du», hatte Hugelshofer gefragt, jedoch keine eindeutige Antwort erhalten: «Das wirst du noch rechtzeitig sehen!»

«Fahren wir gemeinsam hin?»

«Unabhängig ist vielleicht doch besser … Ich nehme die Vespa, trotz der ungewissen Wetterlage. Also, bis später, tschüss!»

Zur Auswahl standen die Konterfeis von diversen Politikern und Prominenten, insgesamt zehn verschiedene Sujets dieser Pflicht-Masken als Eintritt zum Thorenball. Seine eigene Maske mit dem gewünschten Sujet wollte er sich unauffällig an einer der drei Verkaufsstellen Rathaus, Tourismus-Büro oder Waaghaus organisieren. Event-Manager Willfried-Roger Bischof-Staubler war wieder in seinem Element. Endlich wieder einmal.

Die Maske galt gleichzeitig als Legitimation und Eintrittskarte inklusiv. Getränke-Bon, und war inwendig mit einer Laufnummer versehen, für die Auslosung der Lotterie. *Nicht übertragbar*, selbstverständlich! Gewinnen würde die am häufigsten verkaufte und in Betrieb gesetzte Maske und aus diesen würde der Hauptpreis ermittelt. Die Entlarvung oder Demaskierung war für 2 Uhr vorgesehen, früher bereits um Mitternacht, doch das war schon längt vorbei.

Eine nicht gerade berauschende Auswahl, wenig originell, fand Häfeli – und kaufte eine der Masken.

Zu Hause wollte er sich zunächst etwas entspannen und hörte vorerst Radio, übers Internet: *Der Grabstein*, eine verpasste Episode von Philip Maloney, dem unmöglichsten aller Privatdetektive, auf SRF3, jeden Sonntag. Köstlich! Meistens. Häfeli wollte nicht gestört werden. So liess er das Telefon ungeniert läuten. Auf dem Display des Apparats erschien Freiluft-Dieterle, der multiple Polizeivorstand.

Noch rasch das Kostüm kontrollieren, dasselbe wie immer. Dort fehlte ein Knopf. Na ja, nichts zu machen.

Noch rasch Roberto und Patrizia ein SMS senden. Sollte er Sabrina implementieren? Na ja, eher nicht.

Noch rasch die Ohren putzen, man weiss ja nie. Und duschen sowieso. Nützt's nünt so schadets nünt.

Noch rasch ein Schlitzohr oder unverbesserliches Chamäleon in die Kantonsregierung wählen. Oder eine profillose Herumdruckserin?[58] Die Wahlunterlagen lagen auf dem Küchentisch bereit.

Noch rasch die Steuererklärung komplettieren, immer wieder ein Genuss. Aber was tut man nicht alles für Vater – oder hiess es nun *Mutter* Staat?

Noch rasch seine Rolle für morgen checken. Jene Passagen, die er dauernd vergass. Und das waren einige. Er hatte an den Proben oft Mühe mit dem Text gehabt, sofern er überhaupt daran teilnahm. Die Theaterfreunde Tablat, recht anstrengend, das Ganze. Hatte er die richtige Rolle bekommen, wollte er überhaupt Theater spielen oder war das wieder nur so ein Spleen aus seiner Jugendzeit? Ein lauer Furz. Jetzt war es zu spät, um eine Retour-Kutsche einzuleiten oder die Rolle zu tauschen, die zur Auswahl gestanden hatte: Lustmörder, Don Juan, oder doch den Priester

[58]*Dialekt: Zaudererin/Zauderer.*

spielen, einen gütigen alten Mann, mit langen grauen Haaren, der alles besser wusste? Auch das würde passen. Absolut unverdächtig. Oder etwas ganz anderes? Irgendwann wollte er einmal in eine Frauenrolle schlüpfen! Die Männer antanzen lassen und an der Nase herumführen. Verarschen. Sich die Lippen so richtig knallig schminken, rot, karminrot, deftig, verrucht.

Eine Hure spielen?

Warum nicht.

Knallroter Body.

Knallrotes Strumpfband.

Knallroter Schmollmund.

Schwarze Fingernägel.

Schwarze Strümpfe. Mit Naht.

So heiss war es dann doch nicht herausgekommen. Aber immerhin noch heiss genug: Als (vermeintliche) Frau Frauen küssen. Das war neu. Und erst noch als Pfarrerin verkleidet. So war es auch zu etwelchen erotischen Szenen hinter dem Vorhang gekommen. Dass Theaterspielen so sexy sein konnte, wer hätte das gedacht.

Noch rasch genüsslich furzen. So ganz indiskret.

Noch rasch in der Nase bohren.

Noch rasch was?

Tea for two.
Endlich hatte er Zeit für Gypsy, dabei dachte er auch an Kraienbühl, und seine Katze. Begann der nun auch noch zu spinnen? Wegen seiner neuen Katze. Ein Kater. Napoleon hiess der.

«Meine Katze trinkt, sie trinkt leidenschaftlich gerne Tee, Grüntee, lauwarm», hatte er kürzlich erzählt, «saust gerne mit dem Skateboard in der Wohnung herum, braucht mindestens zwei Toiletten, wie meine letzte Freundin. Spielt gerne …»

Noch rasch etwas Musik hören? Wieso nicht: *Schachtar gäge Gent*. Züri West. Zum Beispiel:

I cha mi selber nüm ghöre, viellicht chont öppis am Fernseh. Mer hocked uf em Sofa, jedes uf sim Platz, und lueged Schachtar gäge Gent, zweiti Halbzit. Dänn trinked mer d'Fläsche us u gö go schlafe. Scho wieder ä Tag meh, wo mer üs nonig hei trennt.

Immer noch nicht getrennt. Aber jetzt hiess es erstmal vorschlafen. Doch das Telefon weckte ihn nach kurzer Zeit, meinte er. Hugelshofer. Wieder einmal.

«Spinnsch, brüllte Häfeli ins Telefon. Du bist mindestens sechs Stunden zu früh. Was fällt dir ein …»

«Wieso warst du nicht an der Beerdigungsfeier der Engels? Du wurdest vermisst. Sehr traurig, die Veranstaltung. Nur einige wenige Neugierige aus dem Quartier. Den mit einem Bildnis einer Katze bedeckten Sarg haben wir ohne dich in der Gegend herumgetragen. Bei Graupelschauer. Und Giovanni, ja der mit dem Gewehr, packte 15 tote Tauben aus seinem Rucksack aus, ungebraten; alle hatten im Sarg natürlich keinen Platz. Wieder mal so ein Kommunikationsproblem. So haben wir die übrigen 10 spontan, aber friedlich anderweitig entsorgt. Na ja.»

Pause.

«Du, nur noch rasch das: Sebastian Vonwantz-Zirkel, der stramme Alt-Lehrer, ist zwar pünktlich erschienen, erstaunlich, hat sich nicht gedrückt, wie du, wirkte aber sehr, wie soll ich sagen: Geknickt. Verschupft. Bedrückt. Und irgendwie auch depressiv.

Bim Lichemöhli[59] weinte er mir beinahe in den Kittel. Seine Valérie gehe fremd, mit dem Sankt Galler Altersheim-Quartier-Box-Weltmeister, murkste er schliesslich hervor …, unglaublich. Valérie wolle sich scheiden lassen. Was sollte ich dazu sagen?

Lass sie doch, sei froh! Geniess' deinen Part, *jetzt*; da hast du einen Steilpass erhalten, einen Penalty frei, oder was?»

Pause.

---

[59]*Dialekt: Leichenmahl.*

«Komm heute Abend auch zum Fasnachtsball ..., sagte ich zu Sebastian. Vielleicht war das ein grandioser Fehler. Du, der überlegt sich's tatsächlich, und wittert Chancen für einen erotischen Befreiungsschlag.

Wir sollten uns das ebenfalls vormerken, gell mein lieber Bert! Trudeli hat Migräne und deine Frau verlustiert sich in Amsterdam, nicht? Also. Auf geht's, packen wir es an!»

«Was ...? Ich wollte eigentlich *vorschlafen*, nicht herumquatscheln», bemerkte Häfeli ungehalten.

«Du weisst schon. Da heisst es zugreifen. Wieder mal.»

«Äh ..., du meinst wie anno Domini an der Metzgerstrasse 11[60]?» Häfeli knurrte irgendetwas vor sich hin, zu viel Grüntee trinken sei ungesund, hörte Hugelshofer.

«Also: Komm ja nicht zu spät, wenn die Party vorbei ist hat es keinen Sinn mehr, gell. Game over! Ich kenne das von dir, geht heute aber gar nicht. Den Rest besprechen wir *sur Place*. Wird sicher lustig ...!»

Häfeli legte auf.

Später kanockelte das Telefon erneut. Kraienbühl. Häfeli musste abnehmen, auch Gewicht, dringend; sein Bodymassindex war wieder miserabel. «Wa häsch?» fragte er mürrisch.

«Das glaubst du nicht, lieber Freund! Diese Asche aus dem Ochsner-Kübel beim Castell, du erinnerst dich. Weisst du was das ist?»

«Asche!»

«Eben nicht, das heisst ja! Asche von Menschen. Verbrannt. Leichen-Asche. Mindestens 50 an der Zahl, meint die Fröhlich, eher mehr. Völlig undefinierbar. Alles durcheinander gemixt, das Labor sei total überfordert. Was machen wir mit dieser Info?

Übrigens: Ich komme auch, heute Abend. Du wirst mich nicht erkennen ... Am Thorenball.» Kraienbühl lachte und legte auf.

---

[60] *Vgl. Galgenvögel. Mord in Sankt Gallen und andere Geschichten. Band 2.*

Asche von über 50 Leichen, wie kommt Castell dazu, fragte sich der Kommissar. Und wozu lagert er diese in einem Abfall-Container? Nach den Fasnachtstagen würde er eine Antwort suchen oder finden müssen. Zeitnah!

Aber jetzt war Fasnacht. Wieso eigentlich *Thoren*ball? Mohrenball hätte auch gereicht. Aber Mohren hatten bekanntlich ausgedient, da musste ein echter Thor ran, mit Hammer und ohne Sichel, aber sehr gefährlich, der Wettergott für Fasnächtler; oder war's eine Frau?

Action im Blauen Kreuz.
Häfeli verschlief den ganzen Nachmittag, den frühen Abend. Als er auf die Uhr schaute war 21.30 Uhr vorbei. Das Telefon läutete erneut. Hugelshofer: «Wo steckst denn du? Die Party ist in vollem Gang, und ich bin bereits da und dort tätig. Am Akquirieren, mit vollem Einsatz. Zweihändig. Macht richtig Spass …

Wann kommst denn du endlich dahergeschneggelt[61], erst nach der Demaskierung? Los jetzt, gib dir einen Schupf!»

Fluchend kleidete er sich um und machte sich auf den Weg in den Westen der Stadt. Mit *Frida*, seiner roten Vespa[62], mit Mantel und Helm. Saukalt war es, die Strassen glänzten silbrig-weiss. Glatteis in Sicht. Musste das sein?

Im Entrée des Hotels Blaues Kreuz beim Bahnhof Winkeln schaute Häfeli zuerst nochmals die zur Auswahl stehenden Masken an. Es eilte ihm gar nicht, in den schwül heissen Saal hineinzudrängeln. Also: Zehn Gesichter von vermeintlich oder tatsächlich wichtigen Sankt Galler Persönlichkeiten, überraschend paritätisch ausgewählt, und mit einem Kurz-Kommentar versehen. Irgendwie läppisch, das Ganze. Das konnte ja heiter werden, Häfeli war gespannt darauf, welche Maske gewinnen würde. Zur Wahl standen bei den Männern:

---

[61] *Dialekt: dahergekrochen.*

[62] *Häfeli besitzt noch eine zweite Vespa, zitronenfaltergelb; vgl. auch Galgenvögel. Mord in Sankt Gallen und andere Geschichten. Band 2 dieser Trilogie.*

Stadtpräsident, umringt von zahlreichen nicht realisierten Leuchttürmen. Stilisiert. Eine Karikatur. Wie die übrigen Sujets.

Schulvorstand, kürzlich erfolgreich abgewählt. Bestatter des Sankt Galler Kinderfests. Möchte nach seiner Abwahl das Bestatterbusiness umwälzen und neu strukturieren.

Gesundheitsdirektor des Kantons, geplante Spitalsschliessungen, dringend notwendig, seit Jahren schon mit prächtigen Defiziten, nicht unbestritten nach dem Motto, jedem Täli sis Spitäli[63].

Trainer des FCSG, im Abstiegskampf stark engagiert, dabei aber nicht ganz unerfahren. Manchmal glücklos.

Unersättlicher Vampir, Lustmolch greift permanent zu. Fragt sich nur wo. Wer ist das nächste Opfer?

Und bei den Frauen? Merkwürdig viele Präsidentinnen boten sich an, wohl als Folge der grossartigen Frauenförderungsinitiative des Tathauses zum Jubiläum des Frauenstimmrechts von 1291. Also, geht doch:

Präsidentin von Gastro Sankt Gallen, immer im Kampf gegen den kreisenden Pleitegeier, fordert grosszügige stattliche (eigentlich müsste es hier wohl heissen *staatliche*) Hilfe, auch für unfähige und überforderte Wirtschäftlerinnen.

Ortbürgerpräsidentin, kürzlich neu gewählt, aus Genf. Schon wieder eine Frau. Wir sind gespannt und optimistisch.

Präsidentin der Namenkommission, zur Ausmerzung männlicher Stassen-Namen und Mohrenkopf-Liebhaberinnen, wenn irgend möglich.

Sankt Galler Bratwurstpräsidentenprinzessin, gluschtig, würzig und fein, braun gebraten. Ohne Solarium und Senf.

Und schliesslich als Letzte im Bunde, aber nicht unoriginell, die:

---

[63]*Dialekt: jedem Tal sein Spital.*

Unbekannte Unholdin, Lustmolchin, auf der Pirsch. Stets am Ball, leise und zunächst unauffällig, liebt dunkle Nächte. Vollmond grundsätzlich aber nicht unerwünscht.

«Bereits im Foyer begegnete ihm eine Maske, die ihm verdächtig glich, in seinem aktuellen Zustand, also ohne Maske. Woher kam denn diese, die gar nicht verkauft wurde, auch nicht an der Abendkasse. Wie war das möglich? Zugelassen waren doch nur die zehn offiziellen Sujets.

«Bist du's Chraie?» fragte er leise und trat nahe an die Person heran. «Hau bloss ab du Lüstling», klang es dumpf unter der Maske hervor. Eine männliche Stimme? Unklar. Die Person trug ein blaues Hanswurst-Kostüm und Turnschuhe. Oder war's eine Frau, das Parfüm roch recht süsslich. Als er sich wieder nach dem Hanswurst umschauen wollte, war dieser verschwunden. Und dort hinten, was sah er dort – wieder ein illegales Sujet, eine Gruppe überdimensionierter Mohrenköpfe machte einen Höllenlärm mit Saxophon und Trompeten, Rätschen und Trommeln. Schräg und oft vieles falsch gespielt, die Musikstücke kaum mehr erkennbar. So richtig Guggemusig verdächtig.

Häfeli hielt sich die Ohren zu – und stürzte sich ins Getümmel, erdrückend, die Hitze, die Mischung aus Parfüm aller möglichen Provenienzen, Schweiss, Bier, Lust und weiss der Herrgott was noch. Erdrückend ebenfalls der Lärm, die Schunkelmusik der *Immerfeuchten Mülltaler* aus dem Vorarlberg, die grossartig aufspielten.

Gelächter, Geschwätz, Gekicher. Geplärre.
Geschunkel, Gemunkel, Geplänkel.

Ausgelassene Stimmung. Friedlich. Aber laut. Klar.
Überall.

Wieso nicht?
An der Fasnacht.
Sogar in Sankt Gallen.

The latest News.
Irgendwas vibrierte in seiner Hosentasche. Doch bevor er das Handy hervorklauben konnte, war die Verbindung zusammengebrochen. Er zog sich auf die Toilette zurück und wollte zurückrufen. Unterdrückte Nummer. Plötzlich hörte er wieder eine ihm bekannte Stimme sagen: «Hallo Pussybärchen, schön dass du da bist. Wie siehst du denn heute aus?»

«Wie ein Pussybärchen halt.»

«Ich wollte nur deine Stimme hören … du, aber ich bin im Fall noch nicht betrunken.»

«Lass das Theater, Annegret! Wo bist du?»

«Auf der Toilette, wie du.»

Pause.

«Hallo, bist du noch da? Da du mich jetzt nicht treffen möchtest, sage ich dir die *Latest News* von heute Nachmittag rasch am Telefon. Du wirst staunen:

Bingo! Der Schlüssel-Bund von Wermuth Wohlgemuth, einer davon passt zum Graben-Keller, ein anderer zu diesem Versorgungstunnel vom Blumenbergplatz bis zur Sitter hinunter. Ob ein Verbindungsgang zwischen den beiden besteht, konnte ich auf die Schnelle nicht feststellen. Sollen wir das heute Nacht checken, nur wir zwei?»

«Ok. 22.30 Uhr beim Bahnhof Winkeln. Wenn wir uns nicht vorher treffen, auf der Tanzfläche? Wie siehst denn *du* aus?»

«Find's heraus, flüsterte die Stimme. «Stichwort lindengrün ...» Häfeli hörte Annegret lachen, und legte auf, mit feuchten Händen. Ob das eine wirklich gute Idee war, dieser Nachtbummel in dunklen Kellern und Gruften, kostümiert?

Häfeli stürzte sich wieder ins Gewühl, mit seinem Tiroler-Gwand, der zu kurzen Lederhose, dem spitzen grauen Filzhut. Da und dort glaubte er, jemanden an der Stimme zu erkennen, Hugelshofer und Kraienbühl, oder am Parfüm: die Rammbold Moni oder Géraldine Vetter, die ehemalige Klassenlehrerin der Ost-

Gang im Oberstufenzentrum Ost[64], oder doch Annegret? Oder gar eine Stadträtin, in gewagtem Kostüm? Meist täuschte er sich. Was ihn allerdings sehr erstaunte, wie zutraulich viele, vermutlich weibliche? Maskenträger an seinen nackten Beinen und an der Lederhose herumfummelten, seinen Po berührten, den spitzen Hut streichelten. Oder in seine Hosenträger griffen und diese spicken liessen. Irgendwie übergriffig. Immer wieder.

Häfeli als Lustobjekt, wenn er das Kraienbühl erzählte? Der würde sich totlachen. Häfeli beschloss jedenfalls, nie mehr in kurzen Lederhosen herumzulaufen.

An der Fasnacht schon gar nicht. Chabis.

Ob die Knill vom Liegenschaftenamt auch hier war, oder wieder in ihrer Schwitzhütte auf der Liebegg, mit dem Polizeivorstand? Irgendwie konnte und wollte er sich das alles nicht vorstellen. Drollig würde die Rammbold Moni wohl sagen. Irgendwann wurde es ihm in diesem stickigen Saal zu bunt und so versuchte er, eine einigermassen ruhige Ecke zu finden. Und fand sie – auf der Bühne, oder besser an deren rechtem Rand, zwischen Vorhang und Wand, mit bester Aussicht auf das wunderbare Treiben. Hätte das Stück der Theaterfreunde Tablat nicht doch besser Sodom und Gurkensalat heissen sollen? Aber wir wollen nicht umtriebig spotten, oder gar moralisieren, gell.

Immer wieder konsultierte er leicht nervös die Uhr. 22.20 Uhr.

Einige Minuten später steuerte Häfeli zielstrebig auf die Garderobe zu, holte seinen dicken Mantel ab und beobachtete ein Aschenputtel mit schwarzen Haaren und grünen Strümpfen, die dasselbe tat. Auf dem kurzen Weg zum Bahnhof Winkeln schlich er sich von hinten leise an sie heran und flüsterte: «Pussybär ist hier.» Falls es nicht die Wetterstein war, würde er nun wohl eine saftige Ohrfeige einheimsen.

«Die Frau blieb stehen, drehte sich um, leicht erschrocken. «Da bist du ja, endlich!» Und küsste ihn auf den Mund.

---

[64] *Vgl. Galgenvögel. Mord in Sankt Gallen und andere Geschichten. Band 2.*

«Aha. Du spielst also eine dieser unbekannten Unholdinnen, als Mann …» Annegret zog ihm die Maske vollends vom Gesicht. Und küsste ihn gleich nochmals.

«Oh!» Erstaunt schaute er auf ihre Maske: Sein Gesicht. Eine Häfeli-Maske. So ein Schwachsinn!

«Die haben wir mit Kraienbühls Computer designt und auf dem 3D-Drucker geprintet; hat etwas Zeit gekostet. Cool nicht? Und hier beim Eingang an die 20 Stück verteilt. Freust du dich? Na ja …, gewinnen wirst nichts heute Abend.»

«Vielleicht dich?»

Die Wetterstein schwieg, lachte auch nicht. Irgendwie kam ihm das verdächtig vor.

«Hast du den Schlüssel dabei?»

«Für den Grabenkeller? Nein.»

Manana es otra dia.
Mit seiner Vespa fuhren sie zum Amtshaus, um Schlüsselbund und Taschenlampen zu holen. Trotz des dicken Mantels spürte er ihren Körper. Wie in Seefeld. Damals. Im Winter. Nur ohne Mantel.

«Das ist sehr gefährlich, was wir hier tun, gell, du weisst es schon, mein Schatz.

Und wenn wir uns wieder verlieben …?»

«Dann ist es einfach schön … Und wir sind glücklich. Wie sagtest du immer? Manana es otra dia.

Schau ma amol wie lang der Tag no dauert.»

Mit starken Lampen und dem Schlüsselbund ausgerüstet stiegen die beiden in ihren Fasnachtskostümen zuerst in den Grabenkeller hinunter, die Türe liess sich problemlos öffnen. Häfeli hatte den richtigen Schlüssel erwischt. Pflichtbewusst schloss er hinter sich ab. Man weiss ja nie … Dunkel, muffig und saukalt war es hier unten.

«Aschenbrödel, hast auch kalt?»

«Mach keine Witze! Igit! Hier riecht es überdies wie in einer Totengruft, komm, wir beeilen uns, und machen, dass wir so schnell als möglich wieder herauskommen.» Annegret Wetterstein schlotterte.

Über sich hörten sie gelegentlich das leise Brummen von Autos, manchmal zitterte die Decke leicht. Unheimlich. Ob die das aushielt, jeden Tag? Es schien so.

Sie schauten sich die Gänge und Nischen genau an, den Boden, suchten nach weiteren Türen, diejenige am östlichen Ende des Ganges war zugemauert, aber jene zum Blumenbergplatz hin? Häfeli und Wetterstein probierten alle Schlüssel durch und wollten sich enttäuscht abwenden. Endlich, der letzte passte. Vorsichtig öffneten sie auch diese Türe, das Licht sprang automatisch an und sie blickten in einen etwa 80 Meter langen Gang aus Beton, zweifellos neueren Datums, der wieder vor einer Türe endete.

«Sesam öffne dich!» Und tatsächlich standen sie nun im Treppenhaus, das zum Frischwassertunnel und dieser weiter bis zur Sitter hinunter führt, ganz in die Nähe des Tierheims, Sitterhöfli, heisst das. Sie stiegen die Treppe zwei Stockwerke hinunter und standen in besagtem Tunnel, hörten das Wasser in der riesigen Röhre rauschen, blieben stehen und hörten einen Moment lang zu. Ohrensausen.

Vom Wasser?

«So das reicht, wir haben das Geheimnis gelüftet, die beiden Tunnel haben eine Verbindung!» freute sich Häfeli. «Wir haben den Fluchtweg dieses Herrn Wohlgemuth gefunden. Super! Den Rest können wir gelegentlich bei Tageslicht anschauen. Warst du schon mal im Tobel unten, an der Sitter?» Annegret schüttelte den Kopf.

«Dann wird es höchste Zeit! Ein schöner Sonntagsspaziergang, oder im Sommer, wenn er denn kommt, gegen Abend vielleicht? Aber gut, lassen wir das im Moment. Entweder ist der Würger vom Alt Sankt Gallen auf diesem Weg geflüchtet, oder er hat sich damals irgendwo im Graben-Tunnel versteckt, bis die Luft wieder rein war.»

Etwas müde stiegen die beiden die Treppen wieder hoch, lehnten sich oben ans Geländer, schauten hinunter, schauten sich an. Überhitzt. Immer noch Ohrensausen. Und küssten sich. Wie er den Geruch ihres Köpers liebte.

Das Licht erlosch.

Züchtig.

Irgendwann gingen Häfeli und Wetterstein zurück ins Amtshaus. Lift in den 3. Stock. Sie hatten den Lichtschalter nicht gedrückt, Notlicht reichte, deponierten Lampen und Schlüssel in seinem Büro. Er schaute in ihre schönen braunen Augen, und auf die Uhr, während er sich auf die Couch setzte.

«Mitternacht ist schon vorbei! Wenn wir zur Demaskierung zurück sein wollen, müssten wir vorwärts machen.»

«Sehr romantisch! Wir könnten uns auch hier demaskieren, nochmals, auf deiner Couch. Ich möchte mich auch hinsetzten.»

Ungefragt setzte sie sich hin, auf seine Oberschenkel.

Konfetti im Mund.

«Nenn mich künftig Anna, wenn du mich liebst, oder wenn du mich lieben möchtest.»

Irgendwann küssten sie sich nicht mehr, dösten vor sich hin, wenn auch nur kurz, wie es ihnen schien. Schreckten plötzlich auf: «Du, wir sollten uns schleunigst auf den Weg machen. Plan B wäre, hier weiter zu arbeiten. Was meinst du? Wir könnten uns eine Pizza bestellen, oder so.

Plan C: Wir wechseln ins Büro des Polizeivorstands.»

Anna entschied sich für den ursprünglichen Plan, sie richteten ihre Kostüme, bei der Lederhose gings schneller, nicht aber bei Annegrets Makeup.

«Oh! Alles verschmiert.»

«Wie es sich gehört. Das ist doch egal, und passt zum Aschenputtel.»

«Ich muss nachschminken, wenigstens die Lippen! So viel Zeit muss sein.»

Häfeli wartete, suchte nach seiner Maske und fand sie unter Annas Schleier, garniert mit Konfetti, nahm die Tirolerin nochmals in den Arm. Hielt sie fest. Von hinten.
«Anna, vergiss die Maske nicht», flüsterte er ihr ins Ohr – und verschmierte ihre frisch geschminkten Lippen. Mit grosser Freude. Lust. Und Akribie. Annegret biss ihn leicht in die Wange.

Frida, die rote Vespa, stellten sie möglichst diskret, aber nahe beim Eingang zum Blauen Kreuz ab. Und zeitnah sowieso, sie waren spät dran.

Einige Masken fallen.
Die Rangverkündigung und Preisverteilung der Lotterie war bereits in vollem Gang: Leider sei es zu Unregelmässigkeiten durch illegale Masken gekommen», hörten sie den Event-Manager sagen, auf die Medaillen-Plätze habe dies aber keinen Einfluss gehabt, wie er den hochverehrten Sankt Galler Fasnächtlern und Fasnächtlerinnen soeben verkündete. «Die gesamte Rangliste ist bei der Lotterie in mehreren Exemplaren und grossflächig ersichtlich, auch im Internet unter *thorenball.sg.com.* Sie kennen das alle schon. Oder soll ich Ihnen wenigstens den letzten Rang bekannt geben, es ist der … Nein, ich sag's nicht, sehen Sie selbst. Bitte ein kurzer Applaus für den grandiosen Verlierer.

Und so komme ich nun zum Finale:

Auf dem 3. Rang finden wir den *Stadtpräsidenten* mit seinen nicht realisierten Leuchttürmen, ganz knapp vor der *Schönen Bratwurstpräsidentenprinzessin.* Na ja. *Sie* haben entschieden. Ohne Senf.

Auf dem 2. Rang, übrigens ein Kopf-an-Kopf-Rennen mit Platz eins: Der *Unersättliche Vampir.* Eine Erfolgsnummer. Bravo!

Und auf dem 1. Rang, wie von mir erwartet und vorausgesagt: Die *Unbekannte Unholdin* gewinnt den ersten Preis und sie wird weiter gewinnnnnnen. Ich gratuliere!» Der Event Manager verneigte sich tief. Tosender Beifall.

«Somit ist die Demaskierung eröööfffnet. Und die Tombola!

Ob *Ihre* Maske ebenfalls einen Preis gewonnen hat, sehen Sie in der Lotterie. Viel Spass beim Ausziehen, äh ..., ich meine beim Suchen Ihres Trost-Preises, oder so. Und auf Wiedersehen, im nächsten Jahr, beim nächsten Thorenball im Blauen Kreuz!»

Wieder tosender Beifall.

«Du, ich verschwinde aus dem Getümmel zu meinem Logen-Platz, kommst du mit?» fragte Häfeli. Zusammen wühlten sie sich durch das Getümmel, immer noch maskiert und setzten sich wieder in die Vorhang-Laube, am rechten Rand der Bühne.

Eine überwältigende Übersicht.

«Dort, etwa in der Mitte, schau mal, dort steht Kraienbühl, mit Clown-Kostüm und *Deiner* Maske.» Annegret zeigte mit dem Finger auf mitte-links. «und wer steht denn da neben ihm, wer, wer? Die Rammbold-Moni als Osterhase. Echt kuschelig. Aber wo hat denn die ihre Hand? Zu drollig.»

«Ich seh' nichts, bei mir steht eine Hexe davor. Ärgerlich.»

«Hexe? Wart's ab, ich zeige es dir, bei nächster Gelegenheit.» Annegret lachte.

«Wirklich ein guter Ausguck. Dort hinten steht Hugelshofer in einem Gärtner-Kostüm, sehr originell, mit einer rothaarigen Glücksfee. Schade, dass wir nicht mehr erkennen, für welche Masken sich die Leutchen entschieden haben. Bratwurstprinzessinnen oder Stadtpräsidenten, das ist hier die Frage. Zum Beispiel. Dort sehe ich Claudia Wunderlich als Froschkönigin, sieht aus wie aus dem Fundbüro hervorgezaubert ...»

«Du bist so böse», unterbrach ihn Annegret.

«Gar nicht, wieso? Die arbeitet zurzeit dort. Und dort drüben, deine Freundin, Larissa Schneider, die dir so gerne Kaffee macht.

Du, der Kerl, den sie dabei hat, das ist doch der Fremdenführer des Krematoriums, dieser Josef Dunkel, oder täusche ich mich?»

«Stimmt. Aber egal, ich mochte diesen dunklen Josef von Beginn weg nicht. Dass die auf ältere Männer steht wusste ich nicht.» Annegret kniff ihn in den Arm.

«Düster und seifig. Entweder färbt sein Beruf ab, oder es stimmt was nicht. Komm, wir gehen, ich habe genug für heute. Bringst du mich mit deiner Frida nach Hause?»

«Natürlich, wir sollten uns aber noch rasch bei Kraienbühl verabschieden, gell.»

«Trotz der holden Rammbold Moni mit den vielen Tattoos? Die alles so drollig findet. Dich doch auch.»

«Gerade deshalb.»

Die beiden bahnten sich demaskiert einen Weg Richtung Ausgang, klopften da und dort jemandem auf die Schulter, klopften sich selber und endlich auch noch Kraienbühl auf die Schulter, beim Vorbeigehen, also auf beide Schultern. Aber dieser war beschäftigt. Brummte irgendwas von besoffenen Deppen. Und erkannte sie nicht. Die Moni schon gar nicht. Sie waren stark beschäftigt.

Dafür streifte Häfeli beim Hinausgehen nicht ganz ungewollt Géraldine Vetter, die ehemalige Lehrerin von Roberto, seinem Sohn; sie hatte ihn sehr wohl erkannt und schnitt eine unschöne Grimasse. Bäh … Dann stand plötzlich auch noch seine Nachbarin vor ihm, Valérie Vonwanz-Zirkel, im Schneewittchen-Kostüm, und zeigte bedrückt auf ein Handgemenge hinter sich. Ihr Sebastian, als Wilhelm Tell verkleidet, prügelte sich heftig mit einem riesigen Schimpansen herum. Chancenlos. Häfeli wollte gerade dazwischengehen, als Sebastian krachend zu Boden stürzte. Ko. Der Schimpanse liess ab, roch ziemlich streng, nach Schweiss und Knoblauch. Alkohol. Alles zusammen ergab eine intensive Mischung. Wie ein Starkstrom-Deo.

«Hol die Security», befahl er einem als Priester verkleideten Zuschauer, der sich gerade bemühte die Hand aus dem Décolleté seiner Gespielin zu ziehen. Die Nonne kicherte, ohne verlegen zu werden.

Endlich waren sie an der frischen Luft, sogen sie genussvoll ein. Aber saukalt war's trotzdem.

Mit der Vespa fuhr er Anna zu ihrer Wohnung im Klosterviertel. Trotz des dicken Mantels spürte er ihren Körper. Wie in Seefeld. Damals. Im Winter. Ohne Mantel.

«Kommst du noch mit mir hoch»? fragte Annegret. «Damit wir uns nicht erkälten, ein Jagertee; getrunken haben wir ohnehin fast nix …»
«Obwohl du für heute genug hast? Sagtest du vorhin …Und ich bin auch hundemüde.»

Unter der Strassenlaterne vor dem «Splügen» küssten sie sich. Um diese Zeit war niemand mehr unterwegs, bei diesem Sau-Wetter schon gar nicht.

Auch nicht in Fasnachts Zeiten.

Herrschafts Zeiten!

Zeit, stille zu sein. Oder zu werden.

Konfetti und Schlüsselspiele.

Am Freitagmorgen nach dem Schmutzigen Donnerstag und der langen Nacht sass Kraienbühl unerwartet zeitig im Büro. Alleine. Untätig wäre falsch vermutet, er hatte sich einiges vorgenommen. Aber was war denn das für eine Sauerei? Überall lag Konfetti herum, auf dem Gang im ehrwürdigen Amtshaus, und im Büro, auf Häfelis Pult, und auf dem mausgrauen Sofa. Zwei leere Flaschen Möhl-Saft, alkoholfrei. Soso, aha. Und die Luft? Etwas abgestanden. Aber das war er sich hier gewöhnt.

Irrwisch im Amtshaus.
Kraienbühl wartete auf Annegret Wetterstein. Holte sich einen Kaffee. Dachte nach. Sein Chef hatte sich frei genommen, nur kurz, für die Fasnacht und die Theater-Session mit der Tätergruppe Tablat, äh… Theatergruppe. Hatte er gestern zu viel getrunken? Aufregend war's mit Moni, eine ganz kurze Nacht. Die Spritztour zuvor durch den verschneiten Burgweiherpark, nach dem Thorenball und weit nach Mitternacht, fast ein Morgenspaziergang, Hand in Hand, von Küssen unterbrochen. Die Besichtigung des Tröckneturms unter Monis kundiger Führung, nicht nur der Bar; dort hatte er zwei weitere Tattoos kennengelernt, mit der Taschenlampe. Und nebenbei die imposante Holzkonstruktion mit den alten Balken bewundert. Für die Fledermäuse und Holzwürmer hatten die zwei Verliebten keine Zeit. Drollig würde Moni wohl sagen.

Nach dem Aufwachen und Räkeln im Bett hatten sie wacker geflirtet, gelacht und sich auf den Abend gefreut. Beide.

Kraienbühl dachte sehnsüchtig an Moni, versuchte sie anzurufen, doch sie antwortete nicht.

Auch die Wetterstein kam nicht. Verschlafen?

Kraienbühl blieb alleine im Büro sitzen, blätterte im Online-Portal der lokalen Zeitung herum und las den Artikel über den gestrigen Ball im «Blauen Kreuz». Die Unbekannte Unholdin habe den ersten Preis gewonnen, die Maske. Na ja. Die Fasnachtsfete hatte ihm sehr gut gefallen, dank Moni.

Unter «Unbekannte Frauen am Herd» las er einen Artikel über die längst überfällige Umbenennung der Poststrasse. Da die Briefpost heute praktisch keine Rolle mehr spiele und immer teurer werde und somit ohne Bedeutung, sei vorgesehen, die Poststrasse in *Am-Herd-Strasse* umzubenennen, als Wirtschaftsförderung und PR-Massnahme, zur Wertschöpfung, äh … Wertschätzung aller unbekannten Frauen am Herd im 19. und 20. Jahrhundert. Pauschal. Viele Gender-Genossinnen seien begeistert auf diesen Zug aufgesprungen. Ein Zusammenhang mit der fast gleichnamigen Bundesrätin bestehe indessen nicht. Auf jeden Fall sollten nun wie gewohnt und ohne Rücksicht auf anfallende Kosten und Entschädigungsforderungen die Poststrasse «befreit» und in den nächsten Jahren verschiedene männliche Namen von bedeutenden Persönlichkeiten ausgemerzt und durch weniger bekannte Frauennamen ersetzt werden. Ein klassisches Fasnachtsthema. Ein Witz? Kraienbühl schüttelte sich.

Endlich läutete das Telefon in den verschlafenen Morgen hinein, fast etwas unflätig: Die Chefin der Guggemusig *Irrwisch* fragte an, ob sie heute Nachmittag den Polizeivorstand und das Amtshaus mal so richtig intonieren dürften, sprach «von Durchrütteln und Durchblasen, Erleuchten wie ein Irrlicht», so gegen 16 Uhr würde passen, hervorragend. Ein kleiner Apéro natürlich auch.

Kraienbühl schaute rasch auf den Kalender von EFD im Computer. «Sehr gut, tun Sie sich keinen Zwang an, kommen Sie ungeniert. Freiluft-Dieterle sollte da sein. Er wird sich freuen, und mit ihm das ganze Amtshaus. Herzlich Willkomm! Und: Nur kein Leisetreten! Bitte.»

Kaum aufgehängt rief die Wetterstein an, sie tönte irgendwie etwas verschlafen, rauchige Stimme, allenfalls auch noch verkatert? Durchaus erotisch. Sie nehme heute frei, sie sei so frei, es laufe ja ohnehin nichts, während der Fasnacht.

«Und wie war dein Abend, gestern?» erkundigte sich Kraienbühl. «Hast du dich gut amüsiert, jemanden kennengelernt, war's schön?»

«Dreimal ja! Aber jetzt bin ich noch etwas müde … Und du?»

«Ich auch, hatte ein strenges Rendez-vous – eine Nacht-Session. Ziemlich wild. Hast du dich verliebt, wie heisst der Schangli?»

«Keine Ahnung. Was ist das, ein Schangli[65]? Solche Sachen bitte auf Hochdeutsch, sonst gibt es Missverständnisse, gell.»

Pause.

«Du, ich habe dich mit der Rammbold Moni gesehen, eng umschlungen. War's schön?»

«Ja. Eben. Sehr. Bist du eifersüchtig?»

«Nein.»

«Sicher nicht?»

«Nein, noch nicht!» Er hörte die Wetterstein am anderen Ende lachen. «Du, ich geh' wieder schlafen. Morgen wird' s nochmals streng. Also … Kommst auch in den Tröckneturm, wenn der Chef Theater spielt, ich meine, mal so richtig?

Sodom … und du weisst ja. Die Vorstellung ist ausverkauft.»

«Ja klar, aber warte mal, Gretl. Ich möchte die Moni mitnehmen, ist ja quasi ein Heimspiel für sie, sie hat frei. Meinst du, der Alte könnte uns noch einen guten Doppelpatz organisieren?»

«Frag ihn selbst, aber wird wohl schwierig werden. Weiterhin gute Nacht und bhüet di!»

Kraienbühl versuchte Häfeli zu erreichen, Festnetz und Handy. Erfolglos. Auch seine Moni erwischte er nicht. Heute Abend wollten sie in ihrer Wohnung gemeinsam fein kochen und essen. Er freute sich auf das «Liebes-Menü», das er in solchen Fällen präsentierte. Und auf das Theater am Samstag. Wieder einmal.

Die Rammbold Moni war wirklich nicht zu verachten, in mancherlei Hinsicht; sie beherrschte die Klaviatur der Lust und des Geniessens, Herumblödeln und Lachens hervorragend, hatte verblüffende Einfälle und Humor. Frech. Und aufgestellt. Schräg. Formidable! Da kann selbst ich noch was lernen. Und das Beste, sie säuft gar nicht – oder nicht mehr. Na ja, ein bisschen, wie ich

---

[65]*Dialekt: Kerl.*

halt. Kraienbühl war für einmal ausgesprochen zufrieden. Mit sich selbst. Der Fasnacht. Und sogar mit seiner Arbeit.

Heute Abend wollte er die Moni aber auch noch etwas ausfragen, in Ruhe, vielleicht im Bett erst. Über ihren (angeblichen) Ehegatten, ob sie einen Freund habe oder Liebhaber. Wahrscheinlich. Über die Geheimnisse dieses Tröckneturms und der Kapelle … Sie wusste mehr, davon war er überzeugt. Ihn erwartete also ein spannendes Wochenende!

Hatte er sich wieder mal verliebt?

Salz oder Schnee?

Zunächst wollte er aber den Wirt des Restaurants Alt Sankt Gallen in die Mange nehmen, diesen Othmar Muff, ein seltsamer Kauz. Zuerst genehmigte er sich einen weiteren Kaffee. Kraienbühl wollte seinen Chef mit etwas Zählbarem beeindrucken. Mit was auch immer.

Sie trafen sich im Alt Sankt Gallen; während der Fasnacht sei er hier unabkömmlich, sagte der Wirt. Das Lokal war krachend leer. Umso besser für das «Interview».

«Also. Die Sache ist verdächtig», begann Kraienbühl. «Die Guillotine ist ja wunderschön, und alt auch noch. Aber an jenem Abend, als der Kerl mit dem roten Hut und der roten Krawatte, oder war es doch eine Frau? ins Lokal stürmte, die Musik-Box einstellte und Sie am Hals packte, die einzigen Gäste nebst uns ganz ergriffen unter der Guillotine sassen, die plötzlich herunterfiel, und Blut herumspritzte. Eine Frau wurde bespritzt. Kunstblut, wie sich später herausstellte. Sie erinnern sich ...»

«Selbstverständlich. Nicht alt, die Guillotine, ein original Louis trente-deux, König von, na ja, Sie wissen schon … Und kein Kunstblut, Wein. Ein billiger, aber süss wie Blut. Tatsächlich. Wollen Sie mal probieren?»

«Danke nein. Wir vermuten einen Trick, einen Mechanismus um von irgendwas abzulenken, oder einen vorgezogenen Fastnachts-Scherz? Wir hatten an jenem Abend schon das Gefühl, Sie würden den Typ mit der roten Krawatte kennen; ich bin mir da inzwischen sicher. Was wollte der von Ihnen? Packen Sie aus.»

Kraienbühl ging zur Musik-Box und drückte F13: *Salz und Stahl* von Patent Ochsner.

«Ah, Sie möchten etwas Salziges? Darf ich Ihnen etwas anbieten, ein Bündner Plättli, sehr lecker. Oder einen Whisky, man soll die Feste feiern, wie sie …, eben.»

«Nein danke, im Moment nicht, vielleicht später, wenn wir hier fertig sind. Also: Erzählen Sie mal, Herr Muff, bitte schön. Die Wahrheit.»

«Sie haben recht, ich habe hier unter der Theke drei Knöpfe. Wenn ich den ersten drücke, fällt die Guillotine runter – ein beliebter Schmäh, den man allerdings nicht übertreiben sollte. Zusammen mit dem zweiten spritzt Wein hervor, oder Kunstblut, wie Sie meinten. Der dritte ist eine Alarmanlage, für den echten Notfall. Kein Spielzeug.

An jenem Abend wollte ich eigentlich den dritten Knopf drücken, um den Typen zu erschrecken, der mir den Hals immer stärker zudrückte, bis ich kaum mehr Luft bekam. Ich erwischte die anderen beiden Knöpfe, den Rest kennen Sie. Der Vorfall tut mir leid.»

«Soso, tut Ihnen leid. Das freut uns.

Und wer ist nun der Würger mit der roten Krawatte, wir haben eine Spur. Erzählen Sie, leugnen ist sinnlos.

Der Mann ist übrigens tot …»

«Was? Gott sei Dank! Äh … Entschuldigung.

Haben *Sie* ihn auf der Flucht erschossen oder … Oder hat er sich selber gerichtet, ein goldiger Schuss?» erkundigte sich der Wirt.

«*Sie* haben ihn ermordet, geben Sie's zu.» Kraienbühl wagte einen Überraschungscoup.

«Ich, wieso? Nicht dass ich wüsste. Und wozu?»

«Hören Sie auf mit dem Theater», Kraienbühl schaute Othmar Muff scharf an. «Von wem sprachen Sie vorhin eigentlich, wie heisst der Kerl?»

«Na ja, es ist etwas schwierig, verstehen Sie mich.» Der Wirt zierte sich und wollte nicht recht mit der Sprache herausrücken.

«Es ist in der Tat delikat. Ich hatte da mal einen Spezi, Zulieferer, Schnee und so. Illegal, Sie verstehen, Handel und Konsum. Ich persönlich nehme das Zeugs nicht, das ist mir zu gefährlich, und ich brauche es auch nicht. Aber ich habe da manchmal den einen oder anderen Interessenten in meinem Laden, die mich fragen, Sie verstehen, insbesondere nach Schnee und so.»

«Ich verstehe noch nicht ganz; hören Sie auf, um den heissen Brei herum zu reden. Sie sind sicher einverstanden, wenn wir das Gewerbekommissariat aussenvor lassen. Oder? Wie hiess dieser Spezi?»

Muff zögerte noch. «Wermuth Wohlgemuth, heisst der und wohnt gleich hier um die Ecke, an der Metzgergasse. Ein Alki und Kiffer erster Güte, handelt aber noch mit weit härterer Ware, Gemütsaufhellern, wie bereits erwähnt. Ursprünglich Chemiker, irgendwo hat der eine Giftküche, äh, ein Labor, in dem er werkelt, synthetisiert und spintisiert. Wenn er nüchtern ist. Na ja, das wurde aber immer seltener.

Seit einiger Zeit war die *Medizin* jedoch schlecht gemischt, gestreckt, verdünnt. Nahezu unbrauchbar. Ich bekam Reklamationen und erteilte ihm Lokal-Verbot, ich habe auch einen Ruf zu verlieren, Sie verstehen. Das ertrug der Kerl nicht und so wollte er mich an jenem Abend nötigen, wieder mit ihm ins Geschäft zu kommen. Ein Dummknopf! Ich lasse mich nicht zu etwas zwingen, was ich nicht mehr möchte. Verstehen Sie.»

«Wohlgemuth ist *unser* Mann, und inzwischen mausetot, wie gesagt.»

«Verstehen Sie mich richtig, guter Mann. Ich war das nicht! Aber es ist auch kein Verlust für mich – und die Menschheit. Übrigens fällt mir gerade noch ein: Er hat oft mit seinem grossen Schlüsselbund geprahlt, an dem tatsächlich viele Schlüssel hingen, unter anderem auch für Geheimgänge und so, behauptete Wohlgemuth. Ich habe das nicht ernst genommen, ein Schnorrer halt. Wollen Sie *jetzt* einen Schnaps? Geht aufs Haus.»

«So, nun aber im Ernst, Herr Muff, was wissen Sie über seine Frau, Madleina Wohlgemuth-Wackernagel, die kennen Sie doch auch», fragte Kraienbühl nach der Pause: Ein sehr unglückliches Ehepaar ...»

«Nicht allzu viel ...» Ein Lächeln huschte über seine Lippen. «So viel ist klar: Leicht hatte die es auch nicht, mit ihrem Wermuth. Manchmal war Madleina mein Gast, hier, hat mir ihr Herz ausgeschüttet. Wenn ihr Mann besoffen zu Hause herumlag. Oder nachdem er sie halbtot geschlagen hatte. Dieser Kerl war gefährlich, wenn er getrunken hatte. Cholerisch und gewalttätig, duldete keinen Widerspruch, hatte grosse Mühe mit seinen häufigen Niederlagen, Fehlinvestitionen und Irrtümern. Es überrascht Sie vielleicht, wenn ich das sage: Ein typischer Mann halt, mit zu viel Testosteron und Komplexen, der sich nicht im Griff hat. Seine Gefühle schon gar nicht.»

Pause.

Triebe im Frühling.
«Madleina war oder ist da ganz anders. Attraktiv. Eher kühl, zunächst. Feinfühlig. Sensibel. Mit viel Empathie, klar als Medium muss sie ... Äh ..., jedenfalls gefiel sie mir von Anfang an. Ich bin zwar verheiratet, auch das habe ich Ihnen erzählt. Dennoch waren wir einige Male in ihrem Ferienhaus in Madulain, Madleina und ich. Ihre Eltern haben es ihr hinterlassen. Ein Glücksfall. Und meine Frau weiss nichts davon.

Skifahren. Stahlblauer Himmel. Aufregend. Rauf und runter. Oder bevorzugen Sie Schlitteln, zu zweit? Im Mondschein. Mit ziemlich viel Jägertee. Was, Sie kennen Madulain nicht, in der Nähe von La Punt, im Oberengadin?» Kraienbühl schüttelte den Kopf.

«Irgendwie hat der liebe Wermuth Wind davon bekommen. Und wieder gab es Ärger. Und Schläge für Madleina, nicht zu knapp. Komisch, nicht, häusliche Gewalt à Discrétion. Möchten *Sie* das? Ich verstand nie, weshalb sie ihren Mann nicht längst verlassen und ihn bei der Polizei angezeigt hatte. Immerhin, vor einigen Wochen erzählte mir Madleina, sie habe sich emotional und beruflich verändert, selbständig gemacht – trage nun wieder ihren Mädchennamen. Wackernagel. Zudem wollte sie mich nicht mehr ins Ferienhaus mitnehmen, das sei jetzt vorbei. Und sie lasse sich nun endlich scheiden, habe genug; ihre Ehe sei gescheitert. Das wussten wir alle schon seit langem. Ich habe das längst realisiert, und das als Aussenstehender. Aussenseiter. Aber die sind meist schneller, als jene, die selbst in der Suppe herumköcherln.

Und nun ist er also gestorben, dieser Wermut-Trinker. Ich weine ihm keine Tränen nach, und Madleina sicher auch nicht.

Reicht ihnen das?»

Zurück im Büro schusterte Kraienbühl rasch ein Protokoll zusammen, und versuchte dann, Häfeli telefonisch zu erreichen. Wo der wohl wieder steckte? Endlich nahm er ab. «Was gibt's Dringendes, ich bin im Schuss …»

«Schuss, du? Mich würde viel mehr interessieren, wo du herumhocksch, es geht mich ja nichts an, aber nach der letzten Nacht, sturmfrei und so.

Du, übrigens, dein Büro ist total verdreckt, der Boden, dein neues Sofa, das Pult, mit Konfetti, überall! Eine illegale Session? Irgendjemand muss gestern Nacht hier gewesen sein … Eine spontane Feier in unserem Büro? Vielleicht Freiluft-Dieterle – und eine Hexe?»

«Aha. Soso. Vielleicht! Räum' bitteschön auf», antwortete Häfeli. «Danke. Aber um was geht es jetzt eigentlich?»

Kraienbühl erzählte von seinen neusten Erkenntnissen im Alt Sankt Gallen. «Super gell?» Vom Thorenball. «Schade, dass wir uns nicht getroffen haben, warst du überhaupt dort?» Die Gretl habe er auch nicht gesehen. «Sehr schade. An sich. Trotzdem habe ich mich wieder mal verliebt, total, und du würdest nie erraten in wen. Da staunst du, gell?»

«Nein, bei dir staune ich gar nicht mehr, Chraie. Überhaupt nicht.

Das ist ein Kompliment. Aber gut gemacht, mit dem Mufti aus dem Alt Sankt Gallen und dieser Madleina.

Manchmal wundere ich mich ein wenig, wer sich alles und plötzlich zusammentut, zusammenfindet, dank der Triebe, den Frühling schon fast in Sichtweite. Das ist ja wie bei den Schimpansen. Aber gut.»

Pause.

«Du, bestell Frau Wohlgemuth-Wackernagel ins Kommissariat, Aschermittwoch, 10 Uhr. Wir müssen der auf den Zahn fühlen, herausfinden, was die weiss. Allerhand, denke ich. Und sag ihr gleich, die Leiche ihres Mannes sei definitiv freigegeben, damit sie die Beerdigung für ihren Wermuth vorbereiten kann. Subito. Von mir aus. Und: Mit uns muss sie nicht rechnen, an der Abdankung.»

Kommst du heute Abend auch in den Tröckneturm, Sodom und Gomera? Ich muss mich noch vorbereiten …»

«Leider nein, heute geht's nun wirklich nicht, aber morgen gerne, bitte organisiere mir zwei gute Plätze – lass dich überraschen, wen ich mitbringe. Danke. Also bis morgen.» Kraienbühl legte auf. Hatte er nicht zuvor noch eine Stimme gehört, leise, «komm wieder ins Bett, Schatz», oder so. In österreichischem Dialekt.

Annegret? Er wunderte sich, und würde ihr gelegentlich auf den Zahn fühlen.

Abrupt wurde Kraienbühl aus seinen Gedanken gerissen. Der Polizeivorstand stürmte ins Zimmer und sah die Konfettibescherung, leere Flaschen. «Was ist denn das für eine Sauerei, im Lift und auf dem Gang. Überall. Waren *Sie* das? War der Fasnachtsball hier, gestern Abend? Unglaublich. Und weshalb wurde ich nicht eingeladen? Lassen Sie die Sauerei entfernen. Sofort! Haben *Sie* mir den Termin mit der Guggemusig eingebrockt? Unerhört, ich habe keine Zeit für solchen Unfug. Verstanden?»
Kraienbühl erlaubte sich zu widersprechen: Der Besuch der Gugge sei doch eine Abwechslung, für ihn, den Polizeivorstand, und das gesamte Amtshaus. Ein Ereignis, möglicherweise sogar mit gebührender Resonanz in den Medien. Ob er nicht gleich noch einen kleinen Apéro organisieren lassen solle. «Und die Konfetti würde ich so belassen, oder besser noch: Mehr aus-

streuen, grosszügig; zusätzlich und überall verteilen, wenigstens im 3. Stock, so fühlen sich die *Irrwische*, so heisst die Guggenmusik, gleich wie zu Hause. Was meinen Sie?»

«Gute Idee», sagte der Polizeivorstand nach kurzem Zögern, «wenn die Presse kommt drücken wir ein Auge zu. Und sind für einmal kulant.»

Der Auftritt der Irrwische im Amtshaus war grossartig, ein voller Erfolg. Voller Leben. Und Überzeit als Folge.

Kraienbühl zog zufrieden von dannen, kaufte schön ein für das geplante Abendessen mit Moni, kurzfristig nun doch in seiner eigenen Wohnung. «Lieber bei dir Schatz, so lerne ich gleich dein Reich besser kennen», hatte sie am Telefon gesagt. Und: «Ich freue mich so, und bin gespannt, was du für mich kochst; bis bald.» Sie habe noch eine geschäftliche Besprechung und komme daher etwas später.

Liebes-Menü.
Endlich begann Kraienbühl so richtig zu arbeiten. Wohnung Staubsaugern, grob abstauben, war dringend notwendig, Bad und WC putzen, intensiv. Weiss Gott. Bett neu beziehen, lange Haare zusammensuchen. Napoleon hatte kurze Haare, rote und weisse. Und mehr. Tisch decken. Servietten. Kerzen.

Dann begann er mit den Vorbereitungen für das kleine, aber gediegene «*Menü Aphrodisiaka*»; auch die Menü-Karte hatte er mit viel Phantasie kreiert und geprinted. Auf dem iPad las er das Rezept sorgfältig nach. Als Eröffnung hatte er vorgesehen:

Prickelnder Champagner mit Granatapfel und Basilikum. Einen Löffel Granatapfelkerne und zwei Basilikumblätter ins Glas legen und das Ganze mit Champagner auffüllen.

Granatäpfel gelten wegen ihres hohen Vitamin C-Gehalts als Nektar der Liebenden, während Basilikum ätherische Öle enthalte, das ebenfalls anregend wirke, las er. Aha. Anregend. Sehr schön!

Vorspeise: Ein Mund voll Spaghetti oder zwei, mit einer Auster. Spaghetti normal kochen bis kurz vor die Bissfestigkeit.

Ableeren und in eine Bouillon-/Ingwerlösung geben, bis die aufgesaugt ist. Auf Teller anrichten und mit Auster (oder zwei?) garnieren.

Das ätherische Öl der Ingwerwurzel wirke durchblutungsfördernd, wärmend und anregend auf die Libido. Zudem enthalte die scharfe Knolle die wertvollen Mikronährstoffe Vitamin C, Magnesium, Eisen und Calcium. Grund für den verführerischen Ruf der Auster sei insbesondere ihr hoher Gehalt an Zink und Eiweiss. Das Spurenelement Zink trage zur Erhaltung eines normalen Testosteronspiegels im Blut bei.

Kraienbühl fühlte sich heute absolut biss- und kratzfest; Ingwer liebte er in jeder Form, auch Libido anregend und über seinen Testosteronspiegel hatte er sich bisher noch nie Sorgen gemacht. Von mir aus auch dank Zink. Allerdings kamen ihm bei diesem Wort die vielen Zinksärge in den Sinn, die er im Krematorium gesehen hatte. Weg mit diesen blöden Gedanken. Subito.

Hauptgang: Wildlachs Suprise. Wildlachs (auch Liebeslachs genannt) vorsichtig mit Chili gewürzt, serviert auf einem Spinatbett mit einer Prise Muskat, dazu eine Sauce Hollandaise. Letztere wollte er weglassen, er mochte dieses Geschmiere nicht.

Hochinteressant: Chilli und Muskat werde eine stimulierende, liebesfördernde Wirkung nachgesagt, Spinat erweitere dank seinem Magnesiumgehalt die Blutgefässe und Lachs sei sehr proteinreich, was die Ausdauer fördere. Hervorragend.

Und schliesslich das *Dessert: Erdbeeren an Mascarponecreme.* Erdbeeren in Honig ziehen lassen und vor dem Servieren mit der Creme überziehen. Voilà.

Erdbeeren seien Vitamin-C-Bomben und schützten vor Ermüdung, las er. Das Zink in den Samenkörnern leiste einen wichtigen Beitrag zu einer normalen Fruchtbarkeit. Hä, Fruchtbarkeit? Na ja, übertreiben wollen wir es heute Abend ja nicht, gell. Honig enthalte Vitamin B6, das unter anderem zur Regulierung der Hormontätigkeit beitrage. Und Calcium steigere die Signalübertragung zwischen den Nervenzellen. Soso.

Das tönt alles extrem vielversprechend. Absolut erotisierend und überzeugend gluschtig, fand Kraienbühl. Die Auswahl des Menüs war zweifellos richtig, um nicht zu sagen: Genial! Und so freute er sich auf einen aufregenden Abend mit Variationen. Am frühen Morgen hatte er dazu passende Weine aus dem Keller geholt und kaltgestellt. Den Weissen. Lecker. Das Wasser lief ihm bereits im Munde zusammen. Doch gemach, Geduld. Zunächst war noch einiges zu tun. Zu erledigen.

Pause.

Seelenfenster?
«Heute Abend erzähle ich euch wieder Geschichten.» Tante Jule freute sich, fast mehr als Roberto und Patrizia? «Auch von eurem Vater, als er noch jung war, äh … klein. Aber hört erstmals, was mir kürzlich passiert ist.» Tante Jule nahm einen Schluck Tee.

«Also. Ich wollte im Laden um die Ecke ein paar Sachen einkaufen, fürs Abendessen. Hat's euch übrigens geschmeckt?» Roberto und Patrizia nickten. «Als ich auf den Laden zugehe, sehe ich ein kleines Auto, ein Fiat oder Lancia auf dem Parkplatz stehen, der Motor läuft, stinkt friedlich vor sich hin. Doch der Wagen war leer, also nicht ganz, der Besitzer wohl rasch etwas einkaufen gegangen, oder auf der Post. Im Denner eine Schnapsflasche für den Abendumtrunk besorgen, ein Schlafmittelchen? Ich schaue in den winzigen Wagen hinein, sehe ein Kleinkind in seinem Babystühlchen sitzen, auf dem Beifahrersitz einen Scotch-Terrier, von mir aus auch ohne Scotch, der wacker gähnt, und höre Hip-Hop Musik oder Hop-Hip, ziemlich laut für meine Begriffe, obwohl ich nicht mehr so gut höre. Ich höre das Kind nicht, aber es weint verzweifelt. Der Hund scheint sich an solche Szenarien gewöhnt zu haben.

Eine Frechheit in jeder Hinsicht, nicht? Ohne Rücksicht auf die Umwelt, das Kind, den Hund. Den Motor laufen lassen, bis der Diesel aus ist? Wer ist der Fahrer? Ein Mann oder eine Frau?

Ich tippte auf Frau, ein Mann fährt nicht mit einem so winzigen Gefährt in der Gegend herum, und kauft auch noch ein. Ich warte gespannt, hab' ja Zeit genug. Entspannt und neugierig. Wie immer. Und siehe da, es kommt ganz gemütlich und sich keiner

Schuld bewusst daher geschlendert – ein *junger Mann*, steigt in seine Büchse und fährt ab. Männer sind Schweiiine, sang der Grönemeyer dazu, kennt ihr den? Kein Schwein würde das tun.»

«Klar doch, den Gröli kennen wir noch knapp; das Stück ist aber von den Ärzten, gell.» Roberto lachte.

«Was Ärzte? Welche Ärzte? Da geh' ich nur im Notfall hin!» Tante Jule kramte ein Fotoalbum hervor und zeigte auf ein älteres Holzhaus: «Hier ist euer Vater auf die Welt gekommen, in diesem Appenzeller Haus. Auf drei Seiten hat es weisse Schindelfassaden. Seht mal, die Fenster sind recht klein, und hier oben, die winzigen Fenster oder Löcher in der Fassade. Wisst ihr was das ist?» Roberto und Patrizia hatten keinen blassen Dunst.

«Das sind Seelenfenster, so werden die Fensterchen genannt, meist unverglast gleich unter dem Dachstock, winzig klein. Immer offen, damit – wenn jemand in dem Haus stirbt – die Seele den Ausgang findet, verduften kann, wenn es ihr in einem Körper zu viel geworden ist. Und tschüss! Ein alter Brauch, den viele heute nicht mehr kennen. Auch in Bündner Häusern kann man sie sehen; bewundern.»

«Glaubst du an diese Seelenfensterchen?» frage Patrizia.

«Vermutlich glaubten die Menschen in diesen Häusern in früheren Jahrhunderten, dass die Seele ein Fenster braucht, um das Haus zu verlassen, ihren Frieden zu finden. *Ich* glaube, dass die Seele, die jeder Mensch hat, davon bin ich überzeugt, kein Fenster benötigt. Und ein geöffnetes sowieso nicht. Die Seele lässt sich nirgendwo einsperren. Aber fragt mal euren Vater, was er dazu sagt.»

Tante Jule nahm einen kräftigen Schluck Tee. Roberto und Patrizia waren nachdenklich geworden. Und riefen wie aus einem Mund: «Ich vermisse Papa, obwohl es bei dir auch sehr schön ist. Und Mama auch. Wie es ihr wohl geht, in Amsterdam?»

«Was ist eigentlich mit dieser Reise, die wir alle miteinander machen wollten, um Mama zu treffen, zu überraschen?» legte Roberto nach. «Davon redet heute auch niemand mehr.»

Die alte Dame sagte nichts dazu. Schade, dachte sie; ich wäre gerne wiedermal nach Amsterdam gefahren. Aber ist sicher besser so. Für alle.

«Die nächste Geschichte ist zwar lustig, aber gleichzeitig auch traurig», begann sie wieder zu erzählen: «Als Kinder haben euer Vater und sein Bruder Michael gerne und oft Streiche gespielt. Immer wieder. So auch Fräulein Lutz, der behinderten Haushalthilfe – taubstumm und auch sonst etwas reduziert, vorsichtig formuliert. Sie putzte gerne, vor allem auch mit dem Staubsauger, fuhrwerkte eifrig mit dem Gerät in der Wohnung herum, bis es den Jungs zu bunt wurde und sie den Stecker rauszogen. Pause für den Staubsauger. Den Staubsauger störte das nicht, und Fräulein Lutz merkte es nicht. Vorläufig. Irgendwann realisierte sie es doch und regte sich fürchterlich auf.

Ein Mordsspass für die Buben, zuzuschauen, wie die arme Frau mit grossem Einsatz mit dem Staubsauger herumfuhrwerkte; wenn sie dabei ihre Spielsachen malträtierte, unabsichtlich natürlich, fanden sie es weniger lustig. Aber Strafe muss sein. Fräulein Lutz beschwerte sich bei der Mutter und die Jungs wurden bestraft. Irgendwie. Hat das euer Vater nie erzählt? Irgendwie wird's wohl so gewesen sein. Und vor allem wurden sie aufgefordert, Fräulein Lutz nun ungehindert ihre Arbeit, an der sie grosse Freude hatte, verrichten zu lassen, obwohl die Kinder gar keine Freude an ihren Putzbemühungen hatten. Eine Zumutung, mehr noch, eine Tortur, und durchaus gefürchtet, da das Durcheinander auf Tischen und am Boden ihrer Zimmer durch das Wirken von Fräulein Lutz eher noch grösser wurde und hie und da Bestandteile auf rätselhafte Weise spurlos verschwanden: ein Lego, ein komplettes Autöli oder ein Puzzlestück. Im Schlund des Staubsaugers versunken – und dann irgendwo fehlte. Tränen und Wut. Flurschäden, die sich nicht vermeiden liessen, wenn man Fräulein Lutz weiter beschäftigen wollte. Abschlagen von Farbe an den Wänden durch übereifriges Hantieren mit dem Staubsauger, beschädigte Tapeten, zerkratzte Stühle und zerschlagenes Porzellan, auch im Bad gehörten zum Programm. Sehr ärgerlich. Aber auch die behinderte Frau konnte einem leidtun. Sie gab sich alle Mühe und war froh, eine sinnvolle Arbeit gefunden zu haben.

Die Mutter jammerte nie und meinte, das sei eine gute Tat, auch wenn Nutzen und Schaden kaum auseinander zu halten waren. Die Arbeit gebe der armen Frau eine Struktur und Sinn. Dem hatten sich die Kinder zu fügen. So war das, damals.»

Pause.

«Allez hopp jetzt ins Bad; ihr könnt im Bett noch etwas lesen. Oder wartet noch rasch diesen Schwank ab. Also: Ich stand am Marktplatz und hoffte auf einen Bus nach Hause. Endlich kam einer daher. Ein junger Mann wollte aussteigen, mit einer etwa 160cm breiten Matratze, brachte diese aber kaum mehr aus dem Bus heraus. Zerrte und fluchte. Endlich gelang das Unternehmen und so marschierte er zufrieden davon, Richtung St.Mangenkirche. Die Matratze auf dem Kopf. Flugs flutete eine Guggenmusik den Bus. Der dann endlich abfuhr, aber ohne mich und viele andere, die sich wacker aufregten. Ein Mordsspass, dieses Schauspiel. So, jetzt ist endgültig fertig lustig.» Tante Jule schloss ihr Geschichten-Schatzkistchen für heute.

Verschwunden.

Kraienbühl hatte alles vorbereitet, vorgekocht, soweit möglich, den Wein vorgekostet, soweit notwendig und vertretbar.

Kraienbühl wartete, trank hin und wieder einen Schluck Wasser, oder Wein. Nicht zu viel, und wartete. Doch Moni kam nicht.

Kraienbühl wurde langsam aber sicher nervös, schaute immer wieder auf die Uhr. Telefonierte. Überlegte. Schrieb ihr ein SMS. Ohne Erfolg. Was war geschehen? Wartete. Sehnsüchtig. Ungeduldig. Und telefonierte wieder, 22 Uhr war längst vorbei. Und das schöne Nachtessen? Die Freude daran war erkaltet.

Endlich läutete es an der Türe. Endlich! Moni. Nervös eilte er ins Bad, fuhr sich noch rasch durch die Haare und öffnete die Türe. Oh …! Draussen stand die Nachbarin von vis-à-vis, Napoleon im Arm. «Ich bringe Ihre Katze zurück, habe sie miauend in der Waschküche gefunden», bemerkte die Frau. Und: «Bei Ihnen riecht es aber fein …»

Kraienbühl bedankte sich, nahm den weinenden Napoleon in den Arm und schloss leise die Türe. Aber wo war Moni? Napoleon schlang sein Fressen hinunter, strich ihm um die Beine, maunzte, bis er ihn auf die Knie nahm und zufrieden zu schnurren begann. Doch Moni kam nicht zum Vorschein. In seiner Aufregung hatte er nicht einmal bemerkt, dass sein Liebling verschwunden war.

Schliesslich rief er Häfeli an, der auch prompt abnahm, ein eher seltener Vorgang. «Was ist denn nun schon wieder, ich bin gerade von der Bühne gekommen. Fertig, das Theater im Tröckneturm. Ich bin hundemüde. Wie es gegangen ist? Na ja, eher mässig, ich hatte da und dort kleinere Probleme, meine Rolle zu finden und zu interpretieren, vergass da und dort etwas aus meinem Text. Aber wir haben eine gute Souffleuse.

Und du, alles in bester Ordnung?»

«Ich? Schlecht. Ich habe gekocht, für Moni, ein Festmenü, aber sie ist nicht gekommen. Und jetzt ist das Essen kalt. Alles ist kalt. Häfeli, ich sage dir, da stimmt was nicht.

Ich könnte den Znacht aufwärmen, fertig machen; hast Lust und Appetit zu einer feinen Midnight-Session, bei mir? Würde mich freuen, dann könnte ich dir auch mehr erzählen.»

«Lieber nicht, ich mag jetzt nicht essen und hab auch gar keinen Hunger. Bin einfach müde … Die Dame hat dich versetzt, so ist das, wäre ja nicht das erste Mal. Oder einfach vergessen. Kommt vor …» Häfeli hustete. «Eigentlich muss ich meine Stimme schonen, für morgen Abend, gell. Aber morgen Mittag würde es mir sehr gut passen, ich bin alleine; kannst du das Essen nicht dann aufwärmen?»

«Alleine …? Doch, das könnte passen. Aber ich glaube nicht, dass sie mich versetzt …, sie hat mich um halbsieben noch angerufen, es werde etwas später. Und sie freue sich wahnsinnig. Lange Zeit habe sie niemand mehr bekocht, ein Mann schon gar nicht.

Oder weisst‘ was, wir fahren zu ihr, in ihre Wohnung und schauen nach. Ich wäre froh, wenn du dabei sein könntest, du würdest mir einen Riesengefallen tun. Und du musst ja nur zuhören. Das ist deine Chance …!»

«Einverstanden. Ich warte auf dich.»

Etwa eine halbe Stunde später hupte Kraienbühl vor Häfelis Haus. Die beiden fuhren Stadt einwärts, Langgasse, Blumenbergplatz, Rosenbergstrasse, Kreuzbleiche.

«Fürstenlandstrasse? Wohin fahren wir eigentlich?»

«Fürstenlandstrasse Nr. 43b, du kennst die Wohnung, zur Rammbold Moni …»

«Was sagst du da? Die Rammbold ist deine neue Freundin, definitiv? Das ist ja, äh … unerhört, oh … spannend. Wirklich?» Häfeli tat erstaunt, als ober er von gar nichts wüsste.

«Genau», Kraienbühl überlegte nicht lange. Am Thorenball sind wir uns nähergekommen.»

«Soso. Am Thorenball. Hast du die Tattoos nachgezählt?»

«Ja, und ich bin auf 11 gekommen. Mehr mag ich jetzt nicht erzählen, über die Örtlichkeiten! Vielleicht später mal.»

Für den Rest der Fahrt schwiegen beide. Auto parkieren, möglichst nahe vor dem Haus. Kraienbühl zog einen Schlüssel hervor und öffnete die Haustüre. Und erntete nun einen echt überraschten Blick dafür.

Er läutete an der Wohnungstür, klopfte, horchte.

Dann drehte er den Schlüssel um und öffnete vorsichtig die Türe; die beiden traten ein. Niemand reagierte. Nichts zu hören.

«Da ist niemand», stellte Häfeli trocken fest und schaute seinen Freund vielsagend an. «Deine neue Freundin ist ausgeflogen.»

«Ich kann das nicht verstehen, wir hatten fix abgemacht, ich habe alles vorbereitet, und Moni hat sich darauf gefreut», sagte Kraienbühl traurig. «Und sie versteht sich schon so gut mit Napoleon, der sich immer ausserordentlich freut, Moni zu sehen. Mit ihr zu schmusen.»

«Sehr merkwürdig. Allerdings. Sehr verdächtig. Komm wir gehen wieder.»

«Kann ich heute Nacht bei dir schlafen? Wir könnten noch etwas Kleines trinken, ich möchte heute nicht alleine sein.»

«Klar. Aber beim Mittagessen morgen Mittag bleibt es?»

«Ja natürlich, ausser wenn die Moni doch noch bei mir diniert ..., das verstehst du?»

«Klar doch.»

Die beiden tranken noch einige Bierchen, diskutierten verschiedene Möglichkeiten und Szenarien, waren aber bald endgültig müde. Moni meldete sich in dieser Nacht nicht mehr.

Fangis mache.
Häfeli wachte nach wenigen Stunden auf, hatte kein gutes Gefühl. Er hatte wieder geträumt, diesmal von seinen Brüdern. Seltsame alte Geschichten, die seine Erinnerungen aufscheuchten:

Häfelis Brüder waren etwas älter, wenige Jahre nur. Johannes, der Erstgeborene, und Michael, der sich selbst Maik nannte, eher technisch veranlagt, starker Raucher und dem Alkohol nicht abgeneigt bezeichnete er sich als Geniesser. In der Lehrabschlussprüfung durchgefallen, ein traumatisches Erlebnis, was er nie zugegeben hätte, und wohl auch nie verarbeitet hatte. Durchgefallen nur, weil zu faul, um zu lernen, manchmal eine Spur zu grossspurig. Später durchaus erfolgreich als Geschäftsmann mit eigener Firma. Unglückliche Liebesbeziehungen, verheiratet, geschieden, ein Hamster im Laufrad, das sich ständig weiterdrehte, und immer schneller, auch durch unsinnige Einladungen sogenannter Freunde zum Essen und Trinken. Im schönen Garten. Mit Balgacher Federweissem, nicht ganz billig, aber gut. Und die Freunde langten jeweils kräftig zu.

Kurz vor seinem 50. Geburtstag klopfte der Tod völlig unerwartet an seine Türe; keiner der sogenannten Freunde besuchten Michael im Spital. Nach drei Monaten war der Spuk vorbei. Endgültig. Von «guten Freunden» wunderbar verlassen, oder was? Von Gott und der Welt verlassen. Das überraschende Ende.

Oder hatte er es kommen sehen, gespürt?

Häfeli hatte viel von seinen Brüdern gelernt und profitiert, vor allem von Michael, der die Eltern ihre Hörner abstossen und eher konservative Erziehungsgrundsätze aufweichen und mildern liess, unter denen Johannes der Ältere noch zu leiden hatte, bis diese irgendwann obsolet geworden waren. Er und Michael hatten eine gute Beziehung, sie waren die Schlüsselspieler der Familie gewesen, wenigstens zu Pubertätszeiten. Herrschaftszeiten, das gibt's in jeder Familie. Und auch später trafen sie sich noch häufig, irgendwann etwas weniger, aber der Kontakt brach nie ab.

Gott sei Dank war in seiner Jugend eine Katze hinzugekommen, die er sich von seiner Freundin zum Geburtstag schenken liess. Häfeli erinnerte sich noch gut daran, wie er den kleinen schwarzweissen Kater in einem offenen Körbchen nach Hause trug, und dieser ihn immer wieder in die Hände zwackte, weil es ihm zu stark schaukelte. Die Überraschung über das Geburtstagsgeschenk war gross – die Mutter wollte nie eine Katze. Aber genau sie war es, die nicht einschlafen konnte, wenn das Tier über Nacht wegblieb. Endlich kam wieder Leben in die Familie. Im Rahmen seiner Möglichkeiten glich der Kater Unstimmigkeiten und die oft vorhandene Kälte zwischen den Familienmitgliedern spielerisch aus, wenn sie nicht mehr miteinander sprachen, sich nicht mehr verstanden, nicht mehr berührten. Den Kater störte das an sich nicht; er suchte sich jemanden, der ihn liebevoll streichelte, und fand was er wollte, holte sich was er wollte. In der Kälte der warmen Sommertage. Ein wendiger Räuber, schlau und tifig. Aber absolut liebenswert.

Manchmal brachte der schwarze Kater eine Maus und verspeiste sie lustvoll in der Küche, zum grossen Ärger der Mutter, oder zerfledderte eine Amsel in der Stube, Vogelfedern verteilten sich überall, auch das störte die Katze nicht, im Gegenteil. «Fangis mache.» Genau das hatten die andern schon längst verlernt. Oder sie stahl eine Wurst vom Teller oder ein Stück Butter. Ohne zu fragen. Gefragt wurde in dieser Familie ohnehin genug. Der Kater war ihr Schatz, ursprünglich weder geplant noch erwünscht, eroberte er sich als wilde Siech die Liebe jener, die verlernt hatten, sich gegenseitig ihre Gefühle zu zeigen. Der Kater wäre als Psychiater hoffnungslos überfordert gewesen. Daher hatte er dieses Mandat gar nie angetreten.

Liebe. Streit. Eine andere Meinung?

Streiten hatte Häfeli als Kind nie gelernt. Punkt.

Pause.

Monis Schlüssel.
Um 9 Uhr erschien Kraienbühl verschlafen zum Frühstück in Häfelis Küche, der gerade telefonierte; Roberto und Patrizia logierten immer noch bei Tante Jule.

«Was, du bist so früh auf und schon am Telefonieren. Das muss ja was Besonderes sein. Gibt es Neuigkeiten?»

Häfeli verneinte und schwieg.

«Ich fahre rasch zu Monis Wohnung und schaue mich dort nochmals um, bei Tageslicht finde ich vielleicht etwas, im besten Fall Moni, die verschlafen hat.»

«Ist ja, gut. Aber warte mal, kommt mir gerade in den Sinn: Was ist nun eigentlich mit diesem Castell, der ist hoffentlich noch in Gewahrsam, nachdem wir die Asche in seinem Depot analysiert haben.»

«*Wir?* Na ja, der sitzt immer noch in seinem Chefig[66] und schweigt. Sein Anwalt telefoniert jeden Tag und redet viel, aber nichts Wichtiges, ein Schnorrer. Die Herkunft der Asche sei ihnen unbekannt, sie wüssten von nichts, und dass es sich hier um Menschenasche handle schon gar nicht. Ich glaube denen kein Wort.»

«Trotzdem: Wir sollten endlich vorwärts machen, vorwärtskommen, aber wie? Ewig können wir den Castell nicht hierbehalten.» Häfeli runzelte besorgt die Stirn.

«Sein Anwalt ist ebenfalls ein Fasnächtler, dem eilt es im Moment auch nicht so», antwortete Kraienbühl. Aber am Aschermittwoch stehe er wieder bei uns auf der Matte, und werde

[66]*Dialekt: Gefängniszelle.*

Himmel und Hölle in Bewegung setzen, das habe er bereits Erfolg versprechend angedacht.»

«Soso, dann haben wir noch einige Tage Galgenfrist … Also, ich wünsche dir viel Glück mit deiner Moni. Wenn was ist, meldest du dich, gell.»

«Ich rufe dich auf jeden Fall an, auch wegen dem Mittagessen.»

Häfeli beschäftigte sich mit Hausarbeit. Feilte an seiner Rolle. Zwischendurch überfielen ihn schwere Gedanken. Der Tod seines Bruders, der Tod an sich. Die Pendenzen im Büro, wieviel Zeit blieb ihm noch? Kraienbühl und seine neue Freundin. Wenn das alles nur gut ging – ein flaues Gefühl blieb zurück.

Gegen Mittag rief Annegret an. Er erzählte ihr, dass Moni seit gestern Abend spurlos verschwunden sei. Kaum hatte er aufgelegt, meldete sich Kraienbühl, seine Stimme tönte belegt und sehr besorgt: «Keine Spur, nichts habe ich gefunden, nichts was nach einem Verbrechen aussehen würde. Keine Anrufe auf dem Telefonbeantworter, Moni ist immer noch nicht erreichbar. Das Bett ist unberührt. Der Briefkasten wurde nicht geleert. Aber weisst du was ich entdeckt habe? Ihre Wohnungsschlüssel, unter dem Sofa. Als sie die Wohnung verliess, hat sie die Türe einfach zugezogen. Ohne die Schlüssel mitzunehmen … Merkwürdig, findest du nicht?»

Er fahre nun nach Hause und warte weiterhin auf ihren Anruf; essen wolle er im Moment überhaupt nichts, Häfeli verstehe das sicher. Am Abend käme er aber wenn irgendwie möglich zu dieser Theater-Aufführung.

Häfeli war mit allem einverstanden. An sich wollte er nur eines: Seine Ruhe finden, vor dem Sturm, im Tröckneturm: Sodom und Gomera. Andererseits verstärkte diese Schlüsselgeschichte sein ungutes Gefühl. Hatte die Rammbold Moni ihre Schlüssel tatsächlich in der eigenen Wohnung verloren, vergessen, verwechselt? Wollte sie eine Spur legen? War sie alleine aus dem Haus gegangen, oder zu zweit, womöglich unfreiwillig? Wurde sie dabei von Nachbarn gesehen?

Denkpause.

Unmöglich. In der Regel passieren solche Dinge Dementen im Anfangsstadium, wenn sie sich noch erinnern, einen Schlüsselbund besessen zu haben. Wie besessen nach ihm suchen und ihn dann irgendwo finden, im Kühlschrank, oder im Abfalleimer? In späteren Phasen kümmern sie sich nicht mehr um Schlüssel, verlorene Kreditkarten, unbezahlte Rechnungen, wenn der Nebel in den Köpfen steigt. Herumwabbert und nicht mehr verschwinden will. Wie war das nun mit der Postcard, deren Code er vergessen hatte?

Schuss auf die Kanzel.
Drei Stunden blieben ihm noch bis zur Theateraufführung im Tröckneturm. Noch war er nicht nervös, aber das würde schon noch kommen. Spätestens nach dem Schminken.

Häfeli freute sich auf den Abend danach, allein mit seiner Anna! Sie würden noch etwas essen, gemeinsam im *Alten Zeughaus* in der Altstadt, ein Cordon Bleu? Zusammen mit Kraienbühl; ob er die Rammbold Moni mitbrachte?

Er telefonierte mit Roberto und Patrizia, sie erzählten ihm von ihren Erfahrungen mit der Irrwisch-Gugge im Amtshaus – ein Bombenerfolg sei es gewesen und der Polizeivorstand habe immer wieder eine Zugabe verlangt. Der Apéro sei auch nicht schlecht gewesen.

«Und ich war wieder mal in deinem Büro, Papa. Ich habe die vielen Konfetti gesehen, dein neues Sofa, sehr hübsch, elegant. Übernachtest du manchmal dort?» fragte Patrizia.

«Nun freuen wir uns auf das Platzkonzert heute Abend in der Innenstadt. Das wird eine ganz tolle Nacht. Nicht zu kalt und trocken. Endlich mal ohne Schnee.»

Er versuchte Sabrina zu erreichen, telefonisch, wieder ohne Erfolg. Sandte ein SMS. Keine Antwort. Na ja. Ein andermal vielleicht.

Dann machte er einen Kurzbesuch bei Annegret, mit der Vespa, auf der Durchreise zum Tröckneturm. Sie tranken zwei Gläser Weisswein. Plauderten. Köstlich. Schmusten. Köstlich. Anna begann ihn zu schminken, «damit die in der Maske nachher weniger zu tun haben», sagte sie. Köstlich. Und begann sich dabei langsam auszuziehen. Lasziv, wie es Häfeli mochte.

«Luft ablassen, damit du ruhiger wirst. Im Tröckneturm. Gefällt es dir?»

«Du bist so schön!

Nackt.»

«Wir sind so schön ausgehungert. Das sollten wir geniessen, solange es .... Und man weiss ja nie, wann es das letzte Mal ist.

Eine Wiederholung gefällig?»

Anna wartete keine Antwort ab.

Die Vorstellung begann pünktlich um 19.30 Uhr. Häfeli war nicht besonders nervös, Annas Rezept hatte sich offenbar bewährt. Er blickte nur kurz durch einen Spalt des Vorhangs. Alle da: Hugelshofer mit seinem Trudeli, Freiluft-Dieterle, Lena mit einem Mann, den er nicht kannte, Sebastian und Valérie Vonwantz-Zirkel, erstaunlich. Anna und Kraienbühl, allerdings ohne die Rammbold Moni, etwas weniger erstaunlich. Und viele andere, die er kannte oder ihm vor irgendwoher bekannt vorkamen. Auch der Anwalt des famosen Herrn Castell, dem Mann mit der Asche, war anwesend und klatschte eifrig.

Das Theaterstück verlief problemlos, die Pause ebenfalls. Gemäss Regie. Planmässig. Doppeldeutig und fröhlich. Teilweise auch aufrüttelnd. Manchmal etwas obszön. Das Publikum klatschte begeistert, in corpore. Wie meist in Sankt Gallen.

In der kurzen Pause hatte er versucht, Kraienbühl – verwirrt und nachdenklich – zu trösten und vereinbart, sich nach dem Theaterstück noch zu treffen. Im Alten Zeughaus. Für einen Umtrunk und kleine Häppchen? Oder doch lieber im Spanischen Klub hinter dem Bahnhof?

Auch der zweite Teil der Vorstellung kam zunächst gut voran; die Souffleuse hatte kaum etwas zu tun. Alles normal, bis zu Häfelis Lieblings-Szene: Als Pfarrerin verkleidet übte er auf einer stilisierten Kirchenkanzel die Predigt für den nächsten Sonntag, mit Talar, weissem Kragen, schwarzen Strümpfen, soweit die sichtbar waren, gediegen. Perücke und als Frau geschminkt. So. Und bei dieser Szene sollte eine im Publikum sitzende Schauspielerin im Mini-Jupe die Kanzel stürmen, die vermeintliche Pfarrerin küssen und verführen. Ausziehen. Erotisch und in der Tat heiss angedacht, das meiste aber für das Publikum Gott sei Dank nicht einsehbar; immerhin waren die Oberkörper sichtbar, da von der Brüstung unverdeckt. Die Frau im Mini-Jupe oben ohne. Die Chose war vor allem gut hörbar, die Geräusche und Nebengeräusche.

Schmatzen. Gewisper. Stöhnen.

Die beiden hatten eben erst begonnen sich auszuziehen, als im Publikum ein unüberhörbarer Tumult entstand. Eine stark geschminkte Frau in altmodischer, konservativer Bekleidung mit braunem Hut und Spazierstock drängte sich durch das Publikum, war sie eben erst durch den Haupteingang hereingeschlichen? Sie rief irgendetwas von gottloser Gottlosigkeit und Sodom und Gomorrha, triebgesteuerten Frauen, unersättlich bis zur Besinnungslosigkeit; eine Sauerei sei das alles. Sie rannte auf die Kanzel mit den beiden Verliebten zu, neidisch auf ihre offen zelebrierte Lust? – zog eine Pistole aus der Manteltasche und schrie: «Ich töte euch! Alle. Fertig mit dem schweinischen Getue!»

Drei Schüsse knallten durch den Tröckneturm; die Frau rannte davon und verschwand so schnell wie sie gekommen war. Häfeli und seine Gespielin hatten sich hinter der Kanzelbrüstung versteckt. Unsichtbar. Verletzt oder gar …?

Plötzlich dröhnte ein vierter Schuss durch den Saal. Kraienbühl, die Pistole noch in der Hand, war aufgesprungen und rannte der unbekannten Frau nach.

Totenstille.

Einige begannen zu klatschten. Eine gelungene Inszenierung, das Finale? Oder doch … Verdächtig. Der Regisseur gab sich Mühe, auf die Bühne zu gelangen, wirkte betroffen, verwirrt. Schaute ungläubig auf die Szenerie, die sich ihm bot.

Schrecklich.

Immer grössere Aufregung im Publikum, Gekreische, erstaunte Gesichter, versteinert. War jemand verletzt worden? Einige klatschten immer noch. Deppen.

Endlich tauchten die Köpfe von Häfeli und seiner Kollegin langsam hinter der Brüstung auf. Offenbar waren sie nicht getroffen worden. Der Regisseur bemühte sich, ruhig zu bleiben, bat um Ruhe, alles sei unter Kontrolle, die Polizei alarmiert und auf guten Wegen. Für das hochverehrte Publikum habe zu keiner Zeit irgendeine Gefahr bestanden; und es möge zweckdienlich am besten sitzen bleiben, endlich still sein, die Vorstellung gehe in Kürze wie geplant weiter.

Kraienbühl versuchte die Frau zu verfolgen, drängte sich durch das entstandene Chaos hindurch; die Zuschauerinnen waren nichts desto trotz aufgestanden und versperrten ihm den Weg. Er öffnete die Eingangstüre und blickte sich hektisch um, die Waffe noch in der Hand.

Nichts zu sehen. Die Frau war verschwunden. Entwischt. Wohin war sie geflüchtet? Den Burgweihern entlang zur Fürstenlandstrasse, versteckte sich dort in einem Gebüsch, zum Parkplatz, ins nahe Schulgelände oder zu diesem düsteren und verfallenen Bauernhof ganz in der Nähe?

Er orderte Verstärkung herbei, und die Spusi – Tom Wichtelmann war wenig erfreut über den Auftrag zu so später Stunde. Waldi liebe das gar nicht, sagte er dann jeweils. Immerhin war niemand ernsthaft verletzt worden, die Schüsse der Pistolenfrau waren ins Leere gegangen, steckten im Holz der Kanzel und der Wand, wie sich später herausstellte. Häfeli und seine Kollegin hatten sich rechtzeitig in Deckung gebracht und waren mit dem Schrecken davongekommen. Einige Blessuren gab's trotzdem.

Auf der Treppe zum Eingang entdeckte Kraienbühl Blutspuren. Offenbar hatte er die Frau verletzt – schwer oder gar lebensgefährlich?

Der Regisseur bemühte sich erneut auf die Bühne: Das Theater sei – für heute wenigstens – bedauerlicherweise zu Ende. Das hochverehrte Publikum werde gebeten, der Polizei am Ausgang die persönlichen Daten zu hinterlassen, ein amtliches Dokument sei dabei natürlich von Vorteil. Das sei leider notwendig, um Licht in diese leidige Störung des Sankt Galler Kultur-Betriebs bringen zu können. Weitere Informationen würden die geschätzten Damen und Herren aus den lokalen Medien erfahren. «Oder auf unserer Home-Page.» Der Regisseur verneigte sich, entschuldigte sich nochmals für die einzigartige und unvorhergesehene Einlage und wünschte für die restlichen Fasnachtstage noch möglichst viele erfreuliche Erlebnisse.

Kraienbühl übernahm unaufgefordert die Leitung des Polizeieinsatzes. Fahndung nach einer verletzten Frau, bewaffnet. Gefährlich. «Wenn es doch noch passt, treffen wir uns so um 23 Uhr im Spanischen Klub. Ok?»

Häfeli, inzwischen abgeschminkt, und die Wetterstein waren einverstanden. «Melde dich, wenn du Hilfe brauchst, gell.»

Im Spanischen Klub[67] angekommen hatten sie kaum mehr grossen Appetit, tranken etwas Rioja und assen einige Tapas. Lustlos. Warteten unruhig auf ihren Kollegen. Die Sache hatte ihnen auf den Magen geschlagen und den Abend verdorben.

«Was war denn das für ein Spuk, ein Attentat, auf wen, auf mich? Auf das Theaterstück, die Fasnacht? Und weshalb? Oder waren wir zufällige Opfer einer Spinnerin? Sektiererin. Unglaublich! Kraienbühl hat sie angeschossen.»

«Ich weiss es nicht, bin ratlos. Können wir ihm irgendwie helfen?» fragte sich Annegret. «Und was ist mit der Rammbold Moni passiert?»

Häfeli schüttelte den Kopf. «Ich glaube kaum, heute Nacht nicht mehr. Morgen vielleicht. Oder sicher am Montag, dann gehe ich wieder ins Büro. Die weiteren Aufführungen werden wir ohnehin absagen müssen …»

Im Übrigen hingen sie ihren eigenen trüben Gedanken nach, schwiegen, schwiegen sich an wie 25 Jahre verheiratet.

---

[67]Das Lokal, auch Hogar genannt, wurde 2021 geschlossen.

«So schnell kann es gehen, hast du heute Abend gesagt. Und nun ist das passiert.» Häfeli schwieg wieder.

Dann bestellten sie Carajillo, tranken lustlos das heisse Getränk. Warteten. Schwiegen. Hofften, Kraienbühl würde sich melden. Müdigkeit und Schnapskaffe begannen zu wirken.

«Anna. Komm, wir gehen, das macht keinen Sinn mehr.»

«Ich möchte heute bei dir schlafen, Pussybärchen.»

«Und ich bei dir. Nicht im Büro, damit ich dann schon mal dort bin. Rechtzeitig.»

Mit der Frida fuhren sie nach Hause. Annegret versuchte, Kraienbühl zu erreichen, ohne Erfolg. Combox. Er meldete sich in dieser Nacht nicht mehr. War er doch bei Moni gelandet?

Kraft tanken.

Der Nacht folgte ein schöner Sonntagmorgen. Saukalt. Es hatte wieder wacker geschneit. Ausschlafen, schön brunchen, war die Idee gewesen. Und nun? Schlecht geschlafen, kein Appetit, keine Notiz von Kraienbühl, keine Lust etwas zu tun. Abwarten.

«Komm wir machen einen Spaziergang, ins Sittertobel. Zuerst spazieren wir vom Riethüsli dem Wattbach entlang, und zur Sitter hinunter, und weiter, bis es uns verleidet. Wir ziehen uns warm an, die frische Luft wird uns guttun.»

Häfelis Handy spielte Lady Madonna.

«Guten Morgen Patrizia. – Am Radio hast du es gehört? Ja, wir hatten Glück. – Nein, keinen blassen Schimmer. Die Fahndung läuft. Ins Leere?»

«Habt keine Angst. – Eventuell morgen, oder übermorgen. Ok, schönen Sonntag, und Gruss an Roberto und Tante Jule. – Ich euch auch, fest! Tschüss.»

«Haben sich deine Kinder erkundigt, wann sie wieder nach Hause kommen dürfen», erkundigte sich Annegret.

«Genau, du hast es erraten. Eine seltsame Frage, im Moment …»

«Solange diese Sache nicht geklärt ist, würde ich sie bei Tante Jule lassen, jetzt sowieso. Dort sind sie in Sicherheit.»

Die beiden fuhren mit dem Bus ins Riethüsli, wanderten auf dem nur schlecht begehbaren Wattbachweg durch den verschneiten Winterwald – Schneestapfen war angesagt, das würde in die Beine schiessen. Anschliessend folgte der Abstieg zu den gedeckten Holzbrücken im Sittertobel.

«Und wenn uns jemand begegnet, der uns oder dich kennt …?»

«Wir müssen uns ja nicht dauernd küssen, in diesem Fall sind wir einfach Kollegen, oder was schlägst du vor?»

Annegret schwieg. Ein delikates Thema, das die fragile Stimmung auch nicht eigentlich aufhellte. Etwas später sagte sie unvermittelt. «Aber *so* mag ich das nicht, auf die Dauer, gell!»

Trotz Schneestapfen war der Spaziergang durch die Winterwelt im Wattbachwald wunderschön. Aufheller und Aufsteller zugleich. In der Einsamkeit des Waldes. Niemand begegnete ihnen. Bereits sahen sie unter sich die beiden gedeckten Holzbrücken über die Sitter und die Urnäsch, letztere führte zumindest seit Jahren ins Nichts, der Weg endete an der steilen Tobelwand. Trotzdem gingen sie ein Stück weit, Hand in Hand in die Wildnis hinein, kehrten zurück. Inzwischen hatte es wieder zu schneien begonnen. Im schummrigen Zwielicht der gedeckten Brücke küssten sie sich. Hielten sich fest. Wie Kinder.

Zufällig öffnete Häfeli die Augen und sah ein verliebtes Pärchen durch die andere Holzbrücke entgegenkommen. Er kannte die Stimmen.

«Psst, welch eine Überraschung, das Ehepaar Vonwantz-Zirkel, ist im Anmarsch, meine Nachbarn. Die haben sich wieder gefunden … Versöhnt.» Hastig zog er Annegret tiefer ins Dämmerlicht der Holzbrücke hinein. Und drückte sie noch fester an sich.

Das wiederverliebte Ehepaar Vonwantz war ebenfalls in der Brücke stehen geblieben, in der anderen. Und küsste sich, intensiv und dauerhaft. So dauerte alles etwas länger.

«Du lass mich los, so bekomme ich irgendwann keine Luft mehr … Und kalte Füsse hab' ich bereits.» Annegret wollte sich sanft aus der Umarmung lösen und schaute ihm tief in die Augen: «Du, bist du eigentlich treu? Ich meine so generell …?»

«Na ja, eigentlich schon, wenn's stimmt»; Häfeli drückte Anna zwei Küsse auf die Nase. Endlich hatte sich das Ehepaar Vonwantz verflüchtigt.

«Du schau mal, bevor wir durch die andere Brücke hindurchgehen und aufwärts zur Ganggelibrogg[68], dieser schmale Weg führt zu einem kleinen Paradies, wunderbar abgeschieden, einem Plateau, von der Sitter umspült, wild und tosend. Fantastisch. Ein Kraftort! Natur pur. Wir müssen da unbedingt mal hingehen, wenn es wärmer ist. Kraft tanken. Und dort rechts geht es zum Sitterstrand. Bräteln am Wasser, auf der anderen Seite des Flusses die Steilwand im Blickfeld. Schroffe Felsen. Herunter gestürzte Tannen. Genial! Komm, wir nehmen den Aufstieg unter die Füsse.» Oben angekommen bestaunten sie von der Ganggelibrogg aus das vor ihnen liegende Panorama, den Zusammenfluss von Sitter, Urnäsch und Wattbach, Teile des Alpsteins, den Säntis. Im Licht der untergehenden Sonne. Etwas kitschig vielleicht. Aber wunderbar. Fantastisch romantisch.

«Du Anna, auf diesem geheimnisvollen Weg, den ich dir vorhin gezeigt habe, hast du die Fusspuren im Schnee auch gesehen? Nicht mehr ganz frisch, von zwei Personen, würde ich sagen. Der Trampelpfad dort unten ist nicht ganz ungefährlich bei diesem Wetter.»

Annegret nickte. «Komm, wir gehen etwas Warmes essen.»

«Militärkantine? Dort hat es auch Zimmer, im Fall der Fälle. Falls wir unschlüssig sein sollten … Dann schauen wir weiter. Meine Fasnachtsferien sind morgen vorbei, so wie's ausschaut.»

Annegret war damit einverstanden. Und biss Häfeli in den Hals. Immer noch sanft. Wie lange noch?

«Komisch, dass sich Kraienbühl nicht meldet, auch nicht auf unsere Anrufe auf die Combox, gell. Gute Nacht Schatz.»

---

[68]*Filigrane, 356 Meter lange Stahlbrücke für Fussgängerinnen und Velos zwischen Sankt Gallen Haggen und Stein AR, gerät leicht in Schwingung. Daher Ganggelibrogg, aber auch Steinerbrücke genannt. 1937 eröffnet, 2009/10 total saniert.*

The End.

«Krisensitzung 8.30 Uhr im Büro, bitte seid pünktlich», las Häfeli beim Kaffee. Ein SMS an ihn und Annegret, kurz nach Mitternacht abgesandt.

«Schön, dass wir uns treffen können, schön dass ihr da seid», begann Kraienbühl. «Die Sache läuft echt verschissen, ich informiere euch kurz über den Stand der Dinge, wenn ihr einverstanden seid.» Er wartete einen Augenblick.

«Also: Die Pistolenfrau aus dem Tröckneturm haben wir trotz Grossfahndung im Quartier und in der Innenstadt nicht erwischt – sie ist spurlos verschwunden. Gefunden haben wir bei der Kapelle einen schwarzen Damenschuh, Grösse 43, eher atypisch, für eine Frau ... Somit erhielten wir wenigstens einen Hinweis auf die Flucht-Richtung. Der Schuh ist in der Kriminaltechnik. Die drei Projektile aus der Kanzel ebenfalls, vermutlich 9mm Munition.»

Gauner und Zinker.
«Wie vom Erdboden verschluckt ist leider auch Moni, die ihre Wohnung ohne ihren Schlüsselbund verlassen hat. Aber ...» Kraienbühl nahm einen grossen Schluck Wasser.

«Ich habe gestern noch etwas in der Siedlung herumgefragt, ob sie am Wochenende gesehen wurde, zum Beispiel am Freitagabend, und vor allem wann zum letzten Mal. Wichtelmann hat mir dabei geholfen.

Als Verwalterin des Tröckneturms war die Moni im Quartier und in ihrem Haus zwar keine Unbekannte, aber am Freitagabend hatte sie niemand gesehen. Wir wollten schon abbrechen, als wir im Hausflur einer alten Frau begegneten, die soeben mit ihrem Pudeli von einer kleinen Gassi-Runde nach Hause gekommen war. Der Köter kläffte wie wild, als er uns sah. Sei endlich still Poldi; doch Poldi wollte nicht schweigen, Poldi habe meistens recht. Die Frau lächelte und streichelte ihren Liebling.

Wichtelmann zeigte ihr ein Foto von Moni. Und siehe da, die alte Frau konnte sich erinnern. Zwar seien ihre Augen nicht mehr die besten, aber doch, sie sei sich sicher: Am Freitagabend so gegen 19.30 Uhr habe Frau Rammbold das Haus zusammen mit einem Mann, bekleidet mit einem schwarzen Mantel und Kapuze, verlassen. Dieser habe sie am Arm geführt … Gestützt.

Die beiden seien zu den Parkplätzen gegangen und mit einem weissen Auto davongefahren. Nein, mit Automarken kenne sie sich nicht aus, und das Nummernschild habe sie sich auch nicht gemerkt, sagte die alte Dame. Wozu auch. Seither habe sie die Rammbold nicht mehr gesehen.

Hat sich also gelohnt, diese Umfragerei am Sonntag. Ein erster Erfolg. Wir sind dann zurück ins Kommissariat gefahren; dabei erwähnte Wichtelmann, Waldi, seine Frau, kläffe ihn in letzter Zeit auch häufig an. Er könne sich gar nicht erklären weshalb. Wahrscheinlich sei es wieder mal das Klimakterium. Ob das denn nie aufhöre.»

Pause.

«Kurz zusammengefasst», brummte Häfeli, «wir wissen immer noch nicht, wo die Moni steckt. Vermisst sie denn niemand?»

«Doch, ich», flüsterte Kraienbühl kaum hörbar. «Was meint ihr, ob sie überhaupt noch lebt?»

«Sie könnte natürlich auch ins Ausland verreist sein», beschwichtigte Häfeli. Annegret schwieg betreten und beharrlich, auch als ihr Kollege sie fragend anblickte.

Die Sache mit dem Alt Sankt Gallen habe sich inzwischen auch geklärt, Guillotine und Kunstblut. Unklar sei hingegen bis heute, wer diesen Wermuth Wohlgemuth im Wasserturm erstochen habe.

«Keine brauchbaren Spuren, alles unklar. Das Geheimnis der roten Krawatten. Die Aussagen von diesem Muff. Sollten wir mal verstärkt im Drogen-Milieu herumschauen und uns dort schlau machen? Macht ihr beide das?»

Häfeli schüttelte den Kopf. «Lieber du und Annegret; ihr seid zumindest diesbezüglich noch etwas jünger … und agiler.»

Pause.

«Was mich mindestens so stark interessieren täte ist dieser Aschenkübel; woher kommt die Ware, und gleich kiloweise? Gibt es detaillierte Erkenntnisse aus der Rechtsmedizin? Dieser Castell ist ein Gauner und Zinker, das ist klar; dieser Auftritt bei der Kapelle Schönenwegen, die 27 Leichensäcke, sehr dreist. Leichenfledderei. Moment mal: Dieser Kerl sitzt auf einem Haufen menschlicher Asche, vorsorglich in einem Ochsner-Kübel in Sicherheit gebracht, gräbt alte Skelette aus um in deren Gräbern kürzlich Verstorbene zu verscharren, weil die Krematorien nicht mehr nachkommen mit dem Verbrennen. Erdbestattung. Macht's Klick bei euch? Das ist es!» Häfeli schlug mit der flachen Hand auf den Tisch.

«Hat Polizeisekretär Fridolin Büttikofer auf unsere Aktennotiz reagiert und herausgefunden, woher die Toten stammen? Anna, fragst du bitte nach.»

«Sehr gerne, mon Général.»

«Anna! Soso. Aha.» Kraienbühl schüttelte den Kopf und antwortete: «Ja, das hat er, aber sehr vage. Die Sachlage sei unübersichtlich. Zur Aschensammlung meint die Fröhlich, es sei fast unmöglich, daraus noch irgendetwas herauszufinden. Sinnlos. Sie sei aber sicher, dass diese Leichen *nicht* kremiert wurden. Also Erdbestattung vor geraumer Zeit, sagen wir 100 Jahre? Nun hat sie sich einige Tage freigenommen, ist ja Fasnacht, gell, und ich glaube, sie ist noch in Italien. Am Karneval in Venedig.»

«Aha, mit wem?» Niemand wusste Bescheid.

«Ist auch nicht so wichtig. Ich fasse zusammen.» Häfeli räusperte sich. «Vorrangig sollten wir die Vorgänge im Tröckneturm klären, der Anschlag der Pistolenfrau auf die Theaterfreunde Tablat vom Samstagabend; besteht ein Zusammenhang mit diesem schwarzen Frauenschuh Grösse 43? Auch die Hintergründe der Friedhofsschänder um diesen famosen Herrn Castell kennen wir immer noch nicht. Fürchterliche Geschichten sind das. Sein Anwalt wird uns schon bald wieder beglücken, vergesst das nicht. Aber was tun wir als nächstes?»

Pause.

Lust auf ...
«Du Chraie kümmerst dich um die Wohnung von Moni, schaust hin und wieder, ob sich dort was tut. Und eine Streife soll sich das Quartier mehrmals täglich anschauen.

Diese Madleina Wohlgemuth nehmen wir am Aschermittwoch ins Gebet, gell Chraie.» Dieser nickte.

«Hat jemand noch eine zündende Idee?»

Schweigen im Walde.

Bis sich Annegret zu Wort meldete. «Ich weiss nicht so recht, wenn ich an diesen Honigmeier denke, habe ich ein komisches Gefühl. Da stimmt was nicht! Wir sollten ihn beobachten, im Auge behalten. Oder wieder vorladen. Und wo ist das illegale Labor dieses Chemie-Genies und Wermut-Trinkers, das könnte spannend sein. Was meint ihr?»

«Gute Idee! Sprecht euch beide ab, wer was tut. Mit der Vorladung warten wir noch etwas.

Wie gesagt, zuerst möchte ich mit diesem Castell weiterkommen, das brennt mir unter den Nägeln, wenn ich daran denke. Der wird überstellig …

Morgen Nachmittag bin ich übrigens nicht hier; ich muss mich um Roberto und Patrizia kümmern, und die Theaterfreunde Tablat. Kulissen schieben, abbrechen, aufräumen und so. Morgen früh treffen wir uns wieder hier, gleiche Zeit. Auswerten der neusten Erkenntnisse.

An die Arbeit.»

Häfeli überlegte, wie sie diesen Castell überführen könnten. Gegen halbzwölf, schrieb er Anna ein SMS: Hast Lust auf Bratwurst, in 5 Minuten beim Bahnhof?

Beim Schmid kauften sie sich eine Bratwurst, schlenderten zum Vadianplatz hinüber, lehnten sich – da kein Bänkli mehr frei war – an den fröhlich farbigen Max Oertli-Brunnen[69], der viele Passanten an Jean Tinguely erinnert. Und vertilgten ihre Würste.

---

[69] *Vgl. Endzeitzauber. Mord in Sankt Gallen und andere Geschichten, Band 1 dieser Trilogie. Jean Tinguely, 1925-1991: Maler, Bildhauer des Nouveau Réalisme.*

«Hast du Lust … auf mich?» Annegret schaute Häfeli in die Augen. «Komm, wir gehen zu mir. Recht flotten Schritten näherten sich die beiden dem Klosterquartier.

«Du, gestern habe ich einen schönen Film über Jaguare im Pantanal[70] gesehen, während du im Bad warst. Die Jaguare. Wild. Elegant. Spannend! Diese wunderschönen Katzen leben eigentlich alleine und treffen sich nur in der Brunstzeit; dann haben sie aber x-mal Sex pro Tag. Unglaublich.»

«Oh, das fährt in die Glieder. Fressen und Bumsen. Wie die Jaguare im Pantanal, in der Tat bemerkenswert.

Möchtest du das, Anna?»

«Im Moment schon.»

Pause.

«Du Häfeli, wie geht's jetzt eigentlich mit uns weiter? Hast du dir das auch einmal überlegt», fragte Anna später.

«Heute kommen Roberto und Patrizia wieder nach Hause, ich übernachte also weder im Büro noch …

Aber morgen im Tröckneturm, du könntest mir helfen beim Aufräumen. Wegräumen. Zwischen den Kulissen. Ein kurzer Masken-Check ...»

«Sind wir denn dort alleine?

Ich meinte allerdings eher in Zukunft, wenn Sabrina wieder zurück ist, und so. Und wann sagen wir es Kraienbühl?»

«Der hat das sicher längst bemerkt, Schatz. Gell, gelegentlich sollten wir wieder mal …»

Häfeli und Wetterstein kamen stark verspätet zurück ins Büro, mit sichtlich roten Backen. Auch die Aussprache war fordernd gewesen, wenn auch ohne schlüssige Ergebnisse. Eine Auslegeordnung. Simpel. Zu einem absolut nicht simplen Thema.

---

[70] *Eines der grössten Feuchtgebiete der Erde im mittleren Südwesten Brasiliens. Seit 2000 ist das Naturschutzgebiet Unesco-Welterbe; das artenreiche Feuchtbiotop ist dennoch durch Industrialisierung und Rodungen stark gefährdet.*

«Oh, wie seid denn ihr drauf? Kommt ihr gerade vom Sportplatz?» Kraienbühl grinste etwas unverschämt. «Jetzt habt ihr knapp unseren hochverehrten Polizeivorstand verpasst, der hat sich wieder mal selbst überboten, sich nach euch erkundigt, getobt. Herumgeflucht. Sehr lautstark!

Ich konnte ihn knapp beruhigen, es sei ja schliesslich noch Fasnacht. Aber nur ganz knapp! Deswegen sei er ja hier, brüllte Freiluft-Dieterle. Ich fasse kurz zusammen:

Er habe von der Sauce im Tröckneturm erfahren, ein Attentat auf Kommissar Häfeli, sehr speziell. *Sodom und Comella,* frei nach Conrad Ferdinand Meyer[71], ob ich den kenne? Oder wars doch *Der Schuss von der Kanzel*? Etwas mehr Kulturbewusstsein, wäre angebracht, meinte Freiluft-Dieterle unwirsch, wenn er bitten dürfe. *Kultuuur* bilde. Ohne Witz!

Ich sagte zu ihm, es handle sich doch um *drei Schüsse* auf die Kanzel, so sei es am Samstagabend gewesen, erlaubte ich mir zu bemerken. Und diesen Conrad Meyer kenne ich wirklich nicht. Es gibt doch so viele von dieser Sorte, und mit diesem Namen. In diversen Schreibweisen. War aber auch wieder ganz falsch.

Ob wir den Attentäter verhaftet hätten, wollte EFD wissen. Und wir sollten uns sputen. Für uns sei die Fasnacht schon längst vorbei. Ob dieser Taschen-Heini endlich gestanden habe. Wie? Aschen-Heini, von mir aus. EFD meinte wohl unseren Spezial-Freund, diesen Herrn Castell.»

In Sack und Asche.

«Ja, wir haben im Moment tatsächlich zwei Probleme, den Castell und den Honigmeier. Und wir blicken bei beiden nicht durch. Was wollte er sonst noch, zum Beispiel sich erkundigen, wie es uns geht, oder so?»

«Ja, der wollte noch etwas fragen, hatte aber kurzzeitig vergessen was. Und nein: Für deine Gesundheit hat er sich nicht interessiert. Du siehst auch kerngesund aus.» Kraienbühl wunderte sich.

---

[71]1825-1898, gehört zusammen mit Gottfried Keller und Jeremias Gotthelf zu den bedeutendsten Schweizer Dichtern und Schriftstellern.

«Dann erzählte EFD doch noch etwas, das ihm offenbar gerade wieder eingefallen war: Er habe gestern den Geburtstag seiner Frau vergessen, sehr ärgerlich, vor allem das Theater, das sich nachher abgespielt habe.»

«Ist ja gut», sagte Häfeli. «Das kennen wir alle schon. Morgen nehmen wir uns den Castell vor, so um 10 Uhr. Wir sollten uns noch etwas vorbereiten.»

Tatsächlich kam es wieder mal anders. «Dieser Castell hat sich soeben gemeldet, es sei dringend», erzähle Kraienbühl am nächsten Morgen; er war der erste im Büro gewesen. Eine neue Manie?

«Er halte es hier nicht mehr aus. So habe ich ihn auf 9 Uhr vorgemerkt, das ist in zehn Minuten, gell.»

Häfeli brummelte etwas vor sich hin, und ob die Wetterstein auch da sei.

Im Verhörraum warteten Polizeiwachtmeister Meinrad Manz und sein momentaner Schützling Carsten Castell, als er mit Kraienbühl und Wetterstein eintrat. Castell hatte es sich gemütlich gemacht, vor sich eine Tasse Kaffee, und trompetete dreist ein fröhliches «Willkommen in der guten Stube» heraus.

«*Sie* sind uns herzlich willkommen!» Häfeli schüttelte innerlich den Kopf, liess sich aber nichts anmerken. «Ich hoffe, sie rücken nun endlich mit der Wahrheit heraus; meine beiden Kollegen werden das Verhör führen. Wo ist übrigens Ihr Anwalt?»

«Sehr verehrte Freunde und Helfer vor dem Herrn», begann Castell wieder gestelzt. «Ich habe mir die Sache überlegt, hatte ja hinreichend Zeit in den letzten Tagen, in diesem Loch. Scheiss-Fasnacht. Scheiss-Frass hier. Scheiss-Anwalt. Der hat keine Zeit für mich, die Fasnacht sei ihm wichtiger. Also gut.»

Pause.

«Ich sage es Ihnen gleich: Viel anhaben können Sie mir nicht. Aber ich entschuldige mich bei Ihnen in aller Form, nicht kooperativer gewesen zu sein. Meine Gehilfen haben Sie bereits freigelassen, die wissen ohnehin nichts. Billige Freelancer. Aber ich selber wandle natürlich in Sack und Asche, streue hinreichend Asche auf mein Haupt … Morgen ist Aschermittwoch.»

«Es handelt sich um menschliche Asche», warf Kraienbühl ein.

«Passt. Trotzdem oder gerade deshalb!»

Ein extrem wortgewandter Schmierfink, dachte Häfeli. Ist der bei Honigmeier in der Lehre gewesen?

«Wir haben einen ganzen Ochsner-Kübel voll gefunden, in Ihrem Depot. Hergeflogen kam die Asche wohl nicht, woher haben Sie die?» Die Wetterstein schaute ihm erwartungsvoll ins Gesicht. «Was ist mit den Grabarbeiten bei der Schönenwegen-Kapelle? Und woher stammen die vielen Leichen, die sie dort verbuddeln wollten?»

«Das sind ein bisschen viele Fragen auf einmal, meine Schöne; aber ich werde mir Mühe geben, damit Sie befriedigt sind und mich wenigstens provisorisch freilassen können.» Castell lächelte süffisant. «Ich möchte endlich wieder mal ein richtiges Stück Fleisch, also nichts gegen Ihre Küche hier, aber trotzdem. Also: Der übervolle Aschenbecher, äh … Kübel stand plötzlich in meinem Hof, was sage ich, in meinem Logistik-Zentrum. Da werden täglich unzählige Schachteln, Kisten, Container angeliefert – ausgeladen, umgeladen und weitertransportiert. Sie verstehen das, unsere Räder müssen rollen. *Bitte aufbewahren*, stand auf einem Zettel. Und das habe ich getan. Mehr nicht.

Und nun zu den Leichen, eine unerfreuliche Sache, nicht? Oft auch unappetitlich. Direkte Anlieferung auf die Baustelle, ohne Lieferschein. In Säcken. Tierisches Material, hiess es, das wir unauffällig vergraben sollten. Aber wer war der Lieferant?

Ich kann mich wirklich nicht mehr erinnern; ich müsste in meinem Büro nachschauen, im Computer. Aber ich bin sicher, wenn ich möchte, finde ich es für Sie heraus. Das wäre mir eine Freude. Und Ehre.» Castell leerte die Tasse und bat um einen weiteren Kaffee.

«Die Störung der Totenruhe auf der umgeackerten Wiese bei der Kapelle in Schönenwegen stört Sie nicht?»

«Persönlich nicht, für mich war das schon fast ein normaler Auftrag. Trotzdem ist mir die Sache zumindest etwas peinlich, oder sagen wir es so: Höchst unangenehm, aber Sie kennen die Situation, die vielen Leichen, die überlasteten Krematorien. Es sind einfach zu viele. So sollten wir die Gräber von den Skeletten befreien, diese vorschriftsgemäss entsorgen und die Grabstätten für neue Verstorbene vorbereiten. Umbetten – ein schönes Wort, nicht? Das haben wir getan.» Castell nahm wieder einen Schluck Kaffee und bat um ein Glas Wasser.

«Und die Urnen für die Hinterbliebenen der kürzlich Verstorbenen? Die haben Sie mit fremder Asche aus dem Ochsner-Kübel gefüllt – so war's doch.» Häfeli triumphierte.

«Woher wissen Sie das? Wieso fragen Sie denn, wenn Sie alles wissen? Beweise!»

Pause.

Wer zieht die Fäden?

«Ich verstehe Ihr Problem sehr wohl. Sie haben keine Beweise für Ihre Unterstellungen. Ich kann Ihnen nicht wirklich weiterhelfen, hatte mit dem Auftraggeber nur telefonisch Kontakt. Unterdrückte Nummern und so. Aber ich würde seine Stimme wieder erkennen, zweifellos. Im Vertrauen: Die Tantiemen flossen bar über meinen Tisch. Schwarz.»

«Ich glaube nicht, dass Sie Ihren Auftraggeber nicht kennen, das ist mit Verlaub gesagt billiges Geschwätz. So einfach kommen sie nicht davon. Fertig mit der Märchenstunde. Wir finden sicher irgendetwas bei Ihnen. Das Steueramt wird sich freuen, und bald bei Ihnen vorbeischauen, eine Revision machen, sollen wir das für Sie organisieren?» Castells Gesicht wurde kreidebleich.

«Wir benötigen eine DNA-Probe von Ihnen, Fingerabdrücke etc. Wachtmeister Manz, bitte veranlassen Sie das und bringen unseren Freund hier zurück in seine Zelle. Danke. Ach warten Sie noch: Kennen Sie zufällig den Zeremonienmeister und Totengräber Vitus Honigmeier?»

Der Tiefbau- und Logistikfachmann zuckte erneut zusammen. Schüttelte den Kopf und protestierte heftig und lautstark dagegen, dass er noch eine Nacht in diesem *Hotel* verweilen sollte. Mindestens eine Nacht.

«Gut gemacht, wir sind hier einen schönen Schritt weitergekommen», freute sich Häfeli. «Ich schlage vor, die Fingerabdrücke etc. schnellstens bei der Kriminaltechnik checken zu lassen, das hätten wir übrigens schon längst tun können, gell.

Klärt bei unserem Polizeisekretär definitiv ab, wie lange wir den Castell noch hierbehalten können, oder ob wir bereits übertrieben haben. Büttikofer wird das schon richten. Und ob er irgendetwas über die vielen Leichen bei der Maria Einsiedeln-Kapelle herausgefunden hat. Morgen nehmt ihr Castells Laden und seine Buchhaltung auseinander, mit Durchsuchungsbefehl, wenn möglich gleich mit dem Steueramt. Die sollen das Ihre zur allgemeinen Aufregung beitragen. Wir werden etwas finden. Mit Garantie!

«Glaubt mir, wir haben diesen Castell im Sack – und er kennt Honigmeier, davon bin ich überzeugt. Aber den Mörder von Wermuth Wohlgemuth haben wir damit immer noch nicht; und was ist mit der Rammbold Moni passiert? Alles pendent. Mörder und Leichen bleiben uns auf der Tasche liegen. Wer sind die Hintermänner dieser Leichen- und Aschen-Transporte? Das alles bleibt noch im Dunkeln.

Kommt, wir machen eine Pause, gehen Kaffee trinken. Nachher rufen wir diesen Honigquacksalber an.»

Zurück im Büro versuchte Kraienbühl eine Verbindung zu Lifestoppnow herzustellen, doch es kam nur die Combox. Dreimal versuchte er es, bis Vitus Honigmeier überraschend zurückrief: «Was habt Ihr denn so dringend, geht es um eine Beerdigung? Da sind Sie weiss Gott nicht alleine, meine Herrschaften.» Häfeli und Wetterstein hörten mit.

«Kommissar Kraienbühl am Apparat, wir haben noch einige Fragen, es ist wichtig. Sollen wir Sie abholen, mit der Streife …»

«Das wird leider nicht möglich sein, ich bin unterwegs ins Engadin, Skifahren, Sonne tanken, bis mich die Toten wieder zurückhaben. In einigen Tagen.»

«Aha, mit Frau Wohlgemuth, nehme ich an …?»

«Äh … Das geht Sie gar nichts an. War’s das?»

«Nein, das war es eben nicht. Und wenn Sie nicht wollen, dass wir Sie im Engadin besuchen kommen, beantworten Sie mir folgende Fragen, es geht um das Labor Ihres verstorbenen Mitarbeiters, Wermuth Wohlgemuth. Wo ist oder war das, was stellte dieser Giftmischer alles her?»

«Also gut, obwohl ich keine Zeit habe. Zuerst richtete er seinen Chemie-Hobby-Raum, wie er es nannte, bei mir im Geschäft ein, im Keller, neben der Leichenwasch- und Schmink-Stube. Das war aber keine gute Lösung, längerfristig. Die Geruchsemissionen der beiden Tätigkeiten störten sich enorm, gegenseitig. So ist der Wohlgemuth ausgezogen, aber ich weiss nicht genau wohin und glaube, er wollte mir sein neues Domizil auch nicht verraten. Einmal behauptete Wermuth sogar, er sei nun in der Offenen Kirche St.Leonhard[72] tätig, nachher in der Villa, äh … wie hiess die schon wieder, Wahnsinn? Nein: Villa Wiesental. Ein Abbruchobjekt. Einstieg durch den Keller. Na ja, mir war das eigentlich egal wo. Hauptsache, er belieferte mich immer pünktlich. Man konnte auch im Internet bei ihm bestellen, das klappte meistens. Zudem verkaufte er das Zeug unter der Hand. Auf der Gasse und in Beizen. Reicht Ihnen das, es ist wirklich sehr ungünstig jetzt.»

«Zu den illegalen Substanzen und Drogen werden Sie uns sicher noch einiges erzählen wollen, nehme ich an. Melden Sie sich, wenn Sie zurück sind. Gute Reise und beste Grüsse an …, Sie wissen ja, nach Madulain.»

«Sehr gut, Chraie. Schau mal, wie du in dieses Haus reinkommst, in die Villa Wiesental[73], offiziell oder auf dem Weg, den unser seliger Herr Wohlgemuth genommen hat. Zusammen mit einer

---

[72]1887 nach zweijähriger Bauzeit eingeweiht, 1995 geschlossen. Zwei Jahre später folgte das Projekt «Offene Kirche St.Leonhard». 2004 an einen Winterthurer Architekten verkauft. Seither öffentlich nicht mehr zugänglich.

[73]Jugendstil-Gebäude an der Rosenbergstrasse, 1878 von Architekt Daniel Oertli für Konsul Menet-Tanner gebaut. Steht seit 2005 leer und verlotterte in der Folge stark. Streit um Erhalt oder Abbruch der Liegenschaft. Dritter Anlauf für ein Sanierungsprojekt und Neubau 2019. Besitzerin ist heute die Pensionskasse der Stadt Sankt Gallen

Streife und unserem Spürhund, Tom Wichtelmann. Ich hoffe, du findest das illegale Labor dieses Wermut-Trinkers.»

«Was machst denn du heute Nachmittag?» fragte Kraienbühl Annegret.

«Büroarbeit. Und dann bin ich noch im Tröckneturm, bei den Theaterfreunden Tablat.» Annegret errötete nur leicht.

Pausen folgten.

Kulissen verschieben.

Im Tröckneturm räumten sie mit zwei anderen Helfern auf. Ordnen der Stühle und Tische, Boden schrubben. Geschirr abwaschen. Die Theater-Accessoires einpacken, Kulissen und Vorhänge zum Abtransport vorbereiten. Und die Kostüme. Die beiden anderen wollten den kleinen Lastwagen holen. Eine günstige Gelegenheit.

«So zwischen Tür und Angel, zwischen all dem Theaterzeugs und den Klamotten, das ist unglaublich erotisch, nicht?»

Häfeli nahm Anna in den Arm. «Möchtest du heute Abend für uns kochen, bei mir, für die Kinder? Nichts Grosses. Das wäre lieb! Und ein spannendes Experiment.»

«Gerne, aber auf deine Verantwortung.»

Die Spaghetti Bolognese schmeckten hervorragend. Allen.

Ausgerechnet heute rief seine Frau an – als sie beim Essen waren. Wie wenn sie den Braten gerochen hätte. Bis nach Amsterdam. Bis sie sich geeinigt hatten, wer das Telefon abnehmen sollte, hörte es auf zu schellen.

«Wir rufen später zurück», beschloss Häfeli. «Du könntest das übernehmen, Patrizia.»

Pause.

«Anna ist hübsch, und lustig», stellte Patrizia fest, als diese gegangen war. «Etwas jung für dich, nicht. Aber sie kocht gut.»

«Läuft da etwas», fragte Roberto. «Gefährlich die Fasnacht, ich sagte es ja immer. Übrigens: Patrizia hat sich auch verliebt, am Monsterkonzert …»

«Hör doch auf Blödmann, du bist gemein!»

«Läuft da etwas, was ich wissen müsste?» fragte nun Vater Häfeli leicht besorgt und runzelte die Stirn.

Patrizia meldete, ihre Mutter nehme nun ihrerseits das Telefon nicht ab, und sie würde es am nächsten Tag wieder versuchen.

«Tu das, tu das, deine Mutter wird sich sicher freuen.»

Aschermittwoch. «Hast du das Inserat im Tagblatt gesehen?» erkundigte sich Kraienbühl bei seinem Chef. *Geistheiler-Ausbildung, mit Erfolgsgarantie, todsicher!* Irgendwo im Rheintal. Luziensteig, Lustmühle oder Limmatquai? Lügenstadel. Das wäre was für uns zwei, falls es uns hier zu bunt wird. Schau mal das Foto der Dozenten: Ein Mann und eine Frau, die sehen aus wie eine Mischung aus Margareth Thatcher und Ronald Reagan. Kein Witz. Übrigens: Erfolgsgarantie inklusiv.»

Lustheilerinnen. Oder Lustteiler?

Schmerzheiler. Oder Schmerzteilerinnen?

Geistheiler. Oder Geistverhinderer?

«Chabis. Aber zeig den Wisch mal her.» Häfeli schwieg wieder – und las den Artikel:

Geistheiler im Element, hiess es da. Seriös. In der Ratlosigkeit. Die Hoffnungslosigkeit ausnutzend? Ein Ziel, eine Lösung einen Plan vorgaukelnd. In neue Abhängigkeiten geraten? Wie schrieb doch schon weiland Karl Marx sinngemäss, Religion sei Opium für das Volk. Und heute? Eine permanente Fake-News-Berieselung, bis endlich Ruhe ist. Und sich niemand mehr orientieren kann oder will und sich desinteressiert oder ratlos abwendet. Überfüttert mit Fake-News.

«Chabis oder nicht Chabis, das ist hier die Frage», hörte sich Häfeli sagen.

«Das sehe ich völlig anders, messerscharf», widersprach Kraienbühl. «Reine Gschäftlimacherei mit der Not der Menschen, das ist heute *das* Geschäftsmodell. Wir kennen das. Wieso zögerst du jetzt?»

«Ich zögere nicht, hast ja Recht. Zwischenwelten. Geschichten zwischen den Welten. Alles. Und nein, wir melden uns für diesen Lehrgang *nicht* an. Klar. Obwohl: Wäre noch spannend zu schauen, wer da alles erscheint und hier eine neue Berufung sieht. Lebensverwirklichung. Spinner in Weltformat.»

«Das interessiert mich gar nicht. Da können wir gleich einen Rundgang in der kantonalen Verwaltung machen, oder beim Regierungsrat und dem Stadtrat vorbeischauen. In der Psychi.»

«Welche Klinik meinst du, Wil oder Münsterlingen Seesicht. Oder Pfäfers?» Häfeli verzichtete auf sein Lieblingswort.

«Seesicht finde ich immer gut.» Kraienbühl lachte unbekümmert.

«Du zeig mal her, das Bild, die Frau mit der neckischen Maske dort», Annegret zeigte auf den unteren Teil der Zeitung, «kommt mir irgendwie bekannt vor!» Und las aus dem Inserat vor:

DAS Medium! Mad-LeinaX hilft in allen Fällen: Unauffälliger Kontakt mit Verstorbenen, auch zu Ihrem Lieblingstier, Anfragen ins Jenseits. Heilung von Gebresten aller Art und Abhängigkeiten wie Alkoholismus, Sex-Sucht, Schlaf-Sucht, Sauberkeits-Sucht. Medikamente und Drogen aller Art. Sie gewinnen den Kampf gegen Gicht, Fusspilz, Mundgeruch. Stets zu Diensten. Treffsicher. Für gehobene Ansprüche. Kontaktieren Sie mich JETZT!

Unter mad-leinax@vox.com oder Handy für 1.99 Rappen pro Minute.

«Die kennen wir doch, von irgendwoher, trotz schwarzer Stickereien im Gesicht! *Für gehobene Ansprüche*. Tönt schon fast etwas …, sagen wir mal *speziell*, nicht?»

«Na ja. Aber nur fast, oder eventual? Du schau mal genau hin, und denk dir diesen zwar hübschen Firlefanz-Schleier weg», Kraienbühl deckte den oberen Teil des Gesichts ab, bis nur noch Nase, Lippen und Kinn sichtbar blieben. «Das ist … Gopfertdeckel, diese Frau erinnert mich stark an Madleina Wohlgemuth, aber die arbeitet als Verkäuferin in der EPA, nicht? Zur Tarnung?»

«Chabis! Sie ist eine exquisite Verkäuferin, vom Feinsten, mit überirdischen Fähigkeiten und Kontakten, das gibt's selten. Eine Sensation! Ein Volltreffer, für Vollidioten und Leichtgläubige. Wie sagtest du kürzlich, Gretl, zugreifen! Wohl eher Zugriff. Wir sollten dieser Frau dringend einen Besuch abstatten, oder besser noch: Lasst sie vorladen. Zu einer Besprechung ..., im abgedunkelten Büro. Und sie soll alle ihre Gespenster mitbringen.»

«Bist du sicher?» Die Wetterstein schüttelte den Kopf. «Glaubst du nun doch an Geister und Gespenster? Wir haben bereits einen Termin mit der Dame vereinbart, für heute ...»

Pause.

Schwarze Witwe.

Manchmal dachte Häfeli, Annegret liebe ihn nur, weil er ihr Chef sei, na ja, nicht nur, aber hauptsächlich. Macht hatte er realistisch gesehen auch nicht allzu viel, und Geld sowieso nicht. Macht korrumpiert nicht nur, ist sexy, wie es scheint. Wie er meinte. Und immer wieder feststellte. Unglaublich eigentlich. Ob das auf jüngere Männer gleichfalls so sexy wirkte, beim Umgang mit ihren älteren Vorgesetztinnen? Alles nur Theater? Häfeli wollte das gar nicht herausfinden. Sicher würde es bald eine empirische Untersuchung geben, aus den USA oder dem Pfefferland. Absolut wissenschaftlich. Im Übrigen gab es für ihn gar keine Gelegenheit mehr dazu, das alles ausprobieren.

Mit Annegret wurde sein Leben wieder spannend, zweifellos. Und dass Sabrina nicht auf dem Platz war, erleichterte die Sache ungemein. Wo war sie wirklich? Physisch und psychisch? Was tat sie in Amsterdam, war sie überhaupt noch in Amsterdam? Tango. Hot and spicy. Hatte sie sich ebenfalls verliebt? Vielleicht kam sie gar nicht mehr zurück. Und die Kinder ...?

Häfeli erinnerte sich mit Schaudern an den *Unfall-Traum.* Seit er sich in Annegret verliebt hatte, erschien ihm auch Lena nicht mehr in der Nacht, na ja, nicht mehr so häufig. Kürzlich hatte sie vor seinem Büro mit dem Polizeivorstand getanzt, ziemlich provokativ. Lasziv. Während er Akten entsorgte. Im Traum. Freiluft-Dieterle schien es zu gefallen. Durchaus. Auch so ein seltsamer Vogel, sein Chef.

«Übrigens», wurde er von Kraienbühl aus seiner Gedankenwelt gerissen, «die Schwarze Witwe, äh …, die Wohlgemuth hat gerade angerufen. Sie könne heute leider nicht vorbeikommen; sie brauche Zeit für die Bestattung, um Abschied zu nehmen von ihrem lieben Wermuth, sagte sie, und habe dringend einige Tage Ferien nötig. Sie sei in ihrem Ferienhaus im Engadin telefonisch zu erreichen, nur in dringenden Fällen. In Madulain. Sie arbeite von dort aus, aus der Ferne. Home-Office, so quasi. So habe ich mit ihr einen Termin für anfangs März vereinbart. Das gibt uns etwas Luft, denke ich.»

«Soso, aus der Ferne. Aha …, das Medium sitzt wie eine Spinne im Netz und spinnt ihre Fäden? Daher Schwarze Witwe! Gift. Giftspritze? Bemerkenswert! Und das hast du einfach so akzeptiert, diese Terminverschiebung? Ich sage dir, die spielt mit uns, das passt mir alles gar nicht», Häfeli fluchte etwas vor sich hin. «Aber lassen wir's mal so stehen.» Sein Telefon schellte ungeduldig, wie es ihm schien. Etwas Wichtiges?

«Aha, im Sittertobel, wo genau? Unterhalb der Ganggelibrogg, stromabwärts. Tot. – Geschlecht? – Selbstmord? Wisst Ihr schon etwas mehr? – Vielen Dank, Tom, wir kommen sofort. Ende.»
«Annegret, komm, wir fahren; Chraie, du bleibst hier, bewirtest den Polizeivorstand mit Kaffee oder so, steigst dem lieben Polizeisekretär auf die Bude, oder beiden. Irgendwie. Vielen Dank. Wir melden uns sobald als möglich. Mach's guet!»

Kraienbühl ein einziges Fragezeichen: «Ich möchte auch mitkommen.» Häfeli ging darauf nicht ein.

Die beiden machten sich mit einem Streifenwagen Richtung Westen auf den Weg. Schweigend. Fürstenlandstrasse, beim Friedhof Bruggen scharf links Richtung Wolfganghof, am Schlössli Haggen vorbei, zur Ganggelibrogg. Fahrverbot. Häfeli selbst am Steuer, das gab es schon lange nicht mehr bei einem Einsatz, stieg aus und entfernte den Poller, «ausnahmsweise, machst ihn wieder rein?» Er liess den Wagen langsam in die Mitte der Brücke rollen. Sie stiegen aus. Schauten über das Geländer, in beide Richtungen. Zum Alpstein hin war nichts zu sehen, aber stromabwärts, wie Wichtelmann es gesagt hatte.

Einsatzfahrzeuge, die Feuerwehr mit einem Ponton. Wellenberg war bereits hier. Ganz in Schwarz. Klar.

Sie schauten einige Minuten von oben zu, ins Sittertobel, eng aneinandergeschmiegt.

«Die Rammbold Moni?»

Häfeli nickte und nahm Annas Hand, drückte sie fest. Schaute ihr in die Augen. «Ich liebe dich.»

Pause.

«Fahr den Wagen bis zum Ende der Brücke vor, bis zum Poller, ich mach das ...» Dann rumpelten sie den holprigen Feldweg zur Sitter hinunter, parkierten vor den gedeckten Holzbrücken und gingen den kurzen Weg bis zum Sitterstrand hinunter: Uniformierte Männer und Frauen mit ernstem Gesicht; sie begrüssten sich gegenseitig.

Soeben brachte die Feuerwehr mit dem Ponton einen leblosen Körper ans Ufer.

«Komm, wir schauen, ob es Moni ist.»

Sie sahen es auf den ersten Blick. Moni sah fürchterlich aus, seit Tagen im Wasser liegend, geschunden, ihr Körper bläulich. Abschürfungen. Aufgedunsen. Halbnackt.

Tom Wichtelmann kam auf sie zu. «Schwierige Sache, für die Rechtsmedizin, aber auch uns. Keine Spuren, bis jetzt. Oder der Fluss hat sie weggetragen. Ihr Körper blieb an einem Felsvorsprung auf der anderen Seite dort unterhalb dieser Wand hängen.» Wichtelmann zeigte in die entsprechende Richtung. «Grauenhaft. Sie hing wie ein Fisch im Netz, von der Brücke oben übrigens nicht sichtbar. Ein Vater hat sie mit seinen kleinen Kindern heute Morgen entdeckt, als sie versuchten, ein Feuerchen zu entfachen. Das ging aber nicht, bei diesem nassen Holz hier. Dann spielten sie mit den selbst gebastelten Holzflossen am Wasser, und sahen irgendwann die Bescherung. Makaber. Der Vater, dieser Herr dort, hat uns angerufen. Willst du mit ihm reden?»

Häfeli winkte ab. «Rechtsmedizin, du weisst schon. Vielen Dank für deinen Bericht, gell, im Voraus.»

Sie verabschiedeten sich und marschierten zum Fahrzeug zurück.

«Tauwetter, wenn auch nur vorübergehend … Anna komm. Ich zeige dir einen meiner Sitter-Kraftorte. Jetzt geht's, hat ja nicht mehr so viel Schnee.» Er nahm sie an der Hand und zog sie mit sich fort, zu diesem winzigen Pfad, durch den Wald. Über gefallene Tannen, durch Schneeschlamm und Matsch, durch den kleinen Felstunnel hindurch kletterten sie über Steinbrocken steil hinauf auf das Plateau. Kein Problem für Annegret, geländegängig und bergtauglich wie eine Gämse. Fahler Sonnenschein, kalt war es trotzdem. Nebelschwaden. Winterzeit.

Lachen und Überleben.
«Manchmal, wenn ich traurig oder verwirrt bin, habe ich Lust, ins Sittertobel hinabzusteigen, schöpfe dort am Wasser Kraft», erzählte Häfeli. «Manchmal auch mit den Kindern. Dort unten, wo sich Wattbach, Urnäsch und Sitter treffen. Wunderbar vereinigen. Gemeinsam singen, klagen, brüllen. Kraftvoll. Bei Starkregen ist es nicht ungefährlich. Aber immer geheimnisvoll. Und wirkungsvoll. Aber Vorsicht: Rutschgefahr.

Oder ins Galgentobel. Goldachtobel. Die Mühlenenschlucht bei dir im Quartier kennst du ja inzwischen. Alles Kraftorte.»

Die Aussicht vom kleinen Plateau aus war faszinierend gewesen wie eh und je, auf den Fluss, die Felsbrocken, die Tannen am Abhang, vom Wind zerzaust, einige irgendwann in sein Bett gestürzt, die steilen Felswände. Still und einsam. Balsam für verwirrte Seelen. Standen sie dort, hörten dem Wasser zu. Einige Minuten. Schweigend.

«Ein fantastischer Ort, die Natur, das Wasser, diese Abgeschiedenheit und Einsamkeit. Die Felsen. Wie in der Schlossbach-Klamm[74], erinnerst du dich?» fragte Anna.

«Ich liebe dich auch.»

Pause.

---

[74]*Gleichnamige Schlucht zwischen Hochzirl und Reith bei Seefeld, eindrückliches Viadukt der Karwendelbahn.*

«Kraienbühl wird's hart treffen. Soll ich es ihm sagen, oder möchtest …?»

«Klar. Du. *Du* bist doch sein Chef. Mir wird ganz kalt. Komm wir gehen, gib mir deine Hand.

Du, was liegt denn dort unten?» Annegret zeigte auf einen silbrig schimmernden Gegenstand. «Siehst du es nicht? Dort links, unten!»

Sie legte sich auf den Bauch und kroch an den Rand des Felsens. «Halte meine Beine fest, sonst fall' ich ins Wasser. Noch etwas weiter vor, ich hab's gleich. Jetzt. Ich komme zurück.

Hier ist es. Ein Feuerzeug.»

Annegret drehte es um: «Das gibt's nicht!» Ein Totenkopf mit roter Krawatte glotzte den beiden entgegen. Sie steckte es ein, und die beiden machten sich auf den Rückweg. Kurz vor der Wegkreuzung hörte Häfeli einen Schrei, und etwas aufklatschen, drehte sich um – und sah seine Anna am Boden liegen, in Matsch und Schlamm.

Nur jetzt nicht lachen … Und prustete los.

«Ha, ha! Du bist so was von gemein!» Nun lachten sie beide.

Er streckte ihr seine Hand entgegen und zog sie aus dem Morast.

«Wenigstens hast du dich nicht verletzt, gell?»

«Nein, die Erdsauce hat mich weich empfangen. Aber schau mal meine Jacke. Und mein Gesicht erst …» Er küsste ihre Lippen im verdreckten Gesicht. «Sieht irgendwie sexy aus.»

«Scherzkeks. Bring mich bitte nach Hause, Duschen nach diesem Schlammbad, Kleider wechseln. Ok?»

Häfeli öffnete die Türe zu seinem Büro, die dreckigen Schuhe in der Hand, und sah seinen Freund auf dem mausgrauen Sofa sitzen, den Kopf in die Hände gestützt. Traurig. Vertrocknete Tränen.

Er setzte sich zu ihm. Legte ihm kurz die Hand aufs Knie. Kraienbühl schaute auf, sie schauten sich in die Augen.

«Gell, die Moni ist tot, ich spüre es.»

Häfeli nickte. Und schwieg.

Pause.

«Wie ist es passiert, wie schaut sie aus, ihr Gesicht, verletzt, wurde sie … Selbstmord war das nicht!»

«Du, ich weiss nicht viel; sie ist jetzt in der Rechtsmedizin. Dr. Fröhlich kümmert sich um sie. Wir müssen warten.»

«Kann ich sie sehen?»

«Sie lag etwa drei Tage im Wasser, ich würde es dir nicht empfehlen. Nicht unbedingt … Geh nach Hause, mach' einen Tag frei, wenn du möchtest. Ruf mich an, wenn du mich brauchst. Privat. Ungeniert!

Hat Moni eigentlich Verwandte?»

«Ich weiss es nicht», seufzte Kraienbühl. Eigentlich weiss ich so wenig von ihr. Über sie, ihr Leben, und so. Wir wollten uns das alles erzählen, nach und nach. Und unsere Zukunft planen.

«Also, bis morgen, vielleicht. Tschüss.»

Häfeli berührte seinen Freund kurz an der Schulter. Und setzte sich wieder hin, an seinen Platz auf dem Sofa. Irgendwie war plötzlich Tristesse eingekehrt, in seinem Büro. In seiner Seele.

Wie sollte das alles weitergehen? Mit ihm. Anna. Sabrina? Mit den Kindern.

Vorgestern hatte er eine Aussprache mit Anna, im Bett. Friedlich. Nicht wie mit seiner Frau. Meist. Nicht im Bett, dafür laut.

Liebevoll. Rücksichtsvoll. Sie wollten versuchen, sich weiterhin zu lieben, die Liebe am Leben zu erhalten, damit sie nicht versinke, nicht krampfhaft zwar. Und das Lachen dabei nicht verlernen. Dafür wollten sie kämpfen. Beide. Intensiv.

Offen. Oder im Geheimen?

Nicht nur ein bisschen. Eine offene Beziehung? – das wollten sie nicht. Aber wie sollte das gehen, mit seiner Frau, mit den Kindern? Würden Roberto und Patrizia Anna akzeptieren? Mögen. Lieben?

«Ich möchte ein Kind von dir», hatte Anna gesagt. Und ihn in den Hals gebissen. Hoppla. Wollte er das, in seinem Alter, bei aller Liebe. Grossvater des eigenen Kindes sein? Ein Papa Moll – viel zu alt für Kinder.

«Das Rote Büchlein ist gut, vielen Dank», sagte Anna und küsste ihn. Zärtlich. «Aber ob es unserer Liebe wirklich hilft? Du bist manchmal – nicht im Bett – so fürchterlich realistisch. Und lässt dann Träume gefrieren. Schade!»

Und Sabrina? Wenn er und Anna …, wäre sie alleine. Oder doch nicht so ganz? Vielleicht das Beste für alle. Wollte sie in Amsterdam bleiben? Was lief dort ab? Was lief eigentlich mit seinen Gefühlen *hier* ab?

Seine Beziehung war ausgeleiert, zweifellos, irgendwie hoffnungslos das Ganze. Ein Wechsel überfällig. Dieser Tanzkurs in Amsterdam, hot and spicy – eine Alibi-Übung. «Ein «Selbstfindungskurs», hatte Sabrina gesagt. Damit musste er sich abfinden. War die dritte Pubertätsphase nun endlich vorbei oder nur ihre Liebe?

Den Bettel hinschmeissen. Endlich entscheiden.

Hätte er sie in Amsterdam besuchen sollen, wie ursprünglich geplant? Überraschen. Heimsuchen. Erwischen. Ertappen. Gedanklich hatte er diese Reise längst abgesagt. Gestrichen. Ersatzlos. Sie meldete sich kaum, auch nicht viel mehr bei den Kindern. Hin und wieder mal eine lauwarme Postkarte. Ein unergiebiges Gesprächlein. Versteckte Vorwürfe. Oder nicht mal das?

Ein Schmarren ist das alles. Immer wieder. Hätte, hätte …

Chabis.

Und Anna? Würde auch ihre Liebe zerbrechen? Irgendwann. An Konventionen. Langeweile. Überdrüssigkeiten. An einem neuen Partner. An einer Krankheit. An seinem Alter?

Wann würde es sich hier ausgeleiert haben und sie sich nur noch auf den Wecker gehen?

Die Tage zogen träge dahin, langsam und unspektakulär. Mit viel Nebel und Nieselregen, gelegentlich Schnee. Schneeschaufeln. Und Fasten, wer wollte, und meinte, es täte ihm oder ihr gut.

Schwierige und unsinnige Besprechungen. Freiluft-Dieterle hinhalten, damit er sich nicht zu stark aufregte, weil er mit seinen Erfolgsmeldungen in den Medien noch etwas zuwarten musste. Mit Tom Wichtelmann, dem Chef des Technischen Dienstes, der Interessantes zu berichten wusste. Oder eben mal wieder nicht? Die Suche nach der Pistolenfrau mit den grossen Schuhen sei bisher ergebnislos verlaufen …

Angst vor dem Tod?

Rechtsmedizinerin Céline Fröhlich hatte wieder Spannendes zu berichten. «Ich komme Sie im Amtshaus besuchen, so lerne ich gleich Ihre neue Assistentin kennen, man hört da so einiges munkeln. Und ich brauche dringend eine Luftveränderung, muss raus aus dieser Leichen-Versammlung, auch wenn es nur kurz ist. Soll ich einen Wein mitbringen, einen französischen?»

«Danke danke, lassen Sie Ihren Franzosen zu Hause; ich habe hier eine schöne Spanierin, Sie werden mit mir zufrieden sein. Wir trinken die Flasche unter vier Augen …, ich erzähle Ihnen dann warum, gell.»

Nach einer kleinen Aufwärmzeit hatten die beiden Duzis gemacht, endlich. Der Anstoss dazu kam von Häfeli. Erstaunlicherweise. Das sei längst überfällig gewesen, freute sich die Fröhlich.

Sie halte es kaum mehr aus mit den vielen Leichen. An sich sei sie sich das ja gewohnt, aber nun werde es selbst ihr zu viel. Und jeden Tag kämen neue angereist. «Grauenhaft.» Na ja, meist handle es sich um ältere Menschen. Trotzdem.

Und die Rammbold Moni? Ganz grässliche Verletzungen; es sehe fast wie ein Ritualmord aus. «Abgefüllt mit K.-o.-Tropfen, vergewaltigt von zwei Männern; wir haben ihre DNA. Und Spuren eines Leichensacks.»

Pause.

«Ob die Frau von einer Brücke heruntergeworfen wurde oder ihr die Knochen sonst irgendwie gebrochen wurden ist nicht ganz klar. Zu diesem Zeitpunkt lebte sie wahrscheinlich noch, war aber nicht mehr bei Bewusstsein, hoffe ich sehr für sie. Anschliessend wurde die leblose Frau ins Wasser gestossen, und zwar ohne Leichensack. Dieser wurde am Sitterstrand verbrannt, wir haben Überreste in einer Grillstelle gefunden. Den Rest kennst du.»

Inzwischen hatten sie die Rotweinflasche geleert, beide hatten heute einen guten Zug, und Häfeli machte sich an die Arbeit, eine neue zu öffnen.

«Du für mich nicht mehr, es reicht, obwohl … Die Spanierin ist gut, und bei dir sind wir so herrlich ungestört. Mi freut's!»

«Es sind *zwei* Spanierinnen. Mindestens.»

Häfeli schenkte grosszügig nach. Nachher sprachen sie auch über Kraienbühl und dessen neue Freundin, die Rammbold Moni. Offenbar seien beide sehr verliebt gewesen. Kraienbühl nehme ihren Tod sehr schwer, sei traurig. Müde. Und das Motiv?

«Rache oder Eifersucht?» die Rechtsmedizinerin legte sich fest, das sei für sie ganz klar, während der Kommissar nicht ausschloss, dass hier eine Mitwisserin zum Schweigen gebracht werden sollte. Klar, auf diversen Umwegen. Und höchst wahrscheinlich habe sie ihre Mörder gekannt!

Die Fröhlich und Häfeli diskutierten über Gott und die Welt, die schwierigen Zeiten, die Überlastung des medizinischen Personals. Ihre Wein-Präferenzen. Und und und. Und über das Ende.

«Welches Ende meinst du?» fragte die Ärztin.

«Den Tod. Wenn du eine Leiche auf dem Tisch hast, und eine Autopsie vornehmen musst, was geht da in dir vor? Ist das Ende, wirklich das Ende, was meinst du?»

«Lieber Bert, ich muss das pragmatisch betrachten, zunächst, sonst könnte ich meinen Job nicht machen. Schau mal: Ein toter Körper liegt vor mir auf dem Chromstahltisch. Kalt und nackt. Todesursache unbekannt. Ein Körper, der einmal ein Mensch war. Jung. Alt. Hässlich. Schön. Mit Operationsnarben oder nicht. Blessuren. Eine leere Hülle. Und daran arbeite ich – ein technischer Vorgang. Klar, das ist das Ende. Und wenn ich fertig bin und herausgefunden habe, woran dieser Mensch gestorben ist, bin ich fertig. Die Leiche ist an ihrem Ende angelangt. Aber eines ist sicher, auch die leere Hülle verrät mir im Tod noch vieles, öffnet ihre Geheimnisse, oder wenigstens einige davon – oft unfreiwillig und gegen den Wunsch des ursprünglichen Besitzers und seiner Verwandten; ich meine das jetzt nicht pathologisch, als Rechtsmedizinerin. Nehmen wir doch mal die Rammbold Moni …»

Häfeli machte eine abwehrende Handbewegung. «Und die Seele, wo ist denn die? Gibt es sie? Wohin ist sie gegangen?»

Seelengeheimnis.
«Du stellst Fragen …» Céline Fröhlich berührte kurz seine Hand. Sie schauten sich in die Augen.

«Klar gibt es für mich die Seele, die den Körper beim Tod oder mit dem Tod zusammen das Zimmer verlässt. Alte Häuser, zum Beispiel im Appenzeller Land, haben unter dem Dach kleine Fenster, die immer offenstehen, damit sie aus dem Haus herauskann, wenn und wann sie will. Seelenfenster nannten die das – ein alter Brauch. Vielleicht eine kindliche Idee? Von mir aus. *Ich* meine, die Seele braucht keine Fensterchen, keine Ausstiegshilfen – sie findet ihren Weg in jedem Fall! Davon bin ich überzeugt.» Die Fröhlich nahm noch einen Schluck Wein und bat um ein Glas Wasser.

Pause.

«Die Seele ist unsichtbar. Feinstofflich. Und ich habe noch nie gesehen, wie sie den Körper, ihr Haus verlässt. Man kann sie nicht festhalten, berühren, begreifen. Und naturwissenschaftlich erklären schon gar nicht. Trotzdem, ich sage dir das ohne jede Anwandlung oder Anlehnung an irgendwelchen Esoterik-Kram, ich glaube daran, dass es sie gibt, dass sie überlebt, ohne ihren Körper und dass wir uns irgendwann …»

«… wiedersehen, unsere Verwandten, Freunde?» unterbrach er die Ärztin. «Ein Leben nach dem Tod – in irgendeiner Form?»

«Wir wissen es nicht. Punkt! Aber ich glaube daran. Du?»

«Leben. Jenseits. Jenseits aller Wirklichkeit. Ewigkeit. Gott? Meine Eltern glaubten daran, dass sie sich nach dem Tod irgendwann wieder treffen. Und wir sie. Irgendwo. Und ja, ich vertraue auch darauf. Das macht mich ruhig, denke ich, wenn es so weit ist, irgendwann.

Und dann gibt es da noch die Rückkehrer mit ihren Erfahrungen und Lichtern im Tunnel … Nahtoderlebnisse.»

«Möglich. Aber wir wissen es nicht. Wir wissen eigentlich gar nichts, wenn wir ehrlich sind. Hast du Angst vor dem Tod?»

Häfeli schüttelte den Kopf. «Ich habe schon einige Menschen sterben sehen. Nein, ich habe keine Angst, aber vor dem Leiden, davor habe ich Angst, ja.»

«Das verstehe ich», sagte die Rechtsmedizinerin. «Und weisst du was? Manchmal hilft mir bei meiner Arbeit mein Name. *Fröhlich.* Fröhlich sein, auch wenn es gerade schwierig ist … Nomen est omen.» Die Ärztin machte wieder eine Pause.

«Aber das muss ich noch loswerden: Wenn wir überhaupt richtig leben, leben wir im Hier und Jetzt, mit viel Vertrauen und Freude. Schauen in den Himmel hinauf, ohne Angst und Sorge was einmal sein wird – oder eben nicht. Wir leben immer in Zwischenwelten, mit Zwischentönen und -farben, zwischen den Welten. Aber das Leben ist schön, vielleicht gerade deshalb, mein Freund.»

Viel Wein blieb nicht mehr zurück in der Flasche. Häfeli hatte es plötzlich eilig, als sich Céline nach diesen schweren Brocken auch noch nach Anna erkundigte. Sie seien ein Paar, habe sie gehört, ob das funktioniere, bei der Arbeit, und daheim. Sie selbst habe diesbezüglich ebenfalls einschlägige Erfahrungen gemacht.

Soso. Er erzählte ihr das Wichtigste unter dem Siegel der Verschwiegenheit. Vieles sei noch offen … Leider.

«Was willst denn du da noch offenlassen, verschweigen, wenn's schon alle wissen? Das ist doch Quatsch. Was meint denn deine Frau dazu?»

«Von mir weiss sie es nicht, aber sie ahnt was, du weisst ja, hier wird viel geschwatzt. Schwierig! Schwierige Zeiten.»

«Genug jetzt!» Die Rechtsmedizinerin stand relativ abrupt auf, zwar etwas wackelig aber guten Mutes. Eigentlich fröhlich, so wie immer. «Das sollten wir wieder einmal tun, einen Wein trinken zusammen, in deinem Büro.» Sie würde ihm gerne die Geschichte von *Tom und Jerry* erzählen, und *Waldi*[75], wenn es ihn interessiere.

Häfeli nickte. «Ich bin an einem Gedankenaustausch mit dir sehr interessiert, wie heute. Es gibt nur wenige Zeitgenossen und -genossinnen, die Gedanken haben. Die einen Austausch überhaupt wert sind.» Er begleitete die Ärztin zur Türe. Sie küssten sich auf die Wangen, umarmten sich fest. Ihre Masken hatten sie längst abgelegt. Ende der Maskerade.

«Auf Wiedersehen. Und frohe Ostern, falls wir uns vorher nicht mehr treffen, mit deinen schönen Spanierinnen. Die sind gut, die Mädels!

Oh … Aber etwas möchte ich noch fragen, kommt mir gerade in den Sinn: Wie seid ihr eigentlich mit dem Honigmeier verblieben, dem Chef von Lifestoppnow? Kürzlich habe ich diesen fettigen Schmierfinken mit einer wesentlich jüngeren Frau gesehen, nicht unattraktiv, als sie aus einem Wagen ausstiegen. Zufällig. Die haben ein Verhältnis, da bin ich mir sicher. Na ja, der Frühling drückt überall durch, nicht nur im Tierreich, gell.»

«Warte mal, ist es diese Frau?» Häfeli kramte ein Foto hervor.

«Die war es, genau!» bestätigte die Fröhlich.

«Und die Farbe des Autos? Die Marke weisst du auch noch. Das wäre toll!»

Weiss. Ein Kombi. Ein Opel oder ein Skoda, würde ich mal tippen. Ach ja, und noch etwas: Bei uns in der Rechtsmedizin geistert ein Gerücht herum, dieser Honigmeier sei der spirituelle Geist und Präsident einer bekannten Sekte, die nennen sich

---

[75] *Vgl. Galgenvögel. Mord in Sankt Gallen und andere Geschichten. Band 2.*

Heilige der letzten Viertelstunde; das würde zu diesem Kerl passen, durchaus! Aber für uns ist es eigentlich unwichtig. Wir sezieren alles, was daherkommt. Erinnerst du dich noch an den Schwanenhals auf dem Pult des Stadtpräsidenten?[76]

Also dann, bis zum nächsten Mal.»

Nachdenklich setzte sich Häfeli wieder an sein Pult und blätterte im Roten Büchlein, das er inzwischen auch noch für sich selbst gekauft hatte und das ihn immer begleitete. Er hatte es wie zufällig aufgeschlagen und las:

Mir kommt der Tod, wenn ich einen Toten sehe, wie eine Abreise vor. Der Leichnam wirkt auf mich wie ein abgelegtes Kleidungsstück. Jemand ist gegangen, ohne das einzige Kleid, das je wirklich sein war, mitnehmen zu müssen[77]*.*

Häfeli wurde noch nachdenklicher.

«*Was* hat die Fröhlich berichtet?» wurde er von Kraienbühl abrupt aus seiner Gedankenwelt gerissen. «Komm Annegret, kannst gleich mithören, wenn du willst.»

«Na ja. Schwierig. Es tue weh, diese vielen Toten, die Fröhlich wirkte aufgewühlt. Und es sehe nicht gut aus mit Moni. K.-o.-Tropfen im Blut, immer noch nachweisbar, trotz … ihr wisst ja. Im Sittertobel. Ihr Körper verletzt, geschunden, malträtiert nicht nur vom Felsen. Traurig!

Vielleicht ist sie gestürzt, von der Ganggelibrogg heruntergeworfen worden? Sie ist sich nicht sicher, Moni hatte viele Druckstellen und Blutergüsse. Knochenbrüche.»

«Wurde Moni …»

Häfeli nickte. «Tut mir leid, Chraie.»

«Wieso schänden Männer Frauen. Eltern Kinder. Grossväter Enkelinnen und Enkel. Familien Haustiere. Priester kleine Gehilfen. Grauenhaft. Unverständlich. So richtig grusig!

---

[76] *Vgl. Galgenvögel. Mord in Sankt Gallen und andere Geschichten. Band 2.*

[77] *Fernando Pessoa: Wenn das Herz denken könnte …, Seite 33.*

Aus Freude am Quälen, Lust am Wehtun, sexueller Notstand? Niemand tut sowas, ausser wir Menschen. Und es ist auch nicht Krieg, aber das wäre ebenfalls keine Entschuldigung.

Und nun Moni. Wer hat ihr das angetan? Moni und ich, das wäre vielleicht etwas Grosses geworden. Ich möchte heute Nachmittag frei machen, ist das so ok für euch …?

Dann komme ich morgen wieder.»

Botschaft aus dem Jenseits.

«Willkomm, sehr verehrte Frau Wohlgemuth-Wackernagel. Schön, dass Sie endlich Zeit für uns finden. Ist die Beerdigung oder Abdankung gut gelungen?» Häfeli betonte auffällig ihren Mädchennamen und deutete auf einen Stuhl im Besprechungszimmer. Wir hoffen, Herr Honigmeier hat alles optimal für Sie arrangiert.»

«Ich kann nicht klagen.» Die Wohlgemuth lächelte sybillinisch.

«Also, wer hat nun Ihren fröhlichen und treuen Ehegatten umtriebig im Wasserturm erstochen? Waren *Sie* das, oder Herr Honigmeier?» Die Wetterstein hatte sofort auf Angriff geschaltet.

«Wir haben Sie kürzlich in der Militärkaserne gesehen, mit Ihrem Liebhaber…»

«Mit welchem»? fragte Frau Wohlgemuth emotionslos.

«Aha, Sie haben mehrere; interessant, aber nicht unbedingt für diesen Fall, oder doch? Ein Beziehungsdelikt?»

«Das geht Sie gar nichts an, denken Sie was Sie wollen. Was soll das werden heute, eine Besprechung, ein Verhör? Ein Kaffeekränzchen. Leider habe ich dafür keine Zeit, ich bin Geschäftsfrau, müsste eigentlich längst online sein … Im Netz. Für meine Freunde und Kunden.»

«Soso, online. Arbeiten Sie nicht mehr in der EPA?

Es könnte sehr wohl in einem Verhör enden. Und vergessen Sie nicht, wir halten hier immer ein Zimmer für Sie frei.»

«Die EPA gibt es schon lange nicht mehr, Sie Witzbold. Und diese unmotivierten Anwürfe lasse ich mir nicht bieten. Unanständig!» Frau Wohlgemuth stand auf und warf dabei einen Stuhl um. Und liess ihn liegen. «Ich werde mich bei Ihrem Vorgesetzten beschweren, wie hiess der gleich noch, Freilift oder so was.»

«Genau. Etwa so. Nehmen Sie bitte wieder Platz. Wir haben einen Wink bekommen …»

Madleina Wohlgemuth wurde nun doch etwas nervös. «Wink? Blödsinn! Ich habe nichts zu verheimlichen, zu beichten sowieso nicht, weder mit wem ich ins Bett steige und wie häufig, noch wen ich im Netz berate. Amtsgeheimnis. Schweigepflicht – *Sie* sollten das wissen.»

Pause.

«Ich bin eine unglaubliche Marktlücke – all in one!

Und ja: Ich bin Madame *Mad-LeinaX,* sehr erfolgreich, tätig in allen Netzen zwischen Himmel und Erde. Wollen Sie mich reservieren? Sie müssten sich sputen, ich bin bereits wieder fast ausgebucht. Ein Stress ist das, sich in diesen Zwischenwelten zu bewegen. Verstehen sie mich überhaupt?

Aber mit dem Tod von Wermuth habe ich natürlich nichts zu tun, wo denken Sie hin. Dass unsere Ehe im Eimer war, habe ich Ihnen erzählt. Und mit seinen Geschäften hatte ich nie etwas am Hut, und ich trinke kaum Alkohol, Wermut schon gar nicht. Ich hasse den Geschmack dieses Getränks.»

«Bei einer weiteren Durchsuchung des Wasserturms und des Geländes haben wir unter einem parkierten Auto ein Messer entdeckt. *Das* Messer, mit Fingerabdrücken und exakt derselben DNA wie im Erbrochenen, das bei Ihrem Ex-Gatten herumflutschte. Die Sache ist eindeutig!» Annegret nahm einen Schluck Wasser.

«Ich empfehle, ein Geständnis abzulegen. Sie können froh sein, dass wir Ihnen so lange Zeit liessen, für Ihre Beerdigung, Ihre Skiferien … eigentlich unüblich.» Dass die Polizei das Messer erst kürzlich und erst noch zufällig gefunden hatte, dank der gütigen Mithilfe eines Penners, verschwieg sie wohlweislich.

«Und nein, wir wollen Sie und Ihre obskuren Praktiken *nicht* buchen, aber Sie einbuchten, aus dem Verkehr ziehen. So schaut's aus. Ob Sie allerdings Ihre Kontakte ins Überirdische äh …, Übersinnliche, in die Welt der Geister und Gespenster, auch vom Gefängnis aus managen können, ist uns nicht klar. Egal.» Annegret winkte Wachtmeister Manz heran.

«Zeigen Sie bitte Frau Wohlgemuth ihre neue Loge. Über Ihr Geständnis können wir uns später noch unterhalten. Aber glauben Sie mir, Sie sind überführt. Ihr Motiv täte uns allerdings schon noch interessieren. Adieu.»

«Warten Sie», rief Madleina Wohlgemuth dazwischen, «warten Sie. Wenn Sie unbedingt darauf bestehen, erzähle ich es Ihnen, quasi unter Freundinnen. Eigentlich waren es zunächst ganz profane Gründe, Abnützungserscheinungen, Sie kennen das: Ich hatte genug von diesem Kerl, dem Wermutgeruch in der Wohnung, der ewigen Sauferei, seiner Eifersucht, den krummen Geschichten und seiner finanziellen Misere. Und ich wollte endlich wieder frei sein. Der Gipfel war aber, dass ich den guten Wermuth erwischte, wie er mir von seinen Zaubertränken in den Tee träufelte, vermutlich wollte er wieder mal mit mir schlafen. Oder mich töten. Vitus, also der Honigmeier, hat mir erzählt, was das ist; ich kannte das Zeug nicht. K.-o.-Tropfen. Das war für mich buchstäblich der letzte Tropfen, ich musste handeln.»

Pause.

«Zudem – und das ist ganz wichtig – bekam ich grünes Licht von meinem geistigen Mentor, *Don Shantiwulli*, aus dem Universum – oder dem Jenseits, wenn Sie so wollen. Ich wurde also quasi erleuchtet, das geschieht selten …. Und das ermutigte meine Seele zu tun, was ich längst hätte tun sollen. Also bin ich Wermuth nachgeschlichen und dachte, er gehe in sein Labor in dieser Villa, Wiesental oder so, aber er schwenkte vorher zum Wasserturm bei der Lokremise ab. Vorsichtig kraxelte ich die Stiege in diesem doofen Turm hoch, dem Himmel schon etwas näher. Wermuth hatte dort oben offenbar einen Teil seiner Ware versteckt und wollte etwas holen. Ich *musste* meinen Weg zu Ende führen, hatte grünes Licht von oben – und stiess zu. Dreimal. Sie haben richtig nachgezählt. Wortlos. Überall spritzte Blut hervor, und dann musste ich mich übergeben. Das war allerdings nicht vorgesehen. Das Messer habe ich verloren.

Nun kann ich wieder im Einklang leben, mit mir und dem Universum, und mit meinem Mentor; meinen Freundinnen und Freunden zur Seite stehen … Verstehen Sie mich nun?»

«Abführen, die Richtung stimmt, Gefängnis-Universum.» Die Wetterstein schüttelte den Kopf.

Pause.

Irrlichter.

«Abholen diesen Honigmeier, zum finalen Gespräch, unverzüglich», entschied Häfeli nachdem das Medium Mad-LeinaX endlich verschwunden war. «Gefahr im Verzug. Endlich kommt Schwung in die Sache. Ich bleibe hier und bereite mich für das Gespräch vor. Ich glaube fest daran, wir haben ihn! Sagt ihm das, und er soll Unterwäsche und Zahnbürste nicht vergessen.»

Nach einer halben Stunde sassen sie zu viert im Verhörraum; Honigmeier, ein Köfferchen neben sich, protestierte aufgeregt. Offenbar hatte ihn seine schmierige Ruhe zumindest temporär etwas verlassen.

«So, wir machen kurzen Prozess, bald sitzen Sie …»

«… wieder in Freiheit, an der Arbeit für die Lebenden und Toten dieser schönen Stadt. Das freut mich sehr.»

«Höchst unwahrscheinlich!» Häfeli leitete das Verhör, Kraienbühl und Wetterstein hörten zu und machten sich hie und da Notizen. «Wir nehmen unser Gespräch auf, Ihren Anwalt können Sie später noch sprechen. Zunächst machen wir ein kurzes Frage- und Antwort-Spiel. Also, Herr Honigmeier:

«Fahren Sie ein weisses Auto, Kontrollzeichen, Farbe?»

«Ich fahre verschiedene Fahrzeuge, privat einen weissen Skoda.»

«Besitzen Sie eine Waffe, Waffenschein?»

«Ja, beides. Eine alte Mauser, 9mm Munition, mit Waffenschein, wie gesagt; ich habe sie von meinem Grossvater erhalten. Er war Offizier. In Deutschland. Alles in bester Ordnung. Aber die Mauser ist verschwunden …»

«Soso, verschwunden. Wir werden sie finden, irgendwann, machen Sie sich keine Sorgen.

Sie handeln mit illegalen Substanzen und Partydrogen? Verabreichen Zaubertränke an Totkranke und Sterbende?»

«Illegal? Keinesfalls. Und ich handle nicht mit Partydrogen. Die Sterbenden nehmen den Saft selbständig und freiwillig. Alles dokumentiert. Die GBL-Tropfen und das ganze Zeug hat mir Wermuth Wohlgemuth geliefert, in rauen Mengen. Übrigens auch die roten Krawatten und … na ja, Accessoires. Strümpfe und so. In allen Farben. Alles legal. Er wollte sich so ein zweites Standbein aufbauen, sagte er. Mir war das egal, ich mache keine Geheimnisse daraus, jetzt, wo ich schon mal bei Ihnen sitze. Reicht Ihnen das – dann würde ich mich gerne verabschieden.»

«Chabis. Kennen Sie die Rammbold Moni und wie genau? Und dieses rote Feuerzeug?» Diese Frage brachte Honigmeier erstmals etwas aus der Fassung.

«Die Rammbold? Flüchtig, vom Tröckneturm her, sie war dort die Verwalterin und guter Geist in allen Lagen. Wir hatten geschäftlich miteinander zu tun, haben ein paar Mal miteinander geschlafen, aber da ist doch nichts dabei. Wir waren beide freischaffend tätig, zu dieser Zeit. Die Moni war tatsächlich eine Sünde wert, und so aktiv.»

«Freischaffend tätig. Aha. Und *war* die Verwalterin, woher wissen Sie das? Sie sagen mit Recht *war*. Frau Rammbold wurde brutal ermordet und in die Sitter geworfen. Vergewaltigt von zwei Männern, einer davon sind Sie. Wie heisst der andere? Wir haben die DNA an ihrem Körper festgestellt, zudem an einem Schuh. Sie erinnern sich an die Pistolenfrau aus dem Tröckneturm? Ferner auf dem Feuerzeug mit dem Totenkopf auf dem Felsplateau an der Sitter, also ganz in der Nähe des Fundorts der Leiche.»

«Guter Mann, Sie reden in Rätseln, irgendwie schwachsinnig, was sie da erzählen. Ich verstehe Sie nicht.»

«Unguter Mann, ich sage Ihnen klipp und klar, hören Sie auf zu leugnen, herumzueiern, das bringt nichts. Aber versuchen wir es so: Die Durchsuchung Ihres Büros hat einiges ans Tageslicht gefördert. Verblüffende Zahlen und Fakten Ihrer Geschäftspartner, einer davon ist dieser Carsten Castell, der Tiefbauer und Grabschänder, ein anderer der Betriebsleiter des Krematoriums, Dr. Dunkel. Merkwürdig nicht? Und weitere unerfreuliche Befunde, zum Beispiel des Steueramtes. Ihre Frau Wasserfall hat die Stelle bei Lifestoppnow bereits gekündigt, fristlos. Nicht uninteressant. Nebenbei. Die Ratten verlassen das sinkende Schiff.

Aber weiter: Sie sind der Geliebte von Madleina Wohlgemuth, oder einer davon, die ihren Mann, den Wermut-Trinker, ermordet hat, Ihren früheren Mitarbeiter und Partydrogen-Spezi. Der Kreis beginnt sich zu schliessen; gestehen Sie.»

«Was fällt Ihnen ein? Madleina liebt mich. Aber das ist hier irrelevant. Punkt. Lassen Sie mich Ihnen die Aschen-Geschichte kurz erklären, ich bin kooperativ, und lege Wert auf Diskretion.» Honigmeier rieb sich geschäftig die Hände.

«Hören Sie gut zu: Dieser Josef Dunkel, von Hause aus eigentlich Veterinär, überraschte mich, als ich bei Gartenarbeiten bei mir zu Hause ein Skelett ausbuddelte und dabei auch noch diverse alte Bücher und einen toten Hund aufstöberte, alles stark verwest bzw. vermodert. Lesestoff für die Ewigkeit. Vielleicht für die Hunde. Eigentlich lustig, ein Veterinär im Krematorium, und der erpresst mich! Wem das Skelett und der Hund gehörte weiss ich nicht. Ob Sie es glauben oder nicht. Egal.

Trotzdem hatte mich mein *Geschäftsfreund* zumindest etwas in der Hand. Aufgrund dieser Übungsanlage kamen wir auf die Idee, Skelette dieses in alten Schriften überlieferten Friedhofs bei der Schönenwegen-Kapelle – und wo auch immer – zu rezyklieren, zu vermahlen und im Gegenzug überzählige Tote aus dem Krematorium, die dort nicht verarbeitet werden konnten, umzubetten. Erdbestattung statt Kremation, das war das Konzept. Was ist denn da dabei? Sie können mir gar nichts.

Und das noch nebenbei: Schon am nächsten Morgen hätte unser Chefgärtner die Wiese bei der Kapelle wie üblich maschinell behandelt und wieder angesät. Fertig. Perfekt.» Honigmeier unterbrach seinen Redeschwall für einen Moment.

«Die Asche lieferten wir den Hinterbliebenen aus unserem Fundus, dem Ochsner-Kübel, in den von ihnen ausgewählten Urnen. Zugegeben, es war nicht die Asche, die sie erwarteten. Aber sie bemerkten es auch nicht. Also. Ein Super-Geschäftsmodell, gerade in schwierigen Zeiten wie diesen. Der bürokratische Rest wird Sie nicht mehr sonderlich interessieren.

Dr. Dunkel schlug vor, eine weitere Bestattungslinie für Tiere aufzubauen. Das ist die Zukunft – und war bereits in Vorbereitung. Madleina hat mich auf die geniale Idee gebracht, endlich ins Universum vorzustossen. Die Sehnsucht vieler Menschen nach *universellen Antworten* ist heute grösser denn je. Viele leben zwischen allen Stühlen, äh … ich wollte sagen, zwischen den Welten. Irrleuchter. Äh …, wie Irrlichter.

Haben Sie sich nun endlich entschieden, wie Sie Ihre Zukunft gestalten wollen, den letzten Weg in Angriff …»

Der Kommissar winkte ab.

«Sonst noch Fragen? Ich bin immer für Sie da!»

«Chabis. Sie geben also zu, Frau Rammbold vergewaltigt und ermordet zu haben, mit einem Ihrer Kumpane?»

«Ich gebe gar nichts zu. Aber immerhin, der Sex mit Moni war lecker, das gebe ich unumwunden zu. Und diese kleinen Tattoos, sehr aufregend, sieben waren es zu unserer Zeit und …»

Kraienbühl stand plötzlich auf, trat lautlos auf Honigmeier zu und chlöpfte ihm zwei Ohrfeigen herunter, dass diesem Hören und Sehen verging. Links und rechts eine. Dann setzte er sich wieder hin. «Das ist für die Tattoos. Nichts zu danken. Bitte gerne.» Kraienbühl blickte zum Aufnahmegerät, das sein Chef jedoch rechtzeitig abgeschaltet hatte.

«Das ist ja unerhört», murmelte Honigmeier, benommen und kurzfristig verdattert. «Unerhört!»

Pause.

«Ich gebe gar nichts zu, gar nichts zu, zu, zu; äh …, verstehen Sie! Dr. Dunkel war scharf auf Moni, en arme Siech, war ihr total hörig, erzählte ihr zu viel. Eine Schwatzbase. Jedenfalls wusste sie zu viel – und wir mussten handeln, was heisst wir? Dunkel hat Moni getötet, seine ehemalige Geliebte. Unglaublich! Eine ganz üble Sache. Er hat sie mit K.-o.-Tropfen abgefüllt und anschliessend von der Ganggelibrogg gestürzt. Sie hat nichts mehr davon gemerkt, nehme ich mal an …»

«Nach der Vergewaltigungsorgie von Ihnen beiden.»

«Waren Sie dabei? Eben.

Nun kann ich es Ihnen ja sagen, Josef wollte unbedingt eines dieser Feuerzeuge haben, ein Geschenk für spezielle Kunden; natürlich finden Sie seine Fingerabdrücke darauf, und meine auch, klar Mann. Offenbar hat er es im Sittertobel verloren, der Depp, bei unserer …, äh …» Honigmeier schwieg abrupt.

«Ihre Schuhgrösse? Haben Sie die falschen Schuhe gekauft, Blasen an den Füssen?» fragte Häfeli weiter. «Wieso hinken Sie? Bitte ziehen Sie Ihre Hose aus, wir können auch rasch in die Rechtsmedizin fahren, wenn Ihnen das lieber ist.»

«Was fällt Ihnen jetzt wieder ein? Goht's no? Kommt gar nicht in Frage.»

«Nochmals. Wir haben Ihre DNA im Schuh der Pistolenfrau gefunden. *Sie* sind die Pistolenfrau, die auf der Flucht aus dem Tröckneturm einen Schuh verlor und angeschossen wurde.»

«Von mir aus, Schuhgrösse 43. Und ich mag mich nicht wieder ausziehen: Also. Ich wurde bei einem Jagdunfall verletzt, ein Versuch mit unseren Füchsen, für die Treibjagd, Sie erinnern sich noch an unseren Prospekt, das Jagdszenario? Hochglanz.»

«Altpapier. Der Name des Arztes, bitte; wir werden auch das überprüfen.» Honigmeier kritzelte etwas auf einen Zettel.

«Noch zwei Fragen: Weshalb wollten Sie mich im Tröckneturm erschiessen? Und was hat der Totenkopf auf diesen Krawatten und Feuerzeugen zu bedeuten – ein Emblem für was?»

«Wir haben eine Widerstandsorganisation gegründet, bitter notwendig in diesen schwierigen Zeiten, und wir tragen nie Masken, auch nicht an der Fasnacht, dafür stets Krawatten, bei unseren Einsätzen. Totenkopfkrawatten. Thor, der berühmte Gewitter-

und Wettergott für Skifahrer …, äh, Seefahrer ist unser Glücksbringer. Präsident ist Josef Dunkel, im Grunde genommen ein Quacksalber, ein Chaot und Krämer zugleich. Ich bin dagegen stark strukturiert und eher religiös engagiert. Castell ist ebenfalls ein bewährtes Mitglied. Eine Arbeitsbiene. Und zur zweiten Frage: Weil Sie ein *Arschloch* sind. Aber ich wollte Sie gar nicht töten, etwas Angst machen, das reicht heute meist. Präventiv. Und bewährt sich.»

... in dunklen Stunden.

«Widerstandsorganisation? Spinnen sie jetzt komplett? Item.

Verhaften, diesen dunklen Josef, und unverzüglich herbringen! Chraie ruf die Bereitschaft an, eine Streife, sofort. Wo wohnt dieser Dr. Dunkel, Adresse bitte, verehrter Herr Honigmeister.»

«Schauen Sie doch selber nach, wozu gibt es Computer? Und lernen Sie endlich meinen Namen auswendig. Oder haben hier alle Alzheimer?»

«Abführen, den Kerl hier. Bitte Wachtmeister Manz, greifen Sie zu. Wir fahren an die Kräzerenstrasse, kommt ihr?»

Vor einem unscheinbaren Mehrfamilienhaus parkierten sie den Wagen, läuteten bei J. Dunkel, Beamter, aber niemand öffnete. Zufällig kam ein junger Mann heraus, so konnten sie wenigstens ins Haus hinein. Wieder läuten an der Türe, nun im dritten Stock. Klopfen. Warten.

«In der Wohnung brennt Licht, ich konnte es durch das Gangfenster sehen», bemerkte Kraienbühl. «Aufbrechen?»

«Zuerst noch ein paarmal klopfen, poltern und so. Der sitzt vielleicht auf dem Klo, und lässt sich nicht aus der Ruhe bringen. Ein Beamter halt.» Und zur Wetterstein gewandt: «Lass den Schlüsseldienst kommen; hier riecht es irgendwie seltsam, nur schwach, aber doch wahrnehmbar. Verdächtig.»

Die Wohnungstüre wurde aufgesperrt, Licht brannte auch im Bad, der seltsame Duft verstärkte sich. In der platschvollen Wanne lag ein Mann. Nackt. Josef Dunkel. Tot. Mit seinem Handy. Das Ladekabel steckte noch.

«Wellenberg, Wichtelmann und die ganze Gesellschaft kommen lassen, subito. Die zweite Wasserleiche in so kurzer Zeit – hört das denn nie mehr auf?» Der Kommissar setzte sich an den Tisch in der Stube, an dem bereits die Wetterstein sass und den Abschiedsbrief las. «Sehr interessant, das erklärt vieles … Selbstmord, glasklar. Die DNA-Probe könnten wir uns eigentlich abschminken. Dunkel gesteht alles, er ist der andere Vergewaltiger. Gemeinsam haben die beiden Moni in einem Leichensack über das Geländer der Ganggelibrogg gekippt; sie blieb aber in einem Gebüsch hängen … Honigmeier und Dunkel mussten nachbessern und ins Tobel hinuntersteigen. Dann haben sie Moni in die Sitter geworfen, ohne Sack. Wohl in der Hoffnung, der Fluss erledige ihr Geschäft. Widerliche Säcke.

Das hier …», Gretl hielt ihm ein Papier unter die Nase, *Asche-Kreislauf Dr. Dunkel* stand fett im Titel, «zeigt detailliert die logistischen Abläufe der illegalen Leichen- und Skelett-Entsorgung auf, alles fein säuberlich aufgezeichnet, mit Übergabedatum ans Depot Castell, inkl. Namenliste der Toten. Somit kann sich Büttikofer die Identifikation der 27 Leichen sparen.»

Pause.

«Und schau mal das, ist zwar weniger wichtig, aber auch spannend, wir wussten nichts davon: Dieser Josef Dunkel hatte ein unglückliches Verhältnis mit Roland Breu, dem Geschichtenerzähler und Seelsorger bei Lifestoppnow. Erinnerst du dich an die Embleme und das Gekritzel an dieser Eiche beim Tröckneturm? Genau: *Roland und Josef!* Und das Herz. Der vielseitige und unermüdliche Bursche hatte zuvor auch noch Othmar Muff vom Alt Sankt Gallen Avancen gemacht, und sich in ihn verliebt, wie es scheint. Schlussendlich entschied sich Dr. Dunkel allerdings für Moni, doch die wollte nun nichts mehr von ihm wissen. Ein Fiasko auf der ganzen Linie!

Ich habe das Gefühl, dieser vornehme Herr bewegte sich dauernd im Dunkel seiner unrealistischen Liebschaften und Gefühle. Hin und hergerissen. Mit diesem Brief und dem Ablauf- und Transportschema klärt sich jedenfalls alles – und wir haben genügend

Beweise gegen Honigmeier & Co. in der Hand. Aber lies doch selbst …»

Ausgefastet.

«Gut ist die Fastenzeit bald vorbei, obwohl ich mich meist nicht dranhalte», sagte Kraienbühl. «Fasten. Ramadan. Redundant. Und gleichzeitig. Alles zusammen. Heilfasten in Bad Wörishofen, für ein Mordsgeld, dafür gibt's praktisch nichts zu futtern, und Alkohol schon gar nicht. Heilficken für etwas weniger Geld. Vielleicht.»

«Heillos. Ein Durcheinander ist das. Heil-Los. Ich verzichte darauf, also, ich meine die Fasterei.»

«Und ich bin immer noch durcheinander. Total aus der Spur. Irgendwie! Habe Monis Tod noch längst nicht verdaut. Erstmals bin ich nun so richtig mit dem Tod zusammengekommen. Zusammengeprallt. Ich wollte das nicht.

Und die Beerdigung?» Kraienbühl wirkte verwirrt. Betroffen sowieso. Und traurig.

Pause.

«Isst du nun definitiv kein Kalbfleisch mehr und meinst, so die Welt zu retten? Und einige Kälber. Die vierbeinigen.»

«Chabis. Aber ich mag nicht mehr, natürlich gibt es noch Ausnahmen, als Gast, bei Dir zum Beispiel. Ich freue mich auf den Frühling, wenn ich sie wiedersehe, die herzigen Tierlis, auf der Weide treffe, wie sie fröhlich herumspringen und sich freuen, mit ihnen plaudere, sie streichle – und daran denken muss, sie zum Schlachthof zu begleiten? Nein danke. Ein Anfang auf dem Weg zum Vegetarier? Na ja. Und ich habe eine Patenschaft übernommen, für eine Kuh. Sina.»

«Und was ist mit den herzigen Lämmchen? Du magst sie doch ebenfalls sehr, vor allem auch auf dem Teller.»

«Du hast ja recht, Chraie. Immerhin ein Anfang.» Häfeli biss in einen Buureschüblig. «Der ist noch übriggeblieben. Komm, wir gehen zum Bier, ins Alt Sankt Gallen. Bist du dabei? Annegret fühlt sich nicht so gut, sie möchte nicht mitkommen.»

«Wann beginnst du nun endlich mit deinen Memoiren», fragte Kraienbühl nach dem ersten Bier. «Hier im Büro hättest du Zeit, an flauen Tagen, und später als Pensionierter sowieso. Eine Co-Produktion mit dem Polizeivorstand? Man weiss nie … Du, das wird sicher spannend!»

Häfeli stutzte, sagte aber nichts.

Das wäre eine Möglichkeit, mich innerlich zu befreien, war ihm am Abend in den Sinn gekommen, als er vor dem Fernseher hockte. Morgen wollte er schon mal seine Tagebücher vom Estrich herunterholen und sich ein bisschen einlesen. D'Chraie hat manchmal wirklich gute Ideen!

Schreiben. Die Seele aus dem Bauch schreiben. Schreien. Aufs Papier «kotzen». Ungehemmt und unzensuriert. Abschreiben. Erschreiben. Verschreiben. Aufschreiben. Neuschreiben. Beschreiben. Anschreiben. Schönschreiben. Niederschreiben. Einschreiben. Herausschreiben. Preisausschreiben.

Mit Schreibstift auf dem Schreibblock im Schreibabteil mit lauter Schreiberseelen und Schreibgesellinnen.

Wie ein Stadtschreiber. Verschrobenpedantischberüchtigt.

Wollte er das wirklich?

Eher nicht.

So nicht!

Trotzdem sagte er zu seinem Freund und Compagnon: «Vor ein paar Tagen habe ich begonnen, meine Geschichten aufzuschreiben, wenigstens einige, fürs erste. Auch Träume. Ich erwachte, konnte nicht mehr einschlafen und hatte Lust darauf. Ein Neubeginn in der Nacht. Mit gute Nachtgeschichten?»

Pause.

«Man weiss ja nie. Und bald kommt Sabrina aus Amsterdam zurück. Dann habe ich noch weniger Zeit.»

«Wie geht es ihr?»

«Ich weiss es nicht. Verrückt, gell!» Häfeli hatte kein gutes Gefühl. Etwas Angst sogar. Was passiert an, mit und nach Ostern? Mit uns. Und mit den Osterhasen?

Pause.

«Zeigst du mir deine Geschichten, vielleicht schon als Entwurf?» fragte Kraienbühl noch. «Das würde mich freuen – und sehr interessieren!»

«So machen wir es. Prost!»

Vor dem Adieu-Sagen umarmten sie sich.

Daheim angekommen hörte Häfeli «noch rasch» etwas Musik, vor dem ins Bett gehen. Wie so oft begann er mit Schuberts *Unvollendeten* und endete mit den Doors: *The End.* Dieses Stück hörte er gleich mehrmals hintereinander, und danach *The End of the Night* ebenfalls:

Come on, turn the lights out, man
Turn it way down
Hey Mister Lightman
You gotta turn those lights way down, man!
(...)
This ist the end, beautiful friend
This ist the end, my only friend, the end
Of our elaborate plans,
the end
Of everything that stands,
the end
No safety or surprise, the end
I'll never look into your eyes again
(...)
This is the end, beautiful friend
(...).
This ist the end, my only friend.

Epilog: Geister, die ich nie rief.

Vorgestern Abend hatte es bei Häfelis wieder Streit gegeben, wie so oft vor den Feiertagen, Geburtstagen, Festtagen. Es ging auf Ostern zu, Palmsonntag war schon vorbei. Pizza oder Lasagne war die Streitsache. Lächerlich. Aber lautstark. Roberto und Patrizia hatten sich längst in ihre Zimmer zurückgezogen, hörten Musik oder auch nicht, suchten Ruhe im Lärm der Musik. Und auch Gipsy hatte einen ruhigeren Ort gefunden. Hoffentlich hatte der Osterhase Oropax dabei.

Vielleicht sollte ich mich vorzeitig pensionieren lassen, abhauen, auf die Malediven oder auf den Mond? dachte Häfeli. Meine Memoiren schreiben, für den Stadtrat kandidieren, vielleicht als Schulvorstand. Aber diesen Job gibt's ja gar nicht mehr, nachdem die Schulen zusammen mit der Sektion Entwicklung und Projektionen en bloque der Vision Entsorgung Sankt Gallen übergeben wurden. Dann lieber Chefberater bei irgendeiner Frauengruppe. Karikativ, äh … nein, karitativ.

Leuchttürme.
Vielleicht gründe ich ein Heim für gefallene Enten und Hühner. Frustrierte Adipositas-Katzen. Eröffne eine Rollator-Fahrschule für Demente und behinderte Haustiere, vielleicht im Amtshaus? Eine Tango-Tanzschule für Sabrina. Das braucht Nerven. Oder mache einen Laden, einen Kiosk auf, den es gar nicht braucht – Kebab und Glacé, zum Beispiel. Leerstehende Lokale gibt's ja mehr als genug in der Sankt Galler Innenstadt. Obwohl: Kebab und solches Zeugs mag ich nicht, mit zunehmendem Alter schon gar nicht. Und dement bin ich auch noch nicht. Also.

Wollte ich nicht endlich Vegetarier werden? Oder doch Sargträger beim einzigen Sankt Galler Bestattungsunternehmen – wieder ein Monopolbetrieb. Den Krawattenknopf kann ich inzwischen selbständig, aber bei den schwarzen Anzügen hapert es noch gewaltig. Ziele? Wozu denn. Und immer wieder dieselben!

Chabis.

Und Kraienbühl? Heiratet der endlich, aber wen? Des Teufels Grossmutter; macht sich selbständig (mit ihr?), übernimmt das alte Volksbad und eröffnet dort einen Swingerclub für gestrauchelte Kader oder Kater, Banker, abgewählte Bundes- und Regierungsräte und so. Kauft nicht mehr benötigte Kirchen und andere Etablissements auf, vermietet sie als Location für diverse Zwecke. In der Altstadt Sankt Gallens.

Eröffnet zuoberst im Rathaus ein Feinschmeckerlokal, darunter endlich eine öffentliche Wellness- und Wohlfüll-Oase. Aus dem Amtshaus wird ein Boutique-Hotel, das *Hecht-Central*; der Stadtpräsident empfängt dort an der Reception die Gäste höchstpersönlich. Beim Apéro. So viel ist klar – und notwendig, im Sinne der Standortförderung.

Im neuen Bus-Depot wirken Kräuter- und Pilzgarten-Freaks mit langen Haaren und überwältigenden Zuchterfolgen, züchten berauschende Aphrodisiatikas und ähnliches Zeugs en masse. Magic Mushrooms. Fabrizieren Schokolade ohne Kakao, Mohrenköpfe ohne Mohren, Fleisch ohne Tiere zu töten. Der Stadtschreiber plant einen Karikaturen-Workshop mit Seminaren und Schreibwerkstatt wo eigentlich geplant war, Busse herumstehen zu lassen.

Auf dem Spelterini-Platz entsteht eine mehrstöckige Dependance des Walter Zoos, für Giraffen und Raubkatzen. Und das neue Frauenhaus – endlich genug Platz. Psssssssssst, die Adresse ist noch geheim. Und vis-à-vis das Männerhaus für geschlagene Männchen, Hanswurste und entthronte Patrons? Der Jahrmarkt positioniert sich neu verstärkt in der Universität. Zaubertricks für alle, sind dort sehr beliebt und hoch willkommen. Jonglieren und so. Auf dem Campus beim Platztor. Leuchttürme ohne Licht.

Und was geschieht mit dem Polizeivorstand, EFD, und anderen smarten Würdenträgern? Die werden reich und reicher, und stiften einen grossen Teil ihres Geldes, um die städtischen Schulen zu privatisieren. Die Steuern zu senken. Und den Klimawandel zu verzögern. Zum Beispiel. Ein Traum?

Genau: Sankt Gallen wird endlich smart. Die SBB fahren konsequent und mehrspurig unterirdisch durch die Stadt. Drunter und drüber. Ein Tram braucht es sowieso nicht mehr, und Busse auch nicht so viele, hintereinander. Und somit auch kein neues Bus-Depot; na ja, vielleicht irgendwann mal in Gossau, wenn die beiden Städtchen erst einmal verschwägert sind, oh pardon, verheiratet. Dafür viele neue Helikopterlandeplätze für die vielen VIPs und Villen, zum Beispiel am Rosenberg. Auf dem Kinderfestplatz, wenn das Traditions-Fest nicht mehr dort gefeiert werden soll oder kann. Und wenn dann alles mal überbaut ist.

Show me the way.
Gestern Abend hatte es wieder Streit gegeben. Diesmal ging es um seine Pensionierung, na ja, dringend war die Sache nicht – und stand auch noch nicht direkt vor der Tür, die Pensionierung, lag vielleicht in irgendeinem Kasten herum, wie alte Kleider. Streiten als Grundlage und Format für die Zukunft? Wie sollte das weiter gehen, mit ihm und Sabrina? Häfeli schauderte.

Wer würde seine Nachfolge im Kommissariat antreten, dann, irgendwann? Er tippte auf Gretl Wetterstein, die lustige Tirolerin. Und charmant war sie auch noch. Also. Oder doch Max Kraienbühl, erfahren, ruhig, nicht eigentlich übereifrig? Oder ein externer Emporkömmling, jung, dynamisch, vermeintlich erfolgreich. Ein richtiges Juristchen? Mit allen Wässerchen gewaschen. Egal.

Es war ihm egal.

Irgendwann erwachte Häfeli; er befand sich in einer engen, stickigen grauen Röhre, vorne sah er etwas Licht, ein Schimmer, nicht warm, eher kalt wie Neon. Er fürchtete, zu ersticken, versuchte um Hilfe zu rufen. Aber es ging nicht. Was war hier eigentlich los? Wo bin ich? Irgendwas und irgendwo rumpelte es, laut, stark und nervig. Manchmal war es still in dieser unmöglich engen Röhre. Nur eine Pause. Kurze Zeit später setzte das Spektakel von neuem ein. Manchmal übertönte Musik das Gerumpel. *Show me the way*, von Stefanie Heinzmann hörte er gerade. Zeig mir den Weg, aber wohin? Häfeli fröstelte.

Irgendwann schlief er wieder ein. Bleierner Schlaf, bleierne Ruhe, bleierne Gefühle. Gefühle? Beine wie Blei, ohne Gefühl. Taubstumm? Gefühlt.

Irgendwann hörte er leise Stimmen, Wispern; er erkannte die Stimme von Sabrina, vereinzelt Roberto und Patrizia, und eine andere. Jene von Freiluft-Dieterle war es nicht. Eine fremde Stimme. Er versuchte die Augen zu öffnen, doch es ging nicht. Wieso funktionierte nichts mehr, oder vieles nicht richtig, wie er es sich gewohnt war, wie es sein sollte, wie es selbstverständlich war.

Und dann hörte er die fremde Stimme sagen: «Ihr Ehemann, euer Vater hatte gestern einen schweren Herzinfarkt, tut uns leid. Vielleicht auch noch Covid23? Im MRI haben wir einiges festgestellt, aber …, äh, das sollten wir alles nicht hier besprechen. Wir wissen noch nicht, wie es weiter geht, ernst ist es auf jeden Fall. Immerhin konnten wir ihn auf die Station hier verlegen. Gehen Sie jetzt bitte, wir halten Sie auf dem Laufenden.»

Pause.

Häfeli spürte Lippen auf seiner Wange, etwas tropfte. Er hörte, wie Patrizia sagte, «geh nicht fort, komm wieder nach Hause, und dieser Kuss ist von Gipsy, für dich!»

Schritte. Das Schliessen der Türe. Stille. Er wollte die Augen öffnen, zum Abschied winken, aber es ging nicht. Es ging einfach nicht. Eine Träne wollte über seine Wange kugeln, aber sie kam nicht. Nichts ging mehr. Stille.

RRRRRRRR …

Wo bin ich? Ein weisses Zimmer, alles weiss. Ein Bett mit Infusionsbaumkranzständer, das Bett leer, alles weiss. Seine Lieblingsschokolade auf dem Nachttisch. Vis-à-vis des Bettes sah er ein wunderschönes Bild, blau, in verschiedenen feinen Abstufungen und Tiefen. Wasser. Eine Lagune. Meer. «Mehr Wasser», schrie Häfeli. Aber niemand hörte ihn.

Das Zimmer war leer.

Häfeli besuchte seinen Vater auf dem Ostfriedhof – «Friede sei mit Euch», steht dort beim Eingangsportal. Bald würde das Grab verschwinden, die 20 Jahre Grabesruhe waren vorbei. Oft sprach er mit seinem Vater, am Grab, bat ihn um seinen Segen. Am Sonntagmorgen, wenn der Friedhof menschenleer war und die Glocken der nahen Kirchen läuteten. Irgendwie tröstlich. Und friedlich. Er liebte das Läuten der Kirchenglocken.

Stille. Ruhe. Grabesruhe?

Häfeli sah, wie er mit Roberto versuchte, den Grabstein seines Vaters auszugraben. Endlich wackelte er, der Grabstein. Aber wie in den Lieferwagen heben? Sie fluchten. Und zerrten. Und fluchten weiter. Es ging nicht.

Es ging doch. Eine Schar Raben half ihnen dabei, sie zerrten an den Seilen über dem Stein. Aber wie genau?

Die beiden durchschauten das Rätsel nicht.

Ab und zu begegneten ihm einige wenige Menschen, oft in Eile, nur noch rasch ein Grab besuchen, hektisch, so schien es. Sie erwiderten seinen Gruss nicht, sahen ihn nicht. Auch die Kinder und Hunde beachteten ihn nicht. Was ihn aber am meisten erstaunte: Alle trugen eine Maske vor dem Gesicht. Weisse, blaue, schwarze, grüne, mit Tischtuchmuster, Rosen, dem Emblem irgendeines Sportvereins oder was auch immer.

Vermummt. Verschleiert. Verstummt.

Die Hunde natürlich nicht. Hatten die das alles organisiert, diese Köter? Keiner trug einen Maulkorb als Beissschutz, oder eine Maske. Dafür ihre Herrchen und Dämchen. Die Fasnacht war doch längst vorbei. Gspässig!

Er schaute den Vögeln zu, den rotbraunen und schwarzen Blättern am Boden, die der Wind in Bewegung hielt, den Bäumen. Dem Mond, der hinter einer riesigen Trauerweide zum Vorschein kam. Bald würde es dunkel sein.

Hier war es schön, bei jedem Wetter, auch wenn Nebel um die Bäume und Grabsteine waberte.

Gespenstisch?

Chabis!

Geborgen.

Fischreiher und Raben. So schön! Besonders die Raben mochte er; zwei verspeisten gerade eine dieser fetten Tauben, die sie erlegt hatten. Häfeli sprach gerne mit ihnen. Den Raben. In der Regel kümmerten sich die Vögel nicht um ihn, hörten ihm nicht zu, doch das war er sich gewohnt. Überrascht stellte er nun fest, dass er ihre Sprache verstand. Rabenschwarz. Einer setzte sich auf seinen Arm, offenbar der Chef: «Komm mit zu uns, da hast du es gut, dort ist Ruhe, kein Stress, keine Lügen, keine Streitereien, vergiss diesen ewigen, alltäglich kleinlichen Chabis, der dich dominiert. Kleinkram. Komm mit zu uns. Ich zeig dir den Weg!» sagte der Rabe.

«Ich will nicht», antwortete er. «Noch nicht. Aber wenn es denn sein muss, holst du mich ab? Warte auf mich! Aber ich lasse mir Zeit. Lass du mir auch noch etwas Zeit.»

Geschenkte Zeit.

Häfeli versuchte die Augen zu öffnen, aber es ging nicht, oder nur schlecht. Im weissen Bett. Im weissen Zimmer mit dem Infusionsbaumkranzständer und seiner Lieblingsschokolade auf dem Nachttisch.

Durch zitternde Wimpern hindurch meinte er das Meer zu sehen. Tiefblau. Meinte, das Rauschen der Wellen zu hören. Irgendwann klopfte ein Rabe aufgeregt an sein Fenster. Unaufhörlich, und gab nicht auf. Die Krankenschwestern wunderten sich. Als ihm niemand öffnete, flog er laut krächzend davon. Zurück. Zu seinen Freunden.

Laut krächzend.

KRRRRRRRRR ...

Häfeli sah sich wieder im Bett liegen. Wo bin ich? Ein weisses Zimmer, alles weiss. Ein Bett mit Infusionsbaumkranzständer. Seine Lieblingsschokolade auf dem Nachttisch. Vis-à-vis des

Bettes sah er ein wunderschönes Bild, blau, in verschiedenen feinen Abstufungen und Tiefen. Wasser. Eine Lagune. Meer. Wellen plätscherten sanft ans Ufer. Wie er diese Musik liebte. Dann hörte er Stimmen, Frauenstimmen, drei verschiedene Frauen, nacheinander, doch er sah sie nicht. Aber er erkannte sie: Seine Mutter, die längst gestorben war. Lena, wie sie lachte. Und Anna.

Anna küsste ihn auf die Lippen, streichelte seine Wangen. Er roch ihr Parfüm. «Ich bin schwanger, von dir», flüsterte sie ihm ins Ohr. «Ich freue mich so!»

Auch ein alter Freund, den er längst aus den Augen verloren und beinahe vergessen hatte, besuchte ihn. Häfeli freute sich auch über diesen Besuch.

Besuchten ihn die drei Frauen und der Mann hier, im Spital, oder wo? Das Zimmer war leer.

Dann hörte er Céline Fröhlich, die Rechtsmedizinerin, sagen: «Gell Häfeli: Wenn wir überhaupt richtig leben wollen, leben wir im Hier und Jetzt, mit viel Vertrauen und Freude. Schauen in den Himmel hinauf, ohne Angst und Sorge was einmal sein wird – oder nicht. Wir leben *immer* in Zwischenwelten, zwischen den Welten. Trotzdem: Das Leben ist schön!»

Ein Traum?

Ein Traum im Traum? Und wenn diese Zwischenweltgeschichte *so* gar nie stattgefunden hätte?

Träumen ist schön.

Wenn man denn auch wieder erwacht.

Irgendwann.

Irgendwo.

Allein?

Die Phantasie ist grenzenlos.

«Phantasie ist wichtiger als Wissen, denn Wissen ist begrenzt.»
Albert Einstein.

Mitspielerinnen und Mitspinner.

Berthold *Häfeli*, genannt Bert, Oberleutnant, Kommissar Stadtpolizei Sankt Gallen, verheiratet.

Max *Kraienbühl*, Leutnant, Kommissar-Stellvertreter, auch Chraie genannt, Tochter Laura, geschieden.

Annegret *Wetterstein*, gelegentlich auch Gretl oder Anna genannt. Kommissar-Stellvertreterin, Leutnant, neu im Kommissariat 2, Beförderung in Aussicht, aus Innsbruck, geschieden.

Morton *Beckstern* und seine Frau Elisabeth, ehemalige Textil-Fabrikanten und Kultur-Mäzenen.

Willfried-Roger *Bischof-Staubler*, Event Manager.

Roland *Breu*, medizinischer Fachberater, Zeremonienmeister und Geschichtenerzähler bei Lifestoppnow.

Fridolin *Büttikofer*, Adjunkt, Polizeisekretär.

Carsten *Castell*, Tiefbauarbeiten und Händel aller Art.

Dr. Josef *Dunkel*, Veterinär, Betriebsleiter Krematorium.

Dorothea *Engels*, Sängerin und Sammlerin, Häfelis Nachbarin, und Bruder Beatus aus Zürich.

Edmund *Freiluft-Dieterle*, *EFD* genannt, Polizeivorstand, Stadtrat, dessen Frau nie in Erscheinung tritt. Aber es gibt sie.

Dr. Céline *Fröhlich*, Rechtsmedizinerin, alleinerziehend, Sohn Jerry.

Sabrina Häfeli, Ehefrau des Kommissars, durchaus selbständig, mit *Roberto und Patrizia*.

Johannes und Michael (+) *Häfeli*, des Kommissars Brüder.

Marionette *von und zu Halbgarn*, Schulvorstand, neu, Schulverwaltung.

Mimi *Hauri*, Schwester von Gertrude Hugelshofer.

Ernstl *Henderl*, ex-Ehegatte von Annegret Wetterstein.

Vitus *Honigmeier*, Chef Lifestoppnow, Sterbehilfe für *Sie*.

Gottfried P. *Hugelshofer*, Bankier, Häfelis Nachbar, und Gertrude, genannt Trudeli.

Franziska *Knill*, Liegenschaften, Bauverwaltung, aus Hamburg.

Meinrad *Manz*, Polizeiwachtmeister Stadtpolizei.

Othmar *Muff*, Wirt Restaurant Alt Sankt Gallen.

Lena *Rabenschwarz*, ex-Mitarbeiterin des Polizeivorstandes, vgl. auch Endzeitzauber 2019 und Galgenvögel 2020.

Moni *Rammbold*, Verwalterin Tröckneturm und Kapelle Schönenwegen.

Larissa *Schneider*, neue Mitarbeiterin des Polizeivorstandes, früher bei Admiral Hoch- &Tiefbau AG, vgl. Galgenvögel, Band 2.

Géraldine *Vetter*, Klassenlehrerin, Oberstufe Ost, vgl. Galgenvögel, Band 2.

Sebastian und Valérie *Vonwanz-Zirkel*, Häfelis Nachbarn.

Lavinia *Wasserfall*, Sekretärin und Mädchen für alles bei Lifestoppnow.

Wellenberg GmbH, Bestatter.

Tom *Wichtelmann*, Chef Kriminaltechnik, Adjutant, Wichtelchen genannt, und Ehefrau Waltraud, genannt Waldi.

Wermuth *Wohlgemuth*, trinkt gerne Wermut, und Madleina, geborene W*ackernagel*, trinkt nicht. Geschieden, lebt aber immer noch zusammen mit Wermuth.

Claudia *Wunderlich*, Polizeimitarbeiterin, derzeit im Fundbüro.

Und weitere spanende Personen wie Tante Jule und Fräulein Lutz, die behinderte Putzhilfe. Paula und Walter Schwarz und all die anderen Pensionisten, die so leise von ihren Bühnen abtreten, in diesen merkwürdigen Zeiten. Oder wieder hervorkommen. Auch enthusiastische Erbsenzähler wie zum Beispiel Stadtschreiber Pankraz Wurstler.

Nicht zu vergessen Allfred Hammerer, der Kaninchen- und Suppenhühner-Freund, der abgewählte Schulvorstand und Dr. Frohgemuth Fasswald, der weltbekannte Schönheitschirurg sowie der gesprächige Stadtbaumeister – letztere drei in ungewohnten Nebenrollen. Und andere Spassvögel.

Danke!

Mein herzlicher Dank für die Mithilfe an der Trilogie «Mord in Sankt Gallen» in irgendeiner Form gilt insbesondere folgenden Personen; einige davon leben immer noch in Sankt Gallen.

Rafael Buff.
Bruno Broder.
Jacqueline Forster-Zigerli, Lausanne.
Manuel Stalder, Bern.
Urs Weishaupt.

Urs Benz, Oberuzwil.
Werner Binotto, Altstätten.
Christoph Bücheler, Gossau.
Die Gestalter AG, Beat Lüscher.
Else Huber.
Helmut Köll, Reith b/Seefeld.
Kunstmuseum Sankt Gallen, Roland Wäspe, Ursula Stiegeler.
Ortsbürgergemeinde Sankt Gallen, Arno Noger.
Gina Oswald.
Radio SRF, Martina Brassel.
Christian Roellin.
Sankt Gallen24, Myriam Koc.
Sankt Galler Buchhandlungen.
Sankt Galler Nachrichten, Franz Welte.
Sankt Galler Tagblatt, Reto Voneschen, Christina Weder und Diana Hagmann-Bula.
Andreas und Brigitte Steiner.

Théo Buff in quirligen Daten.

Geschichtenerzähler. Original. Verwirrspieler. Philosoph. Historiker. Märchenfreund. Bücherwurm. Reisender. Lebenskünstler. Geniesser. Liebt Wortkreationen und Spiele. Üppig und opulent. Scharfzüngig. Mit Schalk.

Lic. phil. hist., Universität Bern. Bürger von Speicher AR. Geboren am 10. Mai 1956 in Sankt Gallen und dort aufgewachsen. Hier beschult, ohne echte Begeisterung. Aber sorgfältig und zuverlässig. Lebensschulen: zwei Berufslehren, Militär, Zweitwegmatura. Studierte in Bern und Sevilla Neuere Geschichte, Staatsrecht, Sozial- und Wirtschaftsgeschichte/Politologie, Soziologie und Sozialpsychologie.

Lehrbeauftragter Allgemeinbildende Fächer am GBS Sankt Gallen. Herzblut-Journalist beim St.Galler Tagblatt.
Meist linke Hand des Bauvorstands der Stadt Sankt Gallen (Bausekretär-Stellvertreter). Engagierter Hofnarr, auch dazu braucht's Galgenhumor. Und nicht zu knapp. Mentor und Autor verschiedener Publikationen über seine Stadt. Heute im Unruhezustand. Aber weiterhin fröhlich. Und auf den Krimi gekommen.

Bücher von Théo Buff finden Sie auch unter www.theobuff.ch

Kommentare zu Endzeitzauber. Im Eiszeitland:
Théo Buff malt dir mit seinen Texten Bilder in den Kopf.

Was kann einer Stadt Besseres passieren, als Menschen, die Geschichten aufschreiben, oder besser noch: Erfinden. Ins Blaue hinaus und natürlich so tun, als ob sie echt wären. So ist man plötzlich ein Beteiligter. Ob man will oder nicht. Und unversehens in einen Mord verwickelt. Oder zwei. Oder drei. Als Voyeur, schon ein bisschen. Denn Théo Buff macht dich zum Komplizen, formt mit seinen Texten, malt mit seinen Texten dir die Bilder in den Kopf.
Werner Binotto, Kantonsbaumeister. Vernissage Endzeitzauber, November 2019.

Endzeitzauber ist ein spannender Kriminalroman. Einer mit dem Reiz, dass er in der Gallusstadt angesiedelt ist und mit hiesigen Örtlichkeiten und Persönlichkeiten spielt. Auf der Suche nach den Mördern spazieren Kommissar Häfeli und sein Assistent durch St.Georgen und die Altstadt, vom Klosterbezirk bis zum Amtshaus an der Neugasse, auf der Suche nach den Mördern in St.Gallen.
Reto Voneschen, St.Galler Tagblatt, 2019.

Ein fesselnder Kriminalroman, der zur Hauptsache in der Altstadt und der Mühlenschlucht spielt, fast ein Reiseführer, auch für Einheimische, mit vielen Anekdoten. Théo Buff nimmt mit feinem Humor Kleinstädtisches und leicht Philisterhaftes auf die Schippe, das sich im Gross-St.Gallen von heute noch abspielt. Auch diffuse Ängste und Minderwertigkeitsgefühle. Ein hochspannendes Buch.
Franz Welte, St.Galler Nachrichten, 2019.

«Genialer Krimi für Hardcore Sanggaller, weiter so, mein Glückwunsch!»
A.S. 9008 St.Gallen, November 2020.

Endzeitzauber.

Mord in Sankt Gallen und andere Geschichten (1).

Endzeitzauber erschien im November 2019 und spielt in der Altstadt, im Klosterbezirk und in der Mühlenenschlucht – einem naturbelassenen, mystischen Ort, wild und unberührt. In dieser durchaus romantischen Umgebung geschehen kurz hinter einander zwei Morde – Sankt Gallen graut's, und das zur Weihnachtszeit. Schneegestöber. Eisiger Wind. Eiszeitzauber im Eiszeitland.

Jahre zuvor war hier schon einmal eine junge Frau verschwunden und nie mehr aufgetaucht.

Kommissar Bert Häfeli und sein Assistent Max Kraienbühl arbeiten nach eigenem Gusto, im Sankt Galler Amtshaus, mitten in der Altstadt. Die Geschichten sind historisch und satirisch gewürzt; auch das von Sankt Gallerinnen und Sankt Gallern gelegentlich wahrgenommene Gefühl der peripheren oder gar bedeutungslosen Lage ihrer Stadt schimmert da und dort durch – diffuse Ängste und Minderwertigkeitsgefühle.

Doch wer und wo sind die Mörder? Sankt Gallen – eine Mördergrube, so etwas geht natürlich gar nicht. Und so wird der Polizeivorstand zusehends nervös.

Mord in Sankt Gallen und andere Geschichten. Der erste Band.

Lästern. Lieben. Lachen.

Aufwühlend. Erotisch.

Kommentare zu Galgenvögel. Im Galgentobel: Viel mehr als ein Kriminalroman!

Vier von zu Hause abgehauene Jugendliche finden in einem einsamen Hexenhäuschen am Bahngeleise nach Rorschach eine vermoderte Leiche, eine weitere taucht in der Voliere im Stadtpark auf, zusammen mit einem Schwanentorso. Mysteriös: Mord, Unfall oder Selbstmord? Der dazu passende Schwanenhals taucht später auf dem Tisch des Stadtpräsidenten auf. Das Buch bietet viel mehr als ein klassischer Kriminalroman: Eine lokale Ebene mit bekannten Handlungsorten in der Stadt St.Gallen, in diesem Buch finden immerhin das Kinderfest und die Olma statt, überdies durchaus farbig geschildert. Eine zweite Ebene bezieht sich auf die St.Galler Mentalität mit ihren verschiedenen Charakteren und amüsanten Dialogen, mit Kleinkariertheit und einer etwas zwiespältigen Haltung zur Obrigkeit. Hinzu kommen Insider-Wissen, sexuelle Eskapaden, Satire und Selbstironie. So darf man jetzt schon auf den dritten Band der Trilogie 'Mord in Sankt Gallen und andere Geschichten' gespannt sein.
Franz Welte, St. Galler Nachrichten vom 11.11.2020.

Reizvoll ist, dass Théo Buffs Krimi in der Gallusstadt und damit an bekannten Schauplätzen spielt und dass sein Wissen über lokale Begebenheiten (teils in Fussnoten) einfliesst. Er lässt seiner Fantasie freien Lauf – seine Trilogie versteht er als Liebeserklärung an die Stadt Sankt Gallen und ihre Naturschönheiten. Das Galgentobel ist für ihn ein mystischer, geheimnisvoller Ort und damit die perfekte Kulisse für einen Mord – so wie die Mühlenenschlucht in Endzeitzauber, dem 2019 erschienen ersten Band der Trilogie.
Christina Weder, St.Galler Tagblatt, November 2020.

Galgenvögel.

Mord in Sankt Gallen und andere Geschichten (2).

...treffen sich 2020 im Galgentobel, im Osten der Stadt Sankt Gallen, aber nicht nur dort, auch in der Altstadt. Gemütlich. Am Kinderfest, und an der Olma sowieso. Das Kinderfest findet statt, obwohl heuer vier Jugendliche spurlos verschwunden sind, und nicht mehr auftauchen wollen, ihre Eltern wiedersehen schon gar nicht – bis sie in diesem endlos heissen Sommer in einem einsamen Hexenhäuschen am Bahngeleise nach Rorschach eine Leiche entdecken. Vermodert. Übrig bleibt ein goldiger Siegelring mit einem Löwenkopf.

Irgendwo hatte Kommissar Bert Häfeli einen solchen Ring gesehen – doch wo nur? Die Polizei ermittelt in alle Richtungen, auch in der Voliere im Stadtpark, nachdem dort im stark überbevölkerten Entenweiher auch noch eine halbnackte Leiche auftaucht. Die Enten nehmen's gelassen. Nicht so der Polizeivorstand, von der Hitze und der vermeintlichen Erfolglosigkeit seiner Kommissare arg gestresst. Mord, Unfall oder Selbstmord? Seltsame Spuren am Körper des Toten und ein Schwanentorso lassen verschiedene Schlussfolgerungen zu. Mysteriös. Der Schwanenhals taucht später überraschend auf dem Tisch des Stadtpräsidenten auf: Es ist angerichtet. Die Galgenvögel. Im Galgentobel erschienen im November 2020.

Mord in Sankt Gallen und andere Geschichten. Der 2. Band. Verwunschen. Verrückt. Verspielt.

Elektrisierend. Erotisch.

Kommentare zu Zwischenwelten. Unheil im Westen: Alles da, was die Bratwurst-City ausmacht!

In Zwischenwelten schickt Théo Buff seine Kommissare – neu mit einer Frau verstärkt – vom Amtshaus aus vor allem in den Westen der Stadt St.Gallen, zum Tröckneturm Schönenwegen, zur Kapelle Maria Einsiedeln und an den Thorenball im Restaurant Blaues Kreuz in Winkeln. Die Geschichte um Mord und Totschlag ist natürlich wiederum garniert mit unzähligen Hinweisen aufs reale Stadtleben.
Théo Buff hat die drei bisher erschienen Bände mit viel Sprachwitz und Sinn für das skurrile St. Gallen geschrieben. Der langjährige Mitarbeiter der städtischen Bauverwaltung und Verfasser des Bestsellers St.Gallen – eine Stadt wie sie nie gebaut wurde ist prädestiniert für dieses Krimiprojekt. Er kennt seine Stadt in- und auswendig, von oben und von unten, und zwar nicht nur ihre Geschichte, sondern auch den gesellschaftlichen und politischen Alltag, also das, was die Bratwurst-City letztlich ausmacht.
Reto Voneschen, St.Galler Tagblatt, November 2021.

Mit feinem Humor skizziert Théo Buff St.Galler Eigenarten und Eigenheiten. Auch in Zwischenwelten geht es nicht nur um Kriminalität, eingewoben sind ebenfalls kurze Persiflagen, Anekdoten und Satiren. Und viel Lokalgeschichte. Hier lässt der Autor die Liebe zu seiner Heimatstadt erkennen, die sonst im Text da und dort eher kritisch beleuchtet wird. Aber er brilliert auch ebenso stark mit seiner grossen kriminellen Fantasie, welche die Leserinnen und Leser lange im Dunkeln lässt. Théo Buff legt also wiederum einen Krimi vor, wie er sein muss, und noch viel mehr, nämlich einen Spiegel der hiesigen Gesellschaft. Aber wieso Zwischenwelten? Die Rechtsmedizinerin Céine Fröhlich bringt es auf den Punkt: «Wir leben immer in Zwischenwelten, zwischen den Welten.» Ob wir das realisieren oder nicht.
Franz Welte, St. Galler Nachrichten, Dezember 2021.

Im Restaurant Alt St.Gallen würgt ein Mann den Wirt, die Guillotine fällt von der Decke, Blut spritzt herum. Ein heftiger Anfang für ein Buch. Es ist die erste Szene in Théo Buffs drittem Krimi. Zwischenwelten. Wie kommt ein Historiker und ehemaliger Mitarbeiter der städtischen Bauverwaltung auf solche Ideen? «Sie entstehen einfach.» Manchmal ist es eine Nachrichtenmeldung, manchmal ist es eine Alltagsbeobachtung im Bus, manchmal sind es Gedanken, ausgetüftelt mit Freunden.

Er möge Wortspiele, und Witz, sagt Théo Buff. Einen Coronakrimi habe er nicht schreiben wollen. Ganz ohne Anspielungen ging es aber nicht. Zum Beispiel heisst eine Katze dann nicht Coronito, wie vorgesehen, sondern Napoleon. Und in diesem dritten Teil der Trilogie werden mehr Tote gefunden als in den vorherigen. Geschehen wirklich «nur» zwei Morde, einer beim Wasserturm der Lokremise, ein anderer unten an der Sitter? In der Kapelle beim Tröckneturm wird ein Ehepaar tot aufgefunden. Gift im Spiel? Die Polizei entdeckt Kübel mit Asche. Menschenasche. Und was war noch einmal mit dem Würger vom Anfang, im Alt St.Gallen?
Théo Buff kennt die Stadt besser als viele andere. Immer wieder wählt er als Schauplätze bekannte Orte, diesmal im Westen der Stadt. Er kennt gescheiterte Projekte und verwebt sie, er kennt die Protagonisten der Stadtpolitik. Auch Erotik spielt eine wichtige Rolle; Kommissar Häfeli verliebt sich in eine Mitarbeiterin. Am Fasnachtsball, dem Thorenball, finden sie zusammen. Später wird er ins Spital eingeliefert. Überlebt er? Alles offen, alles möglich. Am Schluss.
Diana Hagmann-Bula, St.Galler Tagblatt, November 2021.

Ich habe die Krimi-Trilogie Mord in St. Gallen sowie St.Gallens Grüngeschichte(n), 1872-2015, von Dir mit grossem Interesse und Amüsement gelesen und nun Lust auf MEHR; vor allem auch auf Dein Buch «St.Gallen - eine Stadt, wie sie nie gebaut wurde». Wo ist es? Danilo G., November 2021.